Felix Andreaus/Claudia Eichinger

Rechtsgrundlagen für Gesundheitsberufe

Felix Andreaus
Claudia Eichinger

Rechtsgrundlagen für Gesundheitsberufe

3., vollkommen überarbeitete
und erweiterte Auflage

facultas

Dr. Felix Andreaus
Studium der Rechtswissenschaften, spezialisiert auf Gesundheitsrecht, hauptberuflich im juristischen Dienst der Stadt Wien, seit über 15 Jahren in der Aus-, Fort- und Weiterbildung von Gesundheits- und Sozialberufen sowie in der Beratung im Gesundheitswesen tätig.

Mag. Claudia Eichinger
Absolvierte das Studium der Rechtswissenschaft an der Universität Wien. Bei ihrer mehrjährigen Tätigkeit in einer Rechtsanwaltskanzlei spezialisierte sie sich auf die Belange des Zivilrechtes, insbesondere Haftungs- und Schadenersatzrecht, Mietrecht- und Wohnungseigentumsrecht. Seit Jänner 2016 hauptberuflich als Juristin bei der Landespolizeidirektion Wien tätig.

Bibliografische Information Der Deutschen Nationalbibliothek
Die Deutsche Nationalbibliothek verzeichnet diese Publikation in der Deutschen Nationalbibliografie; detaillierte bibliografische Daten sind im Internet über http://dnb.d-nb.de abrufbar.
Alle Angaben in diesem Fachbuch erfolgen trotz sorgfältiger Bearbeitung ohne Gewähr, eine Haftung der Autoren oder des Verlages ist ausgeschlossen.
Alle Rechte, insbesondere das Recht der Vervielfältigung und der Verbreitung sowie der Übersetzung, sind vorbehalten.

3. Auflage 2017
Copyright © 2008 Facultas Verlags- und Buchhandels AG
facultas Universitätsverlag, 1050 Wien, Österreich
Umschlagfoto: © Mazirama, istockphoto.com
Satz: SOLTÉSZ. Die Medienagentur
Druck: finidr
Printed in the E.U.
ISBN 978-3-7089-1555-5

Inhaltsverzeichnis

I.	Einleitung	19

Teil 1 – Grundlagen im Gesundheitsrecht

II.	Kompetenzlage im Gesundheitswesen	21
III.	Grundlagen Strafrecht	23
	1 Allgemeines	23
	1.1 Vorsatz	23
	1.2 Fahrlässigkeit	23
	1.3 Garantenstellung	24
	1.4 List	25
	2 Wichtige strafrechtliche Sanktionen	26
	2.1 Geldstrafen	26
	2.2 Haftstrafen	26
	2.3 Entzug der Berufsberechtigung	27
	3 Wichtige strafrechtliche Tatbestände	27
	3.1 Hilfeleistungspflichten	27
	a) Unterlassung der Hilfeleistung	27
	b) Imstichlassen eines Verletzten	28
	c) Unzumutbarkeit der Hilfeleistung	29
	3.2 Aussetzung	30
	3.3 Eigenmächtige Heilbehandlung	30
	a) Heilbehandlungen	30
	b) Behandlung ohne Einwilligung	31
	c) Verletzung der Aufklärungspflicht	31
	3.4 Körperverletzungsdelikte	31
	3.5 Verletzung von Berufsgeheimnissen	31
	3.6 Mitwirkung am Selbstmord und Tötung auf Verlangen	32
	3.7 Unterlassung der Verhinderung einer mit Strafe bedrohten Handlung	32
IV.	Grundlagen Verwaltungsrecht	34
	1 Zuständigkeit	34
	2 Parteien	35
	3 Amtswegiges Verfahren	35
	4 Antragsgebundenes Verfahren	35
	5 Bescheid	36

V. Grundlagen Zivilrecht 37
1 Rechtssubjekt und Rechtsobjekt 37
   1.1 Natürliche und juristische Personen 38
   1.2 Sachenrechte und Persönlichkeitsrechte 38
2 Rechte und Pflichten 38
   2.1 Rechtsfähigkeit 38
   2.2 Geschäftsfähigkeit 39
   2.3 Entscheidungsfähigkeit 40
   2.4 Handlungsfähigkeit in persönlichen Angelegenheiten . 40
   2.5 Deliktsfähigkeit 40
   2.6 Straffähigkeit 41
3 Rechtsgeschäft 41
4 Haftung als Sachverständiger 42
5 Schadenersatz 42
   5.1 Verschuldensformen 43
   5.2 Haftung für zufällig eintretende Schäden 43
   5.3 Organisationsverschulden 44
   5.4 Dienstnehmerhaftpflicht 44
6 Schadenersatzrecht im Gesundheitsbereich 45
   6.1 Erfolgsschuld 45
   6.2 Haftung aus der Verletzung einer Schutzpflicht 45
   6.3 Haftung aus dem Behandlungsvertrag 46
   6.4 Schmerzengeld 46
   6.5 Ersatz materieller Werte 47

Teil 2 – Die Heilbehandlung

VI. Aufklärung und Einwilligung in die Heilbehandlung 49
1 Medizinische Behandlung 49
2 Gefahr im Verzug 49
   2.1 Anwendungsbereiche 50
        a) Patientenverfügung 50
        b) Minderjährige Patienten 50
        c) Volljährige Patienten 51
3 Beurteilung der Entscheidungsfähigkeit 51
4 Aufklärung 52
   4.1 Der Aufklärende 52
   4.2 Inhalt und Umfang 53
   4.3 Mündliche und schriftliche Aufklärung 53
   4.4 Rechtzeitigkeit der Aufklärung 54
   4.5 Aufklärungsverzicht 54

	5	Einwilligung in und Verweigerung der Therapie	54
		5.1 Form der Einwilligung	55
		5.2 Zurückziehung und Verweigerung der Einwilligung	55
VII.	**Entscheidungsfähigkeit in medizinischen Angelegenheiten**		**56**
	1	Der minderjährige Patient	56
		1.1 Entscheidung durch den Obsorgeberechtigten	56
		a) Vertretungsumfang	58
		b) Gerichtliche Zustimmung	58
		1.2 Entscheidung durch den Minderjährigen	58
		a) Behandlungen mit schweren Beeinträchtigungen	59
		b) Rechtsstellung des Obsorgeberechtigten	59
		1.3 Gesetzliche Behandlungsverbote	60
	2	Der volljährige Patient	60
		2.1 Entscheidung durch den Patienten	60
		2.2 Beurteilung der Entscheidungsfähigkeit	61
		2.3 Unterstützung des Patienten bei der Entscheidungsfindung	61
		2.4 Die Patientenverfügung	62
		a) Regelungsinhalt	62
		b) Voraussetzungen	63
		c) Bindungsdauer	63
		d) Verbindliche Patientenverfügung	63
		e) Beachtliche Patientenverfügung	64
		f) Auslegungsregeln	65
		2.5 Entscheidung durch gewillkürten Vertreter	65
		a) Vorsorgebevollmächtigter	65
		b) Gewählter Erwachsenenvertreter	66
		c) Errichtung	67
		d) Beginn und Ende der Vertretung	68
		e) Vertretungsumfang	68
		f) Rechte und Pflichten	69
		2.6 Entscheidung durch fremdbestimmte Vertreter	70
		a) Gesetzlicher Erwachsenenvertreter	70
		b) Gerichtlicher Erwachsenenvertreter	73
VIII.	**Einschränkung der persönlichen Freiheit**		**76**
	1	Heimaufenthaltsgesetz	76
		1.1 Freiheitsbeschränkende Maßnahmen	77
		1.2 Voraussetzungen	77
		1.3 Anordnung der Maßnahme	78

	1.4	Aufklärung	79
	1.5	Verständigung	79
	1.6	Vertretung	79
	1.7	Kontrollrechte	80
	1.8	Gerichtliche Überprüfung	80
2	Unterbringungsrecht		81
	2.1	Voraussetzungen der Unterbringung	81
	2.2	Unterbringung auf Verlangen	81
	2.3	Unterbringung ohne Verlangen	82
	2.4	Vertretung des Patienten im Unterbringungsverfahren	83
	2.5	Behandlung	85

IX. Behandlungsvertrag — 87

1	Zustandekommen des Vertrages	87
	1.1 Anbahnung	87
	1.2 Kernbereich	88
	1.3 Nebenbereiche	88
2	Zum Verhältnis zwischen Einwilligung und Behandlungsvertrag	88
3	Beendigung des Vertrags	89

Teil 3 – Berufsrechte

X. Allgemeine Berufsrechte der Gesundheitsberufe — 91

1	Berufsvorbehalte	91
2	Fachkenntnis	93
3	Registrierung von Gesundheitsberufen	94
	3.1 Register der Berufsvertretungen	94
	3.2 Unabhängiges Gesundheitsberuferegister	94
	a) Erfasste Berufsgruppen	94
	b) Registrierung	95
	c) Erfasste Daten	96
	d) Gültigkeit	96
	e) Berufseinstellung, -unterbrechung und Ruhen	97
	f) Berufsausweis	98
4	Aus-, Fort- und Weiterbildung	98
	4.1 Ausbildung	98
	4.2 Sonderausbildungen	98
	4.3 Weiterbildung	98

	4.4	Fortbildung	99
		a) Verpflichtende Fortbildung	99
		b) Anerkannte Fortbildungen	99
		c) Freie Fortbildung	100

- 5 Vertragsfreiheit 100
  - 5.1 Behandlungspflicht 100
  - 5.2 Diskriminierungsverbot 100
  - 5.3 Behandlungsabbruch und Behandlungsverweigerung.. 100
  - 5.4 Rechnungslegungspflicht 101
  - 5.5 Berufshaftpflichtversicherung 101
  - 5.6 Werbebeschränkung 102
  - 5.7 Provisionsverbot 102
- 6 Hilfeleistungspflicht 102
- 7 Diagnose 102
- 8 Dokumentationspflicht 103
  - 8.1 Datenverwaltung 103
  - 8.2 Einsichtnahme 104
  - 8.3 Auskunftspflicht 104
- 9 Verschwiegenheitspflicht 104
- 10 Datenschutz 105
- 11 Anzeigepflicht 106
- 12 Meldepflicht 107
- 13 Delegationsrecht 108
  - 13.1 Delegation an Gesundheitsberufe 109
  - 13.2 Delegation an Nicht-Gesundheitsberufe 109
- 14 Weisungsrechte an Gesundheitsberufe 111
  - 14.1 Arbeitsrechtliche Weisungen 112
  - 14.2 Fachliche Weisungen 112

XI. Besondere Berufsrechte der Gesundheitsberufe 114
- 1 Ärzte 114
  - 1.1 Ausbildung 114
    - a) Arbeitszeit 115
    - b) Basisausbildung 115
    - c) Ausbildung zum Arzt für Allgemeinmedizin 115
    - d) Ausbildung zum Facharzt 116
    - e) Spezialisierungen 117
  - 1.2 Berufsausübung 118
  - 1.3 Aufgaben 118
    - a) Ärzte für Allgemeinmedizin 119
    - b) Fachärzte 119

Inhaltsverzeichnis

		c) Arbeitsmediziner	119
		d) Notärzte	119
		e) Amtsärzte	120
		f) Turnusärzte	121
		g) Assistenzärzte	121
		h) Studenten	122
	1.4	Vorbehalt der Heilbehandlung und der Heilmittelverordnung	122
	1.5	Vorbehalt von invasiven Maßnahmen und operativen Eingriffen	122
	1.6	Vorbehalt der Medikation	123
2	Gesundheits- und Krankenpflegeberufe		123
	2.1	Berufsbezeichnung	124
		a) Gehobener Dienst	124
		b) Pflegeassistenzberufe	124
	2.2	Grundausbildungen	125
		a) Allgemeine Gesundheits- und Krankenpflege	125
		b) Pflegeassistenzberufe	126
	2.3	Spezialisierungen	128
	2.4	Sonderausbildung	128
		a) Kinder- und Jugendlichenpflege	129
		b) Psychiatrische Gesundheits- und Krankenpflege	129
		c) Intensivpflege	129
		d) Anästhesiepflege	130
		e) Pflege bei Nierenersatztherapie	130
		f) Pflege im Operationsbereich	130
		g) Krankenhaushygiene	131
	2.5	Spezielle Sonderausbildung – Kinderintensivpflege	131
	2.6	Allgemeine Spezialisierungen	131
		a) Wundmanagement und Stomaversorgung	132
		b) Hospiz- und Palliativversorgung	133
		c) Psychogeriatrische Pflege	133
		d) Lehraufgaben	133
		e) Führungsaufgaben	133
	2.7	Weiterbildung	134
	2.8	Berufsausübung	135
		a) Gehobener Dienst	135
		b) Pflegefachassistenz	136
		c) Pflegeassistenz	136
	2.9	Aufgaben	138
		a) Gehobener Dienst	138

Inhaltsverzeichnis

		b) Pflegefachassistenz	149
		c) Pflegeassistenz	151
	2.10	Vorbehalt der Pflege	154
3	Medizinisch-technische Dienste		154
	3.1	Ausbildung	154
	3.2	Berufsausübung	154
	3.3	Aufgaben	154
		a) Physiotherapeutische Dienst	155
		b) Medizinisch-technischer Laboratoriumsdienst	155
		c) Radiologisch-technischer Dienst	156
		d) Diätdienst und ernährungsmedizinischer Beratungsdienst	156
		e) Ergotherapeutischer Dienst	157
		f) Logopädisch-phoniatrisch-audiologischer Dienst	157
		g) Orthoptischer Dienst	157
4	Medizinische Assistenzberufe		158
	4.1	Ausbildung	158
	4.2	Berufsausübung	159
	4.3	Aufgaben	160
		a) Medizinische Fachassistenz	160
		b) Desinfektionsassistenz	161
		c) Gipsassistenz	162
		d) Laborassistenz	162
		e) Obduktionsassistenz	163
		f) Operationsassistenz	163
		g) Ordinationsassistenz	164
		h) Röntgenassistenz	164
		i) Trainingstherapie durch Sportwissenschafter	165
5	Sanitätshilfsdienst		165
	5.1	Ausbildung	166
	5.2	Berufsausübung	166
	5.3	Aufgaben	166
6	Kardiotechniker		166
	6.1	Ausbildung	167
	6.2	Berufsausübung	167
	6.3	Aufgaben	168
	6.4	Berufsvorbehalte	168
7	Hebammen		168
	7.1	Ausbildung	169
	7.2	Berufsausübung	169
	7.3	Aufgaben	169

    a) Betreuung 169
    b) Gesundheitsbezogene Aufgaben 170
    c) Untersuchung der Schwangeren.................. 171
    d) Mutter-Kind-Pass-Untersuchungen 171
    e) Leitung und Vorbereitung der Geburt 172
    f) Medikation 172
    g) Personenstandsrechtliche Aufgaben 173
    h) Nottaufe 174
    i) Grenzen der freien Berufsausübung 174
  7.4 Berufsvorbehalte 174
8 Medizinischer Masseur und Heilmasseur 175
  8.1 Ausbildung 175
    a) Medizinischer Masseur 175
    b) Heilmasseur 176
    c) Elektrotherapie 176
    d) Hydro- und Balneotherapie 176
    e) Basismobilisation 176
  8.2 Berufsausübung 177
    a) Medizinischer Masseur 177
    b) Heilmasseur 177
  8.3 Aufgaben 177
    a) Gemeinsame Aufgaben 178
    b) Medizinischer Masseur 178
    c) Heilmasseur 178
    d) Lehraufgaben 179
    e) Hydro- und Balneotherapie 179
9 Sanitäter 179
  9.1 Ausbildung 180
    a) Rettungssanitäter 180
    b) Notfallsanitäter 180
    c) Notfallkompetenzen 180
  9.2 Berufsausübung 181
  9.3 Aufgaben 181
    a) Rettungssanitäter 182
    b) Notfallsanitäter 182
    c) Allgemeine Notfallkompetenzen 183
    d) Besondere Notfallkompetenzen 184
    e) Notfallkompetenzverordnung 184
  9.4 Vorbehalt der sanitätstechnischen Maßnahmen.. 184

10	Zahnärzte	185
10.1	Ausbildung	185
10.2	Berufsausübung	185
10.3	Aufgaben	185
	a) Zahnärzte	186
	b) Facharzt für Zahn-, Mund- und Kieferheilkunde	186
	c) Studenten	187
	d) Amtszahnärzte	187
	e) Weitere Tätigkeitsfelder	187
	f) Mund-, Kiefer und Gesichtschirurgie	188
10.4	Vorbehalt der Untersuchung und Beurteilung von Krankheiten und Anomalien	188
10.5	Vorbehalt von invasiven Maßnahmen und operativen Eingriffen	188
10.6	Vorbehalt der Verordnung von Heilmitteln, Heilbehelfen und zahnmedizinisch-diagnostischen Hilfsmitteln	188
	a) Qualitätssicherung	189
11	Dentisten	189
11.1	Ausbildung	189
11.2	Berufsausübung	189
11.3	Aufgaben	190
12	Zahnärztliche Assistenzberufe	190
12.1	Ausbildung	190
	a) Zahnärztliche Assistenz	190
	b) Prophylaxeassistenz	191
	c) Zahnärztliche Fachassistenz	191
12.2	Berufsausübung	191
12.3	Aufgaben	192
	a) Zahnärztliche Assistenz	192
	b) Prophylaxeassistenz	192
	c) Zahnärztliche Fachassistenz	193
13	Pharmazeutische Fachkräfte	194
13.1	Ausbildung	194
13.2	Aufgaben	195
13.3	Vorbehalt der Versorgung der Bevölkerung	195
13.4	Vorbehalt der Medikation	196
13.5	Vorbehalt der Zubereitung von Arzneimitteln	196
13.6	Arzneimittelvorrat	196
13.7	Prüfung von Arzneimitteln	197

Inhaltsverzeichnis

14	Psychologen	197
14.1	Ausbildung	197
	a) Psychologe	197
	b) Gesundheitspsychologie und klinische Psychologie	198
14.2	Berufsausübung	198
14.3	Aufgaben	198
	a) Gesundheitspsychologie	198
	b) Klinischer Psychologe	199
14.4	Vorbehalt der psychologischen Betreuung	200
15	Psychotherapeuten	200
15.1	Ausbildung	201
15.2	Berufsausübung	202
16	Musiktherapeuten	203
16.1	Ausbildung	203
16.2	Berufsausübung	204
16.3	Aufgaben	205
16.4	Vorbehalt der Musiktherapie	205
17	Tierärzte	205
17.1	Ausbildung	205
17.2	Aufgaben	206
17.3	Hilfeleistungspflicht	206
17.4	Berufsvorbehalte	207

XII. Allgemeine und besondere Berufsrechte der Sozialbetreuungsberufe **208**

1	Einteilung	208
2	Aufgaben	208
2.1	Heimhelfer	209
	a) Aufgaben	209
	b) Ausbildung	210
	c) Fortbildung	210
2.2	Fach-Sozialbetreuer	211
	a) Aufgaben	211
	b) Ausbildung	212
	c) Fortbildung	212
2.3	Diplom-Sozialbetreuer	212
	a) Aufgaben	213
	b) Ausbildung	213
	c) Fortbildung	213
3	Meldepflicht	213
4	Anzeigepflicht	214

Teil 4 – Der Patient

| XIII. | Patientenrechte | 215 |

Teil 5 – Versorgungseinrichtungen

XIV.	Versorgung in der häuslichen Pflege	219
	1 Hauskrankenpflege	219
	2 Sozialbetreuung	219
	3 Personenbetreuung	220
	3.1 Vermittlung von Personenbetreuung	220
	3.2 Personenbetreuer	220
	a) Ausbildung	220
	b) Berufsausübung	221
	4 Hausbetreuung	221
	5 Persönliche Assistenz	222
	6 Versorgung durch Laien	222
XV.	Krankenanstalten	223
	1 Ambulatorien	223
	2 Patientenaufnahme	223
	2.1 Anstaltsbedürftigkeit	224
	2.2 Unabweisbarkeit	224
	3 Wartelisten	224
	4 Qualitätssicherung	224
	5 Anstaltsordnung	225
	6 Kollegiale Führung	225
	7 Fortbildung des nichtärztlichen Personals	225
	8 Weisungsrecht in Krankenanstalten	226
	9 Besondere Dokumentationspflichten	226
XVI.	Kuranstalten und Kureinrichtungen	227
	1 Definition	227
	2 Heilvorkommen	227
	3 Behandlung	227
XVII.	Pflegeheime	228
	1 Personelle Ausstattung	228
	2 Versorgungsumfang	228

Teil 6 – Weitere Rechtsvorschriften

- **XVIII. Gesundheitstelematikgesetz** **229**
  - 1 Daten 229
  - 2 Datensicherheit 229
  - 3 Die Elektronische Gesundheitsakte – ELGA 229
    - 3.1 Datenverarbeitung 230
- **XIX. Arzneimittelgesetz** **231**
  - 1 Definition 231
  - 2 Produktinformation 231
    - 2.1 Fachinformation 231
  - 3 Werbebeschränkungen 232
  - 4 Naturalrabatte 232
  - 5 Abgabe von Ärztemustern 232
  - 6 Pharmakovigilanz 233
- **XX. Suchtmittelgesetz** **234**
  - 1 Anwendungsbereich 234
  - 2 Abgabe durch Apotheken 234
  - 3 Ärztliche Behandlung, Verschreibung und Abgabe 234
- **XXI. Medizinproduktegesetz** **235**
  - 1 Definition 235
  - 2 Anforderung 235
  - 3 CE-Kennzeichnung 236
  - 4 Verwendung 236
  - 5 Exkurs: Hauskrankenpflege 236

Teil 7 – Arbeits- und Sozialrecht

- **XXII. Arbeitsrecht** **237**
  - 1 Stufenbau 237
    - 1.1 Gesetz 237
    - 1.2 Kollektivvertrag 237
    - 1.3 Betriebsvereinbarung 237
    - 1.4 Arbeitsvertrag 238
    - 1.5 Dienstvertrag 238
    - 1.6 Freier Dienstvertrag 239
    - 1.7 Werkvertrag 239
  - 2 Praktikanten, Volontäre und Ferialarbeitnehmer 239
    - 2.1 Praktikant 239
    - 2.2 Volontäre 240

3 Begründung und Inhalt von Dienstverträgen 240
 4 Fürsorge- und Treuepflichten 241
 5 Nadelstichverordnung 241
    5.1 Persönlicher Geltungsbereich 241
    5.2 Örtlicher Geltungsbereich 242
    5.3 Sachlicher Geltungsbereich 242
    5.4 Aufgaben des Arbeitgebers 242
         a) Risikovermeidung 242
         b) Information und Unterweisung 243
 6 Entlohnung 243
 7 Arbeitszeit 244
    7.1 Allgemeine Arbeitszeitbestimmungen 244
    7.2 Arbeitszeit in Krankenanstalten 245
 8 Urlaub 246
 9 All-in-Verträge 247
10 Sonderurlaub und Pflegefreistellung 247
11 Geschenkannahmeverbot 248
12 Beendigung des Arbeitsverhältnisses 248
13 Kammern 249

XXIII. Sozialrecht **250**
 1 Versicherungssystem 250
 2 Krankenversicherung 250
    2.1 Mutterschaft 252
    2.2 Zahnbehandlung und Zahnersatz 252
    2.3 Erhaltung der Volksgesundheit 252
    2.4 Freiwillige Leistungen 253
 3 Unfallversicherung 253
    3.1 Arbeitsunfall 253
    3.2 Berufskrankheit 253
    3.3 Leistungen der gesetzlichen Unfallversicherung 254
 4 Pflegegeld 254
    4.1 Anspruch 254
    4.2 Höhe 254
    4.3 Pflegebedarf 256

Stichwortverzeichnis **257**

I. Einleitung

Es war uns immer ein Anliegen, rechtliche Angelegenheiten einfach darzustellen und unseren Lesern auf verständliche Weise nahezubringen.

Der Zufall wollte es, dass der Termin für die geplante Neuauflage dieses Buches mit den wohl umfassendsten gesetzlichen Änderungen im Bereich des Gesundheitswesens zusammenfällt. So sind nicht nur die Übergangsfristen für die Überleitung der medizinischen Assistenzberufe ausgelaufen, es gab auch Änderungen in der ärztlichen Ausbildung und in der Ausbildung und den Kompetenzen der nunmehr drei Gesundheits- und Krankenpflegeberufe, es erfolgten die Einführung eines Gesundheitsberuferegisters und die mit Juli 2018 zur Anwendung kommenden Änderungen im Zusammenhang mit der Einwilligung von Erwachsenen in die medizinische Heilbehandlung, die damit verbundenen Auswirkungen auf die Patientenverfügung, die Abschaffung der Sachwalterschaft und Vertretungsbefugnis naher Angehöriger zugunsten einer umfassenden Erwachsenenvertretung u. v. m. All diese Neuerungen wurden eingearbeitet, so dass Ihnen ein topaktuelles Lehrbuch zur Verfügung steht.

Die Inhalte der Gesetze und Verordnungen werden auch weiterhin nicht nur dargestellt, sondern zum besseren Verständnis erörtert. Das Buch ist durchgehend strukturiert und stellt durch Verweise die komplexen Beziehungen der Rechtsmaterien untereinander dar. Die Verweise ermöglichen zudem einen schnellen Zugang zu verwandten Informationen und erlauben dadurch, sich auf einfache Weise übergreifendes Wissen anzueignen. Erleichtert wird dies durch die Verwendung von Beispielen und Übersichtsgrafiken. Da die Kapitel dennoch in sich geschlossen dargestellt werden, kann der Band auch als Nachschlagewerk verwendet werden. Dieses Buch eignet sich daher besonders zur Erlangung des notwendigen Wissens im Rahmen der Aus-, Fort- und Weiterbildung von Angehörigen der Gesundheitsberufe sowie als Nachschlagewerk für die tägliche Berufspraxis.

Zur besseren Lesbarkeit wurde durchgehend auf die Bezeichnung beider Geschlechter verzichtet; weiters wurden die verkürzten Berufsgruppenbezeichnungen verwendet sowie die zitierten Gesetzestexte vereinfacht dargestellt. Der nachstehende Text beabsichtigt selbstredend keine geschlechtsspezifische Wertung.

Teil 1 – Grundlagen im Gesundheitsrecht

II. Kompetenzlage im Gesundheitswesen

Die Kompetenz in Angelegenheiten des Gesundheitswesens ist im Bundesverfassungsgesetz geregelt.[1] Dieses teilt das *„Gesundheitswesen mit Ausnahme des Leichen- und Bestattungswesens sowie des Gemeindesanitätsdienstes und Rettungswesens, hinsichtlich der Heil- und Pflegeanstalten, des Kurortewesens und der natürlichen Heilvorkommen jedoch nur die sanitäre Aufsicht; [...] Veterinärwesen; Ernährungswesen einschließlich der Nahrungsmittelkontrolle; [...]"* in Gesetzgebung und Vollziehung dem Bund zu. Damit wurde zunächst der gesamte Themenkomplex dem Bund übertragen.

Berücksichtigt man das Reichssanitätsgesetz[2], sind dem Bund[3] insbesondere folgende Kompetenzen übertragen:[4]
- die Evidenzhaltung des gesamten Sanitätspersonals und die Beaufsichtigung desselben in ärztlicher Beziehung sowie die Handhabung der Gesetze über die Ausübung der diesem Personal zukommenden Praxis[5]
- die Oberaufsicht über alle Kranken-, Irren-, Gebär-, Findel- und Ammenanstalten, über die Impfinstitute, Siechenhäuser und andere derlei Anstalten, dann über die Heilbäder und Gesundbrunnen, ferner die Bewilligung zur Errichtung von solchen Privatanstalten[6]
- die Handhabung der Gesetze über ansteckende Krankheiten, über Endemien, Epidemien und Tierseuchen sowie über Quarantänen und Viehcontumazanstalten
- die Handhabung der Gesetze betreff des Verkehres mit Giften und Medikamenten
- die Oberaufsicht über das Impfwesen
- die Regelung und Überwachung des gesamten Apothekerwesens
- die Anordnung und Vornahme der sanitätspolizeilichen Obduktionen[7]

---

1 Art 10 Abs 1 Z 12 B-VG
2 Gesetz vom 30. April 1870 betreffend die Organisation des öffentlichen Sanitätsdienstes, RGBl. Nr. 68/1870
3 Im Gesetz als Staatsverwaltung bezeichnet
4 § 2 Reichssanitätsgesetz
5 Die Aufsicht über Ärzte und deren Ordinationen wurde der Ärztekammer übertragen
6 Hiezu schränkt das B-VG explizit die Gesetzgebung des Bundes auf die Grundsatzgesetzgebung ein
7 Diese werden in einigen Bundesländern durch die leichen- und bestattungsrechtlichen Bestimmungen geregelt, was aus verfassungsrechtlicher Sicht bedenklich erscheint

Hinzu kommen die Kompetenz des Bundes zur Grundsatzgesetzgebung und die Zuständigkeit der Länder zur Ausführungsgesetzgebung in den für die Gesundheit wichtigen Bereichen:[8]
- Volkspflegestätten
- Heil- und Pflegeanstalten
- vom gesundheitlichen Standpunkt aus an Kurorte sowie Kuranstalten und Kureinrichtungen zu stellende Anforderungen
- natürliche Heilvorkommen

Der Gemeinde obliegt der Gemeindesanitätsdienst; zu diesem gehören:[9]
- die Handhabung der sanitätspolizeilichen Vorschriften in Bezug auf Straßen, Wege, Plätze und Fluren, öffentliche Versammlungsorte, Wohnungen, Unratskanäle und Senkgruben, fließende und stehende Gewässer, dann in Bezug auf Trink- und Nutzwasser, Lebensmittel (Vieh- und Fleischbeschau usw.) und Gefäße, endlich in Betreff öffentlicher Badeanstalten
- die Fürsorge für die Erreichbarkeit der nötigen Hilfe bei Erkrankungen und Entbindungen sowie für Rettungsmittel bei plötzlichen Lebensgefahren
- die Evidenthaltung der nicht in öffentlichen Anstalten untergebrachten *„Findlinge, Taubstummen, Irren und Kretins"* sowie die Überwachung der Pflege dieser Personen
- die Errichtung, Instandhaltung und Überwachung der Leichenkammern und Begräbnisplätze
- die sanitätspolizeiliche Überwachung der Viehmärkte und Viehtriebe
- die Errichtung und Instandhaltung der Aasplätze

---

8   Art 12 Abs 1 Z 1 B-VG
9   Das Reichssanitätsgesetz spricht von der Gesundheitspolizei

III. Grundlagen Strafrecht

Der strafrechtliche Schutz ist auf bestimmte Rechtsgüter und auf jene Angriffe beschränkt, deren Hintanhaltung aufgrund besonderer Gefährlichkeit und Verwerflichkeit im Interesse des Einzelnen und der Gemeinschaft liegt und die eine Verfolgung und Bestrafung durch öffentliche Organe erfordern. Strafrechtlich geschützte Güter sind beispielsweise das Leben eines Menschen, sein Eigentum, seine persönliche Freiheit.

1 Allgemeines

Strafbar ist ein Verhalten dann, wenn dazu ein im Gesetz normierter Straftatbestand besteht. Die Strafnormen sollen die Menschen abhalten, fremde Rechtsgüter zu schädigen, und zu einem rechtskonformen Verhalten leiten.

Um die Zuordnung von Handlungen zu einem bestimmten Delikt besser verstehen zu können, sind einige Grundkenntnisse des Strafrechts erforderlich, die im Folgenden dargestellt werden.

1.1 Vorsatz

Vorsätzlich handelt ein Täter, der darauf abzielt, einen bestimmten Erfolg zu verwirklichen.[10] Er will einen Tatbestand tatsächlich erzielen. Durch Zufall eintretende weitere Schäden oder Delikte können dem Täter nur bedingt vorgehalten werden.

Der Vorsatz ist durch ein Wissen und Wollen geprägt. Auf der Wissensseite dient als Untergrenze der Denkansatz, dass der Täter einen bestimmten Umstand „bloß für möglich hält" (bedingter Vorsatz). Stärker ausgeprägt ist die Wissensseite, wenn der Täter das Vorliegen oder den Eintritt bestimmter Tatsachen „für wahrscheinlich hält", am stärksten, wenn er dies „für gewiss hält" (Wissentlichkeit).

> 📖 Vergleiche: V. 5.1 Verschuldensformen

1.2 Fahrlässigkeit

Die strafrechtliche Fahrlässigkeit stellt gemeinsam mit der zivilrechtlichen Sachverständigenhaftung den Haftungsmaßstab dar, wonach eine Person bei Nichteinhaltung ihrer Sorgfaltspflicht zu beurteilen ist.

Beim fahrlässigen Handeln erkennt der Täter entweder nicht, dass sein Handeln gefährlich ist, oder erkennt dies zwar, aber nimmt die Gefahr nicht ernst

---

10 § 5 StGB

und glaubt, dass die Beeinträchtigung nicht eintreten wird.[11] Wenn ein Täter nicht mit der Möglichkeit des Schadenseintritts gerechnet hat, spricht man von unbewusster Fahrlässigkeit.[12]

Darüber hinaus regelt das Gesetz eine situationsbezogene Einhaltung der Sorgfalt, indem es dem Täter jene „Genauigkeit" abverlangt, zu der er *„nach den Umständen verpflichtet und nach seinen geistigen und körperlichen Verhältnissen befähigt ist"*[13]. Er haftet immer dann, wenn er **entgegen allgemein verbindlicher Sorgfaltspflichten handelt,** jedoch **nach seinen individuellen Verhältnissen befähigt** – und es ihm auch möglich gewesen – wäre, jene **einzuhalten.**[14]

Entfällt die subjektive Sorgfaltswidrigkeit eines bestimmten Verhaltens, so kann die Strafbarkeit möglicherweise an eine andere Handlung des Täters angeknüpft werden, und zwar daran, dass der Täter eine gefährliche Tätigkeit übernommen hat, für die er – allgemein oder in einem besonderen Zustand – die erforderlichen Kenntnisse und Fähigkeiten nicht besaß. Diese Einlassungsfahrlässigkeit wird auch als Übernahmsfahrlässigkeit bezeichnet und knüpft entgegen der „normalen" Fahrlässigkeit an einen früheren Zeitpunkt an.

Beispiel:

Das Lehrbuchbeispiel ist Autofahren im alkoholisierten Zustand. Ist jemand derart betrunken, dass er nicht mehr für sein Fahren zur Verantwortung gezogen werden kann, hat er die Alkoholisierung jedoch herbeigeführt, obwohl er wusste, dass er mit dem Auto fahren will oder könnte, so kommt es zur Haftung aufgrund der Herbeiführung der Alkoholisierung und des Unterlasses, sich selbst am Autofahren zu hindern.

Vergleiche: V. 5.1 Verschuldensformen

1.3 Garantenstellung

Als Garantenstellung bezeichnet man die Verpflichtung, nicht nur die aktive Zufügung eines Schadens zu unterlassen, sondern eine Person auch vor dem Eintritt von Schäden zu bewahren. Wenn ein Schaden nicht abgewendet wird, nennt dies das Gesetz eine Begehung durch Unterlassung.[15] Daher hat der Garant durch aktives Handeln jene Gefahren abzuwehren, die in seinen Verantwortungsbereich fallen. Die Stellung als Garant wird treffend als Situation be-

---

11 Fuchs, Österreichisches Strafrecht Allgemeiner Teil I, Kap 12, RZ 1f
12 Burgstaller, Wiener Kommentar zum Strafgesetzbuch, § 6 StGB, RZ 1
13 § 6 Abs 1 StGB
14 Burgstaller, Wiener Kommentar zum Strafgesetzbuch, § 6 StGB, RZ 23
15 § 2 StGB

schrieben, in der man von sich behaupten kann: „*gerade ich bin dazu da, dass es nicht geschieht*"[16].

Der Umfang der Garantenstellung ist immer an den „Schutzzweck der Garantenpflicht" gebunden.[17] Diese umschreibt die Verpflichtung des Garanten, jene spezifischen Gefahren abzuwenden, zu deren Abwehr er sich verpflichtet hat oder gesetzlich angehalten ist (Arzt – Krankenbehandlung, Polizei – Verbrechensabwehr, Feuerwehr – Bergung etc.). Ein gesetzlich geregelter Gesundheitsberuf ist aufgrund seiner beruflichen Verpflichtung Garant und muss daher die Abwehr von gesundheitsgefährdenden Einwirkungen auf seine Schutzbefohlenen im Umfang seiner Berufskompetenz gewährleisten.

> **Beispiel:**
> In der bereits zum bedingten Vorsatz herangezogenen Entscheidung des OGH vom 13.12.2012 zu 12 Os 153/12k erkannte dieser die Mutter für schuldig, unter Vernachlässigung ihrer Erfolgsabwendungspflicht den an ihrer unmündigen Tochter begangenen schweren sexuellen Missbrauch trotz bestehender Möglichkeit nicht verhindert zu haben. Begründet wurde dies wie folgt: „*Nach den entscheidungswesentlichen Feststellungen zur subjektiven Tatseite wusste die Angeklagte [...] über ihre Garantenstellung als Mutter und das Alter ihrer Tochter Bescheid. Zum Zeitpunkt ihres Wissens erfolgten Übernachtungen eines 18-Jährigen im Zimmer der Unmündigen. Die Mutter hatte zwar keine Gewissheit darüber, ob dieser mit ihrer Tochter auch vor dem 14. Geburtstag den Beischlaf vollziehen würde [...]. Es war ihr auch bewusst, dass es ihre Pflicht wäre, dies zu verhindern. Darüber hinaus wäre es ihr auch ohne Weiteres möglich und zumutbar gewesen, den Erstangeklagten entweder zur Übernachtung überhaupt außer Hauses oder aber zumindest zu einer solchen auf der Couch aufzufordern und allfälligen entgegenstehenden Bitten ihrer Tochter energisch entgegenzutreten.*"

1.4 List

Bei List[18] handelt es sich um eine rechtswidrige, vorsätzliche Täuschung[19]. Das Gegenüber wird durch die Vorspiegelung falscher Tatsachen in Irrtum geführt oder durch Unterdrückung wahrer Tatsachen in seinem Irrtum belassen oder bestärkt und dadurch zum Abschluss verleitet.

---

16 Nowakowski, Wiener Kommentar zum StGB – § 2, RZ 3
17 Nowakowski, Wiener Kommentar zum StGB – § 2, RZ 9
18 i.S.d. § 870 ABGB
19 i.S.d. Betrug

2 Wichtige strafrechtliche Sanktionen

Begeht jemand eine gerichtlich strafbare Handlung, so wird über ihn eine Sanktion verhängt. Im Folgenden werden die häufigsten und tätigkeitsrelevanten Sanktionen des österreichischen Strafgesetzbuches kurz dargestellt.

2.1 Geldstrafen

Grundsätzlich haben Gerichte zwei Möglichkeiten der Bestrafung. Einerseits können Geldstrafen verhängt werden, die sich je nach Schwere der Tat über eine bestimmte Anzahl von Tagessätzen berechnen. Die Schwere der Tat wird aufgrund des Ausmaßes der Rechtsgutbeeinträchtigung, der Art und Weise der Begehung sowie der Person des Täters, insbesondere seiner inneren Einstellung, bemessen. Die Höhe eines Tagessatzes ist das durchschnittliche Tageseinkommen abzüglich des Existenzminimums. Die Untergrenze des einzelnen Tagessatzes beträgt derzeit 4,– Euro, die Höchstgrenze 5.000,– Euro.[20]

> **Beispiel:**
> Der Täter erhält eine Strafe von 40 Tagessätzen. Er verdient 1.900,00 Euro netto. Abzüglich 866,93 Euro Existenzminimum ergibt dies 1033,07 Euro an zur Bemessung heranzuziehenden Einkünften. Dieser Betrag geteilt durch 30 Tage (wirtschaftlicher Monat) ergibt einen Tagessatz von 34,45 Euro. Multipliziert man den Tagessatz mit der Anzahl an Tagessätzen, die der Täter als Strafe erhalten hat, ergibt das eine Strafe in Höhe von 1377,43 Euro.

2.2 Haftstrafen

Bei gerichtlichen Tatbeständen einer gewissen Schwere werden Haftstrafen verhängt. Die Freiheitsstrafe kann entweder auf Lebensdauer oder auf eine bestimmte Zeit verhängt werden. Die Mindestdauer beträgt einen Tag.[21]

Die Vollstreckung von Freiheitsstrafen ist für den Betroffenen mit nachteiligen Folgen verbunden, welche häufig in keiner Relation zur eigentlichen Strafe stehen. Um diese überschießenden Folgewirkungen zu vermeiden bzw. zu minimieren, kann der Vollzug einer rechtskräftigen ausgesprochenen Strafe (Freiheitsstrafe oder Geldstrafe) unter Setzung einer Probezeit vorläufig aufgeschoben werden. Die ausgesprochene Strafe wird dann im gerichtlichen Strafverfahren bedingt verhängt.[22]

---

20 § 19 StGB
21 § 18 StGB
22 § 43 StGB

Beispiel:
Der Täter erhält wegen Unterhaltsrückständen eine auf drei Jahre bedingt nachgesehene Freiheitsstrafe von einem Monat. Nach einem Jahr erhält der Täter wegen Unterhaltsrückständen eine auf drei Jahre bedingt nachgesehene Freiheitsstrafe von zwei Monaten, die erste Nachsicht wird nicht widerrufen. Nach einem weiteren Rückstand sechs Monate nach der letzten Verurteilung erhält er eine unbedingte Freiheitsstrafe von drei Monaten, die beiden bedingten Nachsichten werden widerrufen, sodass der Täter drei plus zwei plus ein Monat(e), also insgesamt sechs Monate unbedingt ins Gefängnis muss.

2.3 Entzug der Berufsberechtigung

Bei Personen in einem privaten Beschäftigungsverhältnis, die zur Berufsausübung ihrer Tätigkeit einer besonderen Qualifikation bedürfen, hat das Gericht die Verurteilung der Verwaltungsbehörde zu melden, die den Verlust der Berufsberechtigung verfügen kann. Die Gerichte sind in bestimmten Fällen verpflichtet, Meldung an die Verwaltungsbehörden zu erstatten, in allen anderen Fällen kann das Gericht dies melden.

3 Wichtige strafrechtliche Tatbestände

Nur die Kenntnis der wichtigsten den Gesundheitssektor betreffenden Straftatbestände ermöglicht einen gesetzestreuen Umgang mit den Patienten und den beruflichen Pflichten. Die häufigsten Tatbestände werden daher im Folgenden dargestellt.

3.1 Hilfeleistungspflichten

Um Menschen auch außerhalb der institutionellen Systeme gesundheitlich abzusichern, bestehen für bestimmte Tatbestände Hilfeleistungspflichten, die jedermann treffen.

a) Unterlassung der Hilfeleistung

Dieses Delikt regelt die Pflicht, im *„Unglücksfall oder einer Gemeingefahr"* alle notwendigen Maßnahmen zu ergreifen, die zur Rettung eines Menschen und der Abwehr *„des Todes oder einer beträchtlichen Körperverletzung oder Gesundheitsschädigung offensichtlich erforderlich"* sind.[23] Diese Bestimmung verankert somit die allgemeine Pflicht zur Hilfeleistung. Die Norm richtet sich gegen jedermann, der eine solche Hilfe unterlässt.[24]

---

23 § 95 StGB
24 Hauptmann, Jerabek, Wiener Kommentar zum StGB – § 95, RZ 2

Der Täter hat die Tat begangen, wenn er es verabsäumt hat, einem (geschützten) Opfer Hilfe angedeihen zu lassen.

Der Tatbestand ist auf die Hilfeleistungspflicht von Ärzten, Sanitätern oder anderen zur Hilfeleistungspflicht berufsrechtlich verpflichteten Gesundheitsberufen nur eingeschränkt anzuwenden.

📖 Vergleiche: III. 3.1 b) Imstichlassen eines Verletzten

b) Imstichlassen eines Verletzten

Angehörige von Gesundheitsberufen trifft die Verpflichtung zur Hilfeleistung aufgrund des Tatbestandes des Imstichlassens eines Verletzten immer dann, wenn sie[25]

- gesetzlich zur Hilfeleistung verpflichtet wurden
- eine Verpflichtung zur Vorsorge durch Vertrag übernommen haben
- das Unglück selbst herbeigeführt haben

Das „Imstichlassen eines Verletzten" ist jener Tatbestand, der zur Verurteilung bei der sogenannten „Unfallflucht" führt. Bei diesem Delikt wird derjenige, der eine Verletzung am Körper oder die Gesundheitsschädigung[26] eines Dritten verursacht hat, zur Hilfeleistung dem Verletzten gegenüber verpflichtet.

Erforderliche Hilfe ist die rascheste und bestmögliche Leistung wirksamer Maßnahmen zur Rettung, Heilung oder zum Schutz des Verletzten vor weiteren Schäden, allenfalls auch zur Erleichterung seiner Lage.[27] Eine Verständigung der Rettung ist jedenfalls ab einer gewissen (zu erwartenden) Schwere der Verletzung bzw. Gesundheitsschädigung unablässig.[28]

Gesundheitspersonal ist in mehrfacher Hinsicht betroffen. Eine Haftung ist nicht nur dann gegeben, wenn eine Verletzung selbst herbeigeführt wurde. Vielmehr ist jedes Verhalten, das aufgrund der Erfolgsabwendungspflicht (Garantenstellung) geboten und als geeignet anzusehen war, die Verletzung abzuwehren, geeignet, die Hilfeleistungspflicht auszulösen.[29] Denjenigen, den eine Pflicht zur Hilfeleistung trifft, kommt nämlich nach dem Ingerenzprinzip auch eine Erfolgsabwendungspflicht zu. Eine solche besteht z.B. bei Übernahme eines Patienten in die Versorgung, also mit Begründung eines Behandlungsvertrags. Somit sind Untätigbleiben wie auch nicht ausreichende Versorgung eines Patienten nach dieser Bestimmung zu bestrafen.

---

25 § 94 StGB
26 Punkt II A RZ 3, Jerabek in Höpfel/Ratz, WK2 StGB § 94 (Stand: 1.3.2016, rdb.at)
27 Punkt II C.4 RZ 26, Jerabek in Höpfel/Ratz, WK2 StGB § 94 (Stand: 1.3.2016, rdb.at)
28 Ellinger, Denk, „Hilfsbedürftigkeit" i.S. des § 94 StGB, Kap III.E.
29 Hauptmann, Jerabek, Wiener Kommentar zum StGB – § 94, RZ 9 und 36

Die Verpflichtung zur Hilfeleistung ist eine persönliche Pflicht, der selbst und unverzüglich nachzukommen ist. Erst der Beginn der tatsächlich ausreichenden und abschließenden Hilfe von Dritten (professionelle Hilfe) entbindet von der Beistandspflicht.[30] Hingegen endet mit dem Tod die Hilfsbedürftigkeit und damit die Hilfeleistungspflicht.[31]

> Vergleiche: III. 3.1 a) Unterlassung der Hilfeleistung

c) Unzumutbarkeit der Hilfeleistung

Basierend auf dem Imstichlassen eines Verletzten und der unterlassenen Hilfeleistung kommt es zu einer umfassenden Hilfeleistungspflicht. Diese wäre, gäbe es nicht eine gesetzliche Unzumutbarkeitsgrenze, auch dann gegeben, wenn man sich selbst durch eine Hilfeleistung in Gefahr für Leib und Leben bringen müsste.[32]

Generell kommt es bei der Verpflichtung zur Hilfeleistung zu einer **Interessenabwägung**.[33] Die Pflicht, sich selbst zu verletzen oder in Gefahr zu bringen, ist umso geringer, je kleiner der zu erwartende Schaden beim Verletzten ist. Weiters ist auch das Ausmaß der Verminderung der Rettungschancen durch Zeitverlust als Maßstab für die Dringlichkeit und somit für die Inkaufnahme einer Eigengefährdung heranzuziehen.[34]

Eine Sonderstellung wird Polizeibeamten, Feuerwehrleuten, Soldaten sowie Sanitätern, Pflegepersonen und Ärzten – hiezu sind konsequenterweise alle zur Hilfeleistung verpflichtete Gesundheitsberufe zu zählen – auferlegt. Diese Personen können sich grundsätzlich nicht auf eine Unzumutbarkeit der Hilfe berufen![35] Sie unterliegen **im Umfang ihrer Tätigkeit** einer **höheren Zumutbarkeitsanforderung**. Die Berufung auf einen Entschuldigungsgrund ist nur dann möglich, wenn auch eine mit den Fähigkeiten und dem Können sowie der Rechtstreue und Berufspflicht der betroffenen Berufsgruppe verbundene Person eine Hilfeleistung unterlassen hätte.[36]

---

30   Punkt II C.1 Z 19, Jerabek in Höpfel/Ratz, WK2 StGB § 94 (Stand: 1.3.2016, rdb.at) mit Verweis auf SSt 47/17 = EvBl 1976/235 uva
31   Punkt II C.1 RZ 19, Jerabek in Höpfel/Ratz, WK2 StGB § 94 (Stand: 1.3.2016, rdb.at)
32   § 95 Abs 2 i.V.m. § 94 ABs 1 und 3 StGB
33   Hauptmann, Jerabek, Wiener Kommentar zum StGB – § 94, RZ 34 und 36–38 sowie § 95, RZ 26
34   Hauptmann, Jerabek, Wiener Kommentar zum StGB – § 94, RZ 38 sowie § 95, RZ 29
35   Hauptmann, Jerabek, Wiener Kommentar zum StGB – § 95, RZ 33
36   Hauptmann, Jerabek, Wiener Kommentar zum StGB – § 95, RZ 33

3.2 Aussetzung

Die „Aussetzung" kennt zwei Tatbestände.[37] Der erste ist für Gesundheitsberufe seltener wichtig. Er sanktioniert Handlungen, bei denen der Täter das Opfer vorsätzlich in eine Situation bringt, in der es hilflos ist, und dieses anschließend, es seinem Schicksal überlassend, im Stich lässt.

Der zweite Tatbestand kann von Angehörigen von Gesundheitsberufen leichter verwirklicht werden. Hier werden Fälle geregelt, in denen der Täter verpflichtet ist, dem Opfer beizustehen, dies aber unterlässt und das Opfer so in einer hilflosen Lage im Stich gelassen wird. Das Opfer muss dazu nur in der Obhut des Täters gestanden sein oder den Täter muss eine Beistandspflicht treffen, unabhängig davon, ob aus einem Gesetz oder einem Vertrag.[38] Es genügt dabei, dass eine Hilfe real möglich und Hilflosigkeit sowie Lebensgefahr ersichtlich waren.

> Vergleiche: III. 3.1 a) Unterlassung der Hilfeleistung, III. 3.1 b) Imstichlassen eines Verletzten und III. 3.4 Körperverletzungsdelikte

3.3 Eigenmächtige Heilbehandlung

Dieser Tatbestand schützt einen Patienten nicht nur vor ungewollter Behandlung, sondern schließt auch die Lücke zu den klassischen Körperverletzungsdelikten.[39] Heilbehandlungen wären ansonsten immer dann straffrei, wenn sie medizinisch indiziert und lege artis durchgeführt wurden[40], auch wenn keine Einwilligung oder gar eine Ablehnung vorgelegen wäre.

a) Heilbehandlungen

Der Begriff Heilbehandlung ist weit auszulegen. Er umfasst alle Behandlungen zu diagnostischen, therapeutischen, prophylaktischen oder schmerzlindernden Zwecken.[41] Der Begriff der Heilbehandlung umfasst jedoch nicht (rein) experimentelle medizinische Tätigkeiten, die keiner Therapie des Betroffenen dienen.[42]

---

37 § 82 StGB
38 Burgstaller, Fabrizy, Wiener Kommentar zum StGB – § 82, RZ 21
39 § 110 StGB
40 Bertel, Wiener Kommentar zum StGB – § 110, RZ 5
41 OGH, 11.09.1984, 9 Os 121/84
42 OGH, 11.09.1984, 9 Os 121/84

b) Behandlung ohne Einwilligung

Nach diesem Tatbestand wird bestraft, wer einen Patienten ohne dessen Einwilligung behandelt. Dabei ist es unerheblich, ob die Behandlung nach den Grundsätzen der medizinischen Wissenschaft erfolgt ist. Erfasst werden nicht nur Heilbehandlungen, sondern nahezu alle medizinischen Tätigkeiten.[43]

c) Verletzung der Aufklärungspflicht

Zusätzlich zur Behandlung ohne Einwilligung werden auch Verletzungen der Aufklärungspflicht sanktioniert. Gibt ein Patient zwar seine Zustimmung, beruht die Zustimmung jedoch auf einer Aufklärung, die nicht ausreichend auf Wirkungen, Risiken oder Alternativen hingewiesen hat, so ist die Einwilligung nicht rechtswirksam erfolgt und der Behandelnde nach den Grundsätzen der eigenmächtigen Heilbehandlung zu verurteilen.[44]

> Vergleiche: III. 3.4 Körperverletzungsdelikte und VI. 4. Aufklärung

3.4 Körperverletzungsdelikte

Körperverletzungsdelikte pönalisieren Eingriffe in die körperliche Integrität des Verletzten.[45] Das Rechtsgut der Körperverletzungsdelikte ist die körperliche Unversehrtheit und Gesundheit des Menschen. Neben einer vorsätzlichen wird auch die fahrlässige Körperverletzung[46] sanktioniert.

Ist der Täter ein Angehöriger eines gesetzlich geregelten Gesundheitsberufs und fügt dieser einem Dritten in Ausübung seines Berufs in nicht grob fahrlässiger Weise (oder vorsätzlich) eine Körperverletzung zu, so ist der Täter nicht zu bestrafen.[47]

3.5 Verletzung von Berufsgeheimnissen

Sanktioniert werden Fälle, in denen Geheimnisse betreffend den Gesundheitszustand einer Person *„offenbart oder verwertet"* werden.[48] Die Informationen müssen dem Täter in Ausübung seiner Tätigkeit zur Kenntnis gekommen sein. Als Täter infrage kommen Personen in Ausübung eines gesetzlich geregelten Gesundheitsberufes, bei berufsmäßiger Beschäftigung mit Aufgaben der Ver-

---

43 Bertel, Wiener Kommentar zum StGB – § 110, RZ 2
44 Bertel, Wiener Kommentar zum StGB – § 110, RZ 7
45 §§ 83 ff. StGB
46 § 88 StGB
47 § 88 Abs 2 Z 3 StGB
48 § 121 StGB

waltung einer Krankenanstalt oder mit Aufgaben der Kranken-, der Unfall-, der Lebens- oder der Sozialversicherung.

Um das Tatbild zu verwirklichen, muss das Geheimnis an einen Dritten weitergegeben werden, der davon noch keine Kenntnis hatte und zur Kenntnis nicht berechtigt ist. Eine Verwertung liegt vor, wenn das Geheimnis wirtschaftlich genutzt wird.[49] Die Offenbarung muss zudem geeignet sein, berechtigte Interessen des Betroffenen zu verletzen.

> 📖 Vergleiche: X. 9. Verschwiegenheitspflicht

3.6 Mitwirkung am Selbstmord und Tötung auf Verlangen

Beide Delikte sind mit dem Tatbestand des Mordes[50] eng verbunden und schützen das absolute Rechtsgut Leben.

Der Unterschied zwischen Mitwirkung am Selbstmord[51] und Tötung auf Verlangen[52] liegt darin, dass bei der Mitwirkung das Verleiten einer Person, sich selbst zu töten, sei es durch Zureden oder durch andere psychologische Einflussfaktoren, durchgeführt wird bzw. der Täter dabei behilflich ist, dass die Person sich selbst tötet. Die Hilfestellung kann in der Besorgung der Tatwaffe, der Beförderung der Person zum „Opferplatz" und dergleichen liegen. Jedenfalls wird die Tathandlung vom Opfer selbst durchgeführt. Im Fall der Tötung auf Verlangen ist das Opfer nicht in der Lage, die Tötungshandlung durchzuführen. Das Opfer bittet und verleitet den Täter, es zu töten. Ein sonstiges Zutun ist nicht erforderlich.

3.7 Unterlassung der Verhinderung einer mit Strafe bedrohten Handlung

Ein weiterer Tatbestand betrifft die Unterlassung der Abwehr von Straftaten, die gegen einen Schutzbefohlenen, also bei Gesundheitsberufen gegen einen Patienten, gerichtet sind.[53]

> 📖 Vergleiche: X. 11. Anzeigepflicht und X. 12. Meldepflicht

Dabei wird von Angehörigen der Gesundheitsberufe oftmals der gesetzliche Zwang der Anzeige missverstanden. Primär dient diese nämlich der öffentlichen Strafrechtspflege, also der Möglichkeit, dass Täter ausgeforscht oder Ta-

---

49 Lewisch, Wiener Kommentar zum StGB, § 121, RZ 7
50 § 75 StGB
51 § 78 StGB
52 § 77 StGB
53 § 286 StGB

ten aufgedeckt werden können. Nur in zweiter Linie dient die Anzeige dem Opferschutz. Doch liegt dieser keinesfalls in den Händen der Gesundheitsberufe, vielmehr sind die Sicherheitsbehörden, teilweise auch die Kinder- und Jugendhilfeträger (ehem. Jugendwohlfahrtsträger) verpflichtet, die Sicherheit von Opfern zu gewährleisten.

Teil 1 – Grundlagen im Gesundheitsrecht

IV. Grundlagen Verwaltungsrecht

Das Verwaltungsrecht umfasst Normen, die vorrangig die Hoheitsverwaltung betreffen. Im Verwaltungsrecht werden jene Bereiche geregelt, in denen sich der Staat ein Regelungs- und Kontrollrecht vorbehält.

Das Verwaltungsverfahren wird über weite Teile durch das Allgemeine Verwaltungsverfahrensgesetz (AVG)[54] und das Verwaltungsstrafgesetz (VStG)[55] geregelt.

1 Zuständigkeit

Wichtig in jedem Verfahren ist, welche Behörde zuständig ist, da nur diese zur Entscheidung ermächtigt ist.

Die sachliche und örtliche Zuständigkeit einer Behörde richtet sich nach dem allgemeinen Wirkungsbereich sowie nach den spezifischen Verwaltungsvorschriften.[56] **Sachlich zuständig** ist zunächst jene Behörde, der die Aufgabe übertragen wurde. Dies findet sich zumeist in den Materiengesetzen. Wird dort keine Behördenzuständigkeit geregelt, so ist für den Bereich der mittelbaren Bundesverwaltung die Bezirksverwaltungsbehörde zuständig.[57]

Die **örtliche Zuständigkeit** richtet sich zumeist nach den allgemeinen Zuständigkeitsregeln, ausnahmsweise bestehen für bestimmte Materien eigene Regelungen in den Materiengesetzen. Soweit keine gesonderte örtliche Zuständigkeit festgelegt wurde, ist jene sachlich zuständige Behörde wie folgt örtlich berufen[58]

- in Sachen, die ein unbewegliches Gut betreffen, nach der Lage des Gutes
- in Sachen, die sich auf den Betrieb eines Unternehmens oder einer sonstigen dauernden Tätigkeit beziehen, nach dem Ort, an dem das Unternehmen betrieben oder die Tätigkeit ausgeübt wird oder werden soll
- in allen anderen Bereichen zunächst nach dem Hauptwohnsitz bzw. Unternehmenssitz des Beteiligten, dann nach dem Aufenthalt, dann nach dem letzten Hauptwohnsitz bzw. Unternehmenssitz im Inland, schließlich nach dem Aufenthalt im Inland

---

54 Allgemeines Verwaltungsverfahrensgesetz 1991, BGBl. Nr. 51/1991
55 Verwaltungsstrafgesetz 1991, BGBl. Nr. 52/1991
56 § 1 AVG
57 § 2 AVG
58 § 3 AVG

2 Parteien

Im Verwaltungsverfahren sind die Rechte der Hoheitsträger (z.B. auf Aufrechterhaltung des Gesundheitswesens), der antragstellenden und anderer Parteien (z.B. betroffener Nachbarn) sowie sonstiger Beteiligter (wie z.B. Nachbarn ohne Parteistellung, Arbeitnehmer ...) zu wahren. Ein Recht auf Akteneinsicht[59], Parteiengehör[60], Erlassung eines Bescheides[61], Einbringung von Rechtsmitteln[62], Wiederaufnahme[63] und Wiedereinsetzung[64], Geltendmachung der Entscheidungspflicht[65] oder sonstiger Eingaben in einem Verfahren haben jedoch nur Parteien.

3 Amtswegiges Verfahren

In vielen Fällen haben Behörden von sich aus tätig zu werden. Man spricht hier von einem amtswegigen Verfahren. Darunter fällt u.a. die Wahrnehmung von Kontrollaufgaben, wie z.B. die Überwachung von Betrieben, die Prüfung von Lebensmitteln oder die Kontrolle der Berufsausübung.

4 Antragsgebundenes Verfahren

Ein antragsbedürftiges bzw. antragsgebundenes Verfahren ist im Unterschied zum amtswegigen Verfahren an einen Antrag, also an den verfahrenseinleitenden Schritt einer Person gebunden. Die Behörde darf nur dann tätig werden, wenn ein Antrag eingeht, und nur im beantragten Umfang. Das Zurückziehen ist zumeist jederzeit möglich, die Behörde hat dann ihre Tätigkeit einzustellen.

> **Beispiel:**
> Eine Partei beantragt die Bewilligung einer Betriebsstätte. Die Behörde darf diese nur im Umfang des Antrages genehmigen oder die Genehmigung verwehren. Dies selbst dann, wenn im Umfang des Antrages niemals geplant ist, die Betriebsstätte zu betreiben.
> Wird im Verfahren deutlich, dass am Ort der zu errichtenden Betriebsstätte Sicherheitsmängel bestehen, so hat die Behörde, auch wenn der Antrag zurückgezogen wird, auf die Beseitigung der Mängel amtswegig hinzuwirken.

---

59 § 17 AVG
60 §§ 37 und 43 AVG
61 §§ 62 und 67g AVG
62 §§ 57 und 63 AVG
63 § 69 AVG
64 § 71 AVG
65 § 73 Abs 2 AVG

Antragsgebundene Verfahren betreffen zumeist individuelle Rechte von Personen.

5 Bescheid

Mittels Bescheid wird einem individuellen Adressaten, also einer bestimmten Person oder Personengruppe, ein Recht oder eine Pflicht übertragen.

Der Bescheid ist das Mittel, mit der eine Behörde rechtssetzend tätig wird. Der Bescheid ermöglicht nicht nur die Rechtsdurchsetzung, sondern gewährt zudem den Betroffenen die Möglichkeit, sich gegen die behördlichen Anordnungen zur Wehr zu setzen. Gegen einen Mandatsbescheid steht das Rechtsmittel der Vorstellung[66] zur Verfügung, gegen einen ordentlichen Bescheid das Rechtsmittel der Beschwerde.

---

66 § 57 Abs 2 AVG

V. Grundlagen Zivilrecht

Das Zivilrecht, auch als Privatrecht bezeichnet, erfasst das menschliche Leben in vielfältiger Weise. Dazu zählen etwa die Regelungen über die rechtliche Fähigkeit der Person (z.B. Rechtsfähigkeit, Handlungsfähigkeit), die Persönlichkeitsrechte (Freiheit, körperliche Unversehrtheit), die Regelungen über die Familie (z.B. Eherecht, Verhältnis zwischen Eltern und Kindern), über die schuldrechtlichen Beziehungen von Personen (z.B. Kauf, Schenkung, Dienstvertrag, Schadenersatz) u.dgl. Privatrechtssachen gehören vor die ordentlichen Gerichte.[67]

1 Rechtssubjekt und Rechtsobjekt

Die Summe der Gesetze, die das Zusammenleben der Menschen regeln, wird als **objektives Recht** bezeichnet. Die dem einzelnen Menschen oder Unternehmen eingeräumten Befugnisse werden als **subjektive Rechte** bezeichnet. Daraus folgt, dass **Rechtssubjekte**[68] jene sind, auf welche sich diese Befugnisse (Rechte) und Verhaltenspflichten beziehen.[69] Charakteristisch für subjektive Rechte ist, dass die Geltendmachung allein vom Willen des Einzelnen abhängig ist.

> **Beispiel:**
> Jeder Mensch hat das objektive Recht, dass sich Autofahrer in der Stadt an die Geschwindigkeitsbeschränkung halten und damit niemanden gefährden. Subjektiv ist dieses Recht jedoch durch den Einzelnen nicht durchsetzbar.
> Sind die gesetzlichen Voraussetzungen erfüllt, so hat diese Person ein subjektives Recht darauf, ein Gewerbe anzumelden und auszuüben. Dieses Recht kann der Betroffene auch durchsetzen.

Vom Menschen unterschiedene Gebilde, die Träger von Rechten sind, werden als **Rechtsobjekte**[70] bezeichnet. Rechtsobjekte sind daher Gegenstände, auf die sich die subjektiven Rechte beziehen und die der Berechtigte in seinem Machtbereich (z.B. Eigentum) hat. Typische Rechtsobjekte sind Sachen (z.B. Auto, Möbel, Liegenschaften, Nahrungsmittel, Benzin, Geld).

---

67 § 1 JN, § 20 ABGB
68 Bydlinski, Bürgerliches Recht, Band I: Allgemeiner Teil, RZ 2/2
69 § 15 ABGB
70 Bydlinski, Bürgerliches Recht, Band I: Allgemeiner Teil, RZ 2/5 f

1.1 Natürliche und juristische Personen

Unter **natürlichen Personen** versteht man Menschen. Während der natürlichen Person die Qualität „Rechtssubjekt" schon kraft ihres Menschseins zukommt, sind andere Gebilde nur dann rechtsfähig, wenn ihnen diese Eigenschaft vom Gesetz eigens eingeräumt wurde.

Da die wirtschaftliche Tätigkeit eines nicht lebenden Gebildes (Unternehmens) mit den Handlungen von Menschen vergleichbar ist, wurde der Begriff „juristische Person" eingeführt[71]. Als **juristische Person** bezeichnet man ein vom Menschen unterschiedenes Gebilde, das mit Rechten und Pflichten ausgestattet ist. Grundsätzlich haben juristische Personen die gleichen Rechte und Pflichten wie natürliche Personen. Sie sind nur von jenen Rechten und Pflichten ausgeschlossen, die notwendig einen Menschen als Rechtsträger voraussetzen. Natürliche Personen handeln als Vertreter und im Namen der juristischen Person, weshalb das Rechtsgeschäft mit der juristischen Person selbst zustande kommt.[72]

1.2 Sachenrechte und Persönlichkeitsrechte

Trägt ein Mensch bestimmte Rechte oder begründet diese durch sein Handeln und sind die Rechte unmittelbar mit ihm verbunden, spricht man von **Persönlichkeitsrechten**. Zu den Persönlichkeitsrechten zählen das Recht auf Freiheit, auf Leben und auf den Namen ebenso wie Urheberrechte oder der Schutz von Erfindungen. Derartige Rechte können nicht übertragen werden.[73]

Sachenrechte haben zwar oft eine Verbindung zu einer Person, verbleiben aber an der Sache. Sie regeln, wem eine Sache gehört oder von wem sie genutzt werden darf. Typische Sachenrechte sind Eigentum oder Besitz, aber auch Servituten (Dienstbarkeiten), die auf einem Grundstück lasten.[74]

2 Rechte und Pflichten

Damit Personen Träger von Rechten und Pflichten sein können, spricht man von Rechts- und Handlungsfähigkeit.

2.1 Rechtsfähigkeit

Durch die Zuerkennung der Rechtsfähigkeit wird ein Mensch zum Träger von Rechten, d.h. er bekommt gesetzliche Persönlichkeitsrechte. Die Rechtsfähig-

---

71 Bydlinski, Bürgerliches Recht, Band I: Allgemeiner Teil, RZ 2/3 ff.
72 Bydlinski, Bürgerliches Recht, Band I: Allgemeiner Teil, RZ 2/3 ff.
73 Bydlinski, Bürgerliches Recht, Band I: Allgemeiner Teil, RZ 2/5 ff.
74 Bydlinski, Bürgerliches Recht, Band I: Allgemeiner Teil, RZ 2/5 ff.

keit beginnt mit erfolgter Lebendgeburt. Wird ein Kind lebend geboren, so erstrecken sich seine Rechte auch auf die Zeit der Schwangerschaft (Schutz des Nasciturus). Kommt es zu einer Totgeburt, so entstehen keine Ansprüche des totgeborenen Kindes.[75]

> 📖 Vergleiche: X. 7.3 g) Personenstandsrechtliche Aufgaben

Die Rechtsfähigkeit endet mit dem Ableben der Person. Bestimmte Rechte gehen auf die Rechtsnachfolger über, andere erlöschen für immer.

2.2 Geschäftsfähigkeit

Unter Geschäftsfähigkeit versteht man die altersbezogene gesetzliche Möglichkeit, durch eigenes Handeln Rechtsgeschäfte rechtswirksam abzuschließen. Geschäftsfähigkeit ist somit die Fähigkeit einer Person, sich durch eigenes Handeln rechtsgeschäftlich zu berechtigen und zu verpflichten. Sie setzt voraus, dass die Person entscheidungsfähig ist.[76]

Ein bloß zu ihrem Vorteil gemachtes Versprechen kann **jede Person** annehmen.[77] Ebenfalls jede Person kann geringfügige Geschäfte des täglichen Lebens abschließen. Darunter fallen auch sogenannte **Taschengeldgeschäfte**, das sind sind bei Kindern beispielsweise der Kauf von Schulheften, altersspezifischen Zeitschriften, Süßigkeiten oder Wurstsemmeln.[78]

Als **Kinder** werden Personen ab der Geburt bis zum vollendeten 7. Lebensjahr bezeichnet. Sie sind nur zur Annahme eines zu ihrem Vorteil gemachten Versprechens, sonst jedoch nicht geschäftsfähig. Die Obsorgeberechtigten haben die wirtschaftlichen Entscheidungen für das Kind zu treffen. Der gesetzliche Vertreter kann Rechtsgeschäfte, auch wenn sie für das Kind außerordentlich günstig sind, nicht nachträglich genehmigen.[79]

Als **unmündig Minderjährige** werden Personen ab dem vollendeten 7. bis zum vollendeten 14. Lebensjahr bezeichnet. Schließt ein Minderjähriger einen Vertrag ab, so ist dieser schwebend unwirksam.[80] Das bedeutet, dass mit nachträglicher Zustimmung der Obsorgeberechtigten die vertragliche Wirkung einsetzt. Bei Ablehnung oder Schweigen treten keine vertraglichen Folgen in Kraft.

Als **mündig Minderjährige** werden Personen ab dem vollendeten 14. bis zum vollendeten 18. Lebensjahr bezeichnet. Sie können wie unmündig Minderjährige eigenverantwortlich Geschäfte sowie Verträge zu Dienstleistungen

---

75 §§ 22 und 28 ABGB; Bydlinski, Bürgerliches Recht, Band I: Allgemeiner Teil, RZ 2/7
76 § 865 ABGB i.d.F. 1.7.2018
77 § 865 Abs 2 ABGB
78 § 170 Abs 3 ABGB
79 § 170865 Abs 4 Satz 1 ABGB i.d.F. 1.7.2018
80 § 865 Abs 4 Satz 2 ABGB i.d.F. 1.7.2018.

(Werkverträge oder Arbeitsverträge), jedoch keine Dienst- und Ausbildungsverträge abschließen. Zudem ist ihnen das Wirtschaften mit selbst verdientem Geld und mit dem zum persönlichen und freien Gebrauch überlassenen Vermögensgegenständen gestattet.

Ab dem vollendeten 18. Lebensjahr wird ein Mensch als **volljährig** bezeichnet. Ab diesem Zeitpunkt ist er für sein Handeln eigenverantwortlich und unterliegt keiner Einschränkung der Geschäftsfähigkeit mehr.[81]

2.3 Entscheidungsfähigkeit

Unter Entscheidungsfähigkeit versteht man die Fähigkeit, Bedeutung und Folgen des eigenen Handelns zu verstehen, seinen Willen danach bestimmen und sich entsprechend verhalten zu können. Diese Fähigkeit wird im Zweifel bei Erreichen der Volljährigkeit vermutet.[82] Damit folgt die Entscheidungsfähigkeit nicht nur den Grundsätzen, die bislang für die Einsichts- und Urteilsfähigkeit Gültigkeit hatten, sie ersetzt diese auch begrifflich.

2.4 Handlungsfähigkeit in persönlichen Angelegenheiten

Unter der Entscheidungsfähigkeit in persönlichen Angelegenheiten wird eine Befugnis zur selbstständigen Entscheidung für Belange verstanden, die in der Persönlichkeitssphäre liegen.[83] Die so definierte eigenständige rechtsgeschäftliche Erklärungsfähigkeit verlangt aufseiten des Einwilligenden spezifische und vom allgemeinen Vertragsrecht abweichende Vertragsgrundlagen[84].

📖 Vergleiche: VI. 5. Einwilligung in und Verweigerung der Therapie

2.5 Deliktsfähigkeit

Die Deliktsfähigkeit beginnt mit vollendetem 14. Lebensjahr.[85] Ab diesem Alter macht sich eine Person durch ihr rechtswidriges Handeln oder Unterlassen selbst schadenersatzpflichtig. Die mangelnde geistige Zurechnungsfähigkeit einer Person zum Zeitpunkt der Handlung kann die Haftung ausschließen.

---

81 § 865 Abs 1 ABGB i.d.F. 1.7.2018.
82 § 24 Abs 2 ABGB i.d.F. 1.7.2018
83 Regierungsvorlage zum Kindschaftsrechts-Änderungsgesetz 2001 – KindRÄG 2001, 296 der Beilagen zu den Stenographischen Protokollen des Nationalrates XXI. GP, Vorblatt, 2. Ziele sowie Erläuterungen – Allgemeiner Teil, A. Zur Stärkung der Rechtsstellung heranwachsender Menschen
84 Vgl. Kopetzki, Einwilligung und Einwilligungsfähigkeit
85 § 176 ABGB

2.6 Straffähigkeit

Diese begründet die Anwendbarkeit des Strafrechtes auf eine rechtswidrig handelnde Person. Ab dem vollendeten 14. Lebensjahr nimmt der Gesetzgeber an, dass ein Minderjähriger das volle Einsehen und Verständnis zur Unterscheidung zwischen richtig und falsch sowie der Tragweite seines Handelns hat.

3 Rechtsgeschäft

Die Privatrechtsordnung räumt dem Einzelnen die Möglichkeit ein, seine rechtlichen Beziehungen zur Umwelt zu gestalten. Diese Gestaltungsmöglichkeit wird als Privatautonomie bezeichnet. Dies bedeutet, dass jeder selbst darüber entscheiden kann, ob er einen Vertrag abschließen will, mit wem und mit welchem Inhalt. Damit der innere Wille einer Person nach außen dringt, muss er geäußert bzw. erklärt werden.

> **Beispiel:**
> Die Äußerung kann ausdrücklich erfolgen wie „Ich möchte dieses Auto kaufen" oder „Ich möchte diese Wohnung mieten".
> Eine Äußerung kann aber auch schlüssig (konkludent) erfolgen, z.B. indem man ein Gebäck aus dem Brotkorb nimmt und es aufisst.

Willenserklärungen können durch eine Person alleine erklärt werden (z.B. Testament oder Kündigung) oder von zwei oder mehreren Parteien durch übereinstimmende (korrespondierende), auf ein gemeinsames Ziel gerichtete Willenserklärungen (z.B. Vertrag oder Gesellschaftsgründung) erfolgen. Man unterscheidet zwischen ein-, zwei- und mehrseitigen Rechtsgeschäften.

Damit ein Vertrag zustande kommt, bedarf es
- der Geschäftsfähigkeit der Parteien
- keiner Beeinträchtigung der Geschäftsfähigkeit (Alkohol, Drogen oder geistige Einschränkung)
- der faktischen Möglichkeit des Vertrages
- der Erlaubtheit des Vertrages
- der Freiheit von Irrtum, Zwang oder Täuschung (Willensmängeln)
- der Erkennbarkeit eines übereinstimmenden Bindungswillens (Abschlusswillens) nach außen
- der Einhaltung eventueller Formvorschriften (grundsätzlich ist ein Vertrag formfrei)
- der inhaltlichen Bestimmung oder Bestimmbarkeit der wesentlichen Vertragspunkte (**w**er schließt mit **w**em über **w**as einen Vertrag)

Liegt zu einem Hauptpunkt keine Übereinstimmung vor, kommt kein Vertrag zustande, es besteht Dissens.

> 📖 Vergleiche: IX. Behandlungsvertrag und XXII. 1.4 Arbeitsvertrag

4 Haftung als Sachverständiger

Wer in einer Funktion auftritt, zu deren Ausübung es einer besonderen Sorgfalt erfordert, tritt als Sachverständiger auf.[86] Das Zivilrecht kennt eine spezielle Sachverständigenhaftung.

Derjenige, der eine besondere Tätigkeit ausübt, muss auch dafür einstehen, dass er die nötigen Fähigkeiten hat.[87] Es ist von solchen Personen dieselbe Sorgfalt an den Tag zu legen, die auch von einem Professionisten an den Tag gelegt würde.[88] Auf diese Weise sollen Dritte besser vor ungeübtem Handeln und Selbstüberschätzung geschützt werden.

Zudem trifft die Sachverständigenhaftung Personen, die eine Tätigkeit beruflich ausüben. Hier erhöht sich der Maßstab der Verantwortung. *„Sofern als die Erweiterung von autonomen Kompetenzen [...] die handelnden Personen zu größeren Handlungsfreiräumen ermächtigt und somit zu einer Ausweitung von Verantwortungsbereichen führt, ist grundsätzlich auch ein strengerer Maßstab bei der Beurteilung des Verschuldens mit in Kauf zu nehmen".*[89] Für ein höheres Maß an Verantwortung ist daher auch ein höheres Maß an fachlicher Qualifikation erforderlich.

> 📖 Vergleiche: III. 1.3 Garantenstellung und V. 5.2 Haftung für zufällig eintretende Schäden

5 Schadenersatz

Das Schadenersatzrecht regelt das Einstehen(müssen) für verursachte Schäden. Grundsätzlich trägt jeder seinen erlittenen Schaden selbst.[90] Nur ausnahmsweise wird ein Verursacher ersatzpflichtig. Dies ist dann der Fall, wenn jemand den Schaden durch sein Verschulden veranlasst oder eine Schutznorm übertreten hat.[91]

---

86 § 1299 ABGB
87 OGH 22. 4. 2014, 7 Ob 18/14v
88 Reischauer, Rummel Kommentar zum ABGB, § 1299, RZ 2
89 Hauser, Verantwortung und Haftung im Bildungswesen, Kap I.3.
90 § 1311 ABGB
91 Welser, Grundriss des bürgerlichen Rechts, S. 273 ff.

Beispiel:
Geht jemand in der Weihnachtszeit in einer Einkaufsstraße spazieren und tritt dabei ein anderer Passant aufgrund des Gedränges jenem auf die Füße und wird dabei ein Schuh beschädigt, so ist der andere Passant nur dann zum Schadenersatz verpflichtet, wenn er unachtsam war. Ist hingegen der Tritt durch Zufall passiert, so bleibt der Geschädigte auf seinen Schaden „sitzen".

Gewöhnlich muss sich der Verursacher rechtswidrig und schuldhaft verhalten haben. An die Stelle des Verschuldens kann aber auch die objektive Gefährlichkeit der Tätigkeit in Form einer Gefährdungshaftung treten. Ein anderer Fall der Haftung ohne positives Zutun betrifft die Sorgfaltspflicht. Trifft jemanden eine (vertragliche) Sorgfaltspflicht und ist ihm die drohende Gefahr bei Anwendung der gebotenen Sorgfalt erkennbar, so entsteht eine Haftung auch ohne aktive Gefährdung.[92]

5.1 Verschuldensformen

Unter **Vorsatz** wird die böse Absicht des Schädigers verstanden.[93] Die Verursachung des Schadens erfolgt im *„Wissen und Willen"* des Schädigers.

Unter **Fahrlässigkeit** wird hingegen ein Versehen verstanden.[94] Fahrlässig handelt derjenige, der die gebotene Sorgfalt außer Acht lässt.[95] Dies kann aufgrund eines Handelns *„aus Unwissenheit", „aus Mangel [an] der gehörigen Aufmerksamkeit"* oder *„[aus Mangel] des gehörigen Fleißes"* erfolgen.

📖 Vergleiche: III. 1.1 Vorsatz und III. 1.2 Fahrlässigkeit

5.2 Haftung für zufällig eintretende Schäden

Die Ausnahme zur allgemeinen Gefahrtragung stellt die Gefahrenabwehrpflicht dar.[96] Tritt ein zufälliger Schaden ein und hat jemand aufgrund einer gesetzlichen Vorschrift oder einer sonstigen Verpflichtung einen solchen Schaden abzuwenden, so haftet er auch für einen nicht von ihm aktiv verschuldeten Eintritt. Die Regelung geht mit jener der strafrechtlichen Garantenstellung[97] parallel, daher wird auf die dortigen Ausführungen verwiesen.

📖 Vergleiche: III. 1.3 Garantenstellung

---

92 OGH 16. 6. 2011, 7 Ob 250/10f
93 § 1294 ABGB
94 § 1294 ABGB
95 §§ 1296 f ABGB
96 § 1311 ABGB
97 § 2 StGB

5.3 Organisationsverschulden

Unter Organisationsverschulden versteht man die Haftung einer Einrichtung für jene Schäden, die durch ihre Organe verursacht und durch Fehler in der Planung oder Kontrolle von Arbeitsabläufen hervorgerufen oder begünstigt wurden. Die Organisation trifft ein Verschulden, wenn sie
- einschlägige Weisungen gegeben hat
- es unterlassen hat, die Tätigkeit ihrer Organe genügend zu kontrollieren
- nicht ausreichend für die notwendige Ausstattung gesorgt hat
- oder ähnliche Missstände zu verantworten hat
- oder ähnliche Missstände nicht unterbunden hat

Insbesondere im Bereich der Gesundheitsversorgung ist daher auf einen hinreichenden Personalstand und hinreichende Sachausstattung zu achten.[98]

> **Beispiel 1:**
> Innerhalb einer Krankenanstalt ist der Betrieb mittels einer Anstaltsordnung zu regeln. Diese bietet Gelegenheit, nähere organisatorische Regelungen zu treffen. Daher ist es als Teil des Organisationsverschuldens zu werten, wenn die im KAKuG geregelte notwendige Qualitätssicherung nicht eingehalten wird. Die Spitalserhalter haben nicht nur selbst notwendige Maßnahmen zur Qualitätssicherung zu setzen, sie haben hiezu auch die kollegiale Führung zu veranlassen und deren Tätigkeit zu überwachen (vgl. Schwamberger, Organisationsverantwortung und Schnittstellenmanagement, Kap. B.1. Abs 26).

> **Beispiel 2:**
> Eine Haftung aufgrund eines Organisationsverschuldens trifft eine Anstalt auch dann, wenn der ärztliche Dienst oder Pflegedienst nicht jederzeit erreichbar ist, eine psychologische und psychotherapeutische Versorgung nicht gewährleistet oder die Personalplanung nicht von einer fachlich geeigneten Person durchgeführt wird. So ist für die Organisation des Pflegedienstes ein Angehöriger des gehobenen Dienstes der Gesundheits- und Krankenpflege als verantwortlicher Leiter zu bestellen (vgl. Schwamberger, Organisationsverantwortung und Schnittstellenmanagement, Kap. B.1. Abs 6, 8, 13 und 17).

5.4 Dienstnehmerhaftpflicht

Im Alltag bedienen sich Unternehmen zumeist eines Gehilfen, um ihre Aufgaben zu erfüllen.

Hier kommt es für den Schädiger zu einer gestuften Abschwächung der eigenen Schadenersatzpflicht. Für leichteste Fahrlässigkeit – das Gesetz spricht von

---

[98] Schwamberger, Organisationsverantwortung und Schnittstellenmanagement, Kap. B.1. Abs 26

entschuldbaren Fehlleistungen – haftet der Dienstnehmer nicht,[99] für alle anderen Fälle von Fehlleistungen hat das Gericht gegenüber dem Dienstnehmer ein Mäßigungsrecht. Dieses besteht auch, wenn sich ein besonderes Berufsrisiko verwirklicht hat.[100]

6 Schadenersatzrecht im Gesundheitsbereich

Die schadenersatzrechtlichen Regelungen richten sich auch im Gesundheitsbereich nach jenen des allgemeinen Schadenersatzrechts.

Im Gesundheitsbereich kommen, trotz der möglichen Vielfalt an Haftungsgrundlagen, zumeist zwei Fälle zu Tragen. So wird einerseits auf den Behandlungsvertrag abgestellt, um die Klage auf Nichterfüllung oder Schlechterfüllung des Vertrags stützen zu können und damit die Beweisführung zu vereinfachen. Andererseits kommt es zu Klagen wegen eigenmächtiger Heilbehandlungen aufgrund mangelnder Einwilligung (Verletzung einer Schutznorm), nämlich immer dann, wenn nicht oder nicht ordnungsgemäß aufgeklärt wurde.

    Vergleiche: IX. Behandlungsvertrag

6.1 Erfolgsschuld

Gesicherter Bestandteil unserer Rechtsordnung ist die Frage nach der Erfolgsschuld. Demzufolge haftet ein Heilberuf nicht für einen nicht eingetretenen Erfolg.[101] In der Regel ist daher nur die kunstgerecht durchgeführte Heilbehandlung, Pflege, Therapie und dergleichen Gegenstand der Rechtsbeziehung, nicht jedoch die Heilung selbst oder eine Verbesserung des Gesundheitszustandes.[102]

6.2 Haftung aus der Verletzung einer Schutzpflicht

Schadenersatzpflichtig können Angehörige von Gesundheitsberufen auch im Falle der Verletzung von Schutzpflichten werden. Dazu zählen nicht nur der Gefahrenabwehr dienende vertragliche Pflichten, sondern auch speziell berufs-, organisations- und strukturrechtliche Normen.

Unstrittig sind jene Fälle, in denen die Schutznorm eindeutig der Schadenvermeidung zuzurechnen ist, so z.B. die Pflicht, einen Patienten nach dem Stand der Wissenschaft zu behandeln oder diesen ordnungsgemäß aufzuklären. Hingegen gibt es Normen, bei denen sich eine Zurechnung nicht so einfach

---

99   § 2 Abs 3 DHG; Aigner, Zur Haftung von Notarzt und Sanitäter, Kap F
100 OGH 14 Ob 140/86, 9 ObA 188/88, 9 ObA 37/89, 9 ObA 12/90
101 OGH 31. 1. 2013, 1 Ob 258/12s
102 Bernat, Der didaktische Beitrag, Kap 2.1.

ergibt, wie beispielsweise die Anzeige- und Meldepflichten einiger Gesundheitsberufe.

6.3 Haftung aus dem Behandlungsvertrag

Überwiegend werden Schadenfälle aus vertraglicher Haftung abgegolten. Dabei stellen sowohl eine fehlerhafte Behandlung als auch eine ohne wirksame Einwilligung vorgenommene Behandlung Körperverletzungen dar und lösen Schadenersatzpflichten aus.

Der Schaden muss auch nicht durch eine aktive Schadenzuführung herbeigeführt werden. Es reicht ein „Untätigbleiben", also ein Unterlassen einer an sich notwendigen Tätigkeit. Eine solche Unterlassung ist für einen Schaden dann ursächlich, wenn bei pflichtgemäßem positivem Tun (also bei Handeln nach den anerkannten Regeln der Kunst) der Schaden nicht eingetreten wäre.

6.4 Schmerzengeld

Ein eingetretener Schaden lässt sich oftmals nicht mehr ungeschehen machen. Diese Schäden sind körperlicher oder geistiger Natur, wie beispielsweise Schmerzen. Es kann aber auch ein „nachteiliges Gefühl", ein Gefühlsschaden, entstehen. Ersatzfähig sind daher auch immaterielle Schäden – also Personenschäden. Als Ersatzleistung wird Schmerzengeld zugestanden.

Für erlittene Schmerzen stehen Schmerzengeldsätze für jeweils einen vollen Tag Schmerzen zu. Dabei werden die Zeiträume gerafft, also komprimiert auf ganze Schmerzentage dargestellt. Zudem ist nicht jede Verletzung einzeln, sondern immer in ihrer Gesamtauswirkung mit anderen Verletzungen gemeinsam nach den besonderen Umständen des Einzelfalls zu betrachten und zu bewerten.[103]

Beispiel:

Hat daher jemand täglich 4 Stunden Schmerzen und dies über einen Zeitraum von 7 Tagen, so kommt man auf insgesamt 1 Tag und 4 Stunden Schmerzen.
Hat jemand aufgrund eines Beinbruchs täglich 2 Stunden für 7 Tage und aufgrund eines Beckenbruchs täglich 6 Stunden für 16 Tage schmerzen, wobei sich die Schmerzen des Beinbruchs für 1 Stunde mit der des Beckenbruchs überlagern, so kommt man auf 7 x 1 Stunde für das Bein und 16 x 6 Stunden für das Becken, also insgesamt 4 Tage und 7 Stunden.

---

103 OGH 15.05.2012, 2 Ob 113/11y und 28.06.2012, 2 Ob 85/11f

6.5 Ersatz materieller Werte

Neben dem Ersatz für erlittene Schmerzen ist der Geschädigte auch hinsichtlich sonstiger Kosten, die ihm aufgrund der notwendigen oder nützlichen Behandlungen entstanden sind oder entstehen werden, schadlos zu halten. Er ist in seinem Vermögen so zu stellen, dass Vermögensverluste, die aufgrund des verursachten Schadens entstanden sind, durch den Schädiger ausgeglichen werden. Daher sind u.a. Vermögensschäden wie Heilungs- und Pflegekosten, Verdienstentgang bzw. verminderte Einkommens- und Aufstiegschancen oder Unterhaltskosten sowie Bestattungskosten zu ersetzen.

Teil 2 – Die Heilbehandlung

VI. Aufklärung und Einwilligung in die Heilbehandlung

Grundlage für jedes Tätigwerden am Patienten ist eine ausreichende Aufklärung. Ohne eine solche kann weder der Patient in eine Heilbehandlung einwilligen noch kann ein Vertrag im Umfang der falschen Aufklärung Rechtskraft entfalten. Daher ist es von fundamentaler Bedeutung, dass jeder Angehörige eines Gesundheitsberufes seinen Teil der Aufklärung gewissenhaft durchführt.

1 Medizinische Behandlung

Eine medizinische Behandlung[104] ist eine
- von einem Arzt oder auf seine Anordnung hin vorgenommene
  - diagnostische
  - therapeutische
  - rehabilitative
  - krankheitsvorbeugende
  - geburtshilfliche oder
- von Angehörigen anderer gesetzlich geregelter Gesundheitsberufe gesetzte
  - diagnostische
  - therapeutische
  - rehabilitative
  - krankheitsvorbeugende
  - pflegerische
  - geburtshilfliche

Maßnahme.

> Vergleiche: III. 3.3 a) Heilbehandlungen

2 Gefahr im Verzug

Wenn der Gesetzgeber von „Gefahr im Verzug", „dringend notwendigen Heilbehandlungen" oder „unaufschiebbaren Behandlungen" spricht, meint er grundsätzlich das gleiche. Dies wird für Minderjährige[105] wie auch für Volljähri-

---

104 § 252 Abs 1 ABGB i.d.F. 1.7.2018
105 § 173 Abs 3 ABGB

ge[106] neben den allgemeinen Grundsätzen für eine Einwilligung (Entscheidung) gesondert geregelt.

2.1 Anwendungsbereiche

Kommt es zu einer dringend notwendigen Therapie, für die noch dazu keine Vorkehrungen getroffen werden konnten, um die Einwilligung des Patienten bzw. die Befolgung seines Willens sicherzustellen, so wird eine Therapie dennoch erfolgen müssen, will man nicht riskieren, dass es zu einer Unterversorgung des Patienten kommt. Dabei ist zwischen jenen Fällen, in denen eine schriftliche Verfügung vorliegt, und Fällen, von denen volljährige bzw. minderjährige Patienten betroffen sind, zu unterscheiden.

a) Patientenverfügung

Die Anwendbarkeit der Patientenverfügung wurde um einen wichtigen Bereich reduziert, um auf diese Weise die notwendige Sicherheit für den Patienten wie auch für die Angehörigen der Gesundheitsberufe zu schaffen. So ist die medizinische **Notfallversorgung** (Erstversorgung) in weiten Bereichen von der Bindung an die Patientenverfügung ausgenommen. Hier wurde die aktive Nachschaupflicht begrenzt, soweit die Suche nach einer Patientenverfügung die Versorgung des Patienten ernsthaft gefährdet.[107] Besteht jedoch Wissen um die Existenz einer Patientenverfügung, darf diese auch im Notfall nicht ignoriert werden.

Die andere Ausnahme betrifft die inhaltliche Kontrolle. Ist der wahre Wille des Patienten in gebotener Zeit nicht gesichert festzustellen und widerspricht der vermeintliche Wille der Entscheidung eines vernunftgeleiteten Menschen, so ist für die Zeit der dringenden Notfallversorgung die Patientenverfügung unbeachtlich.[108]

> Vergleiche: VII. 2.4 d) Verbindliche Patientenverfügung

b) Minderjährige Patienten

Ist das Leben des Minderjährigen gefährdet oder besteht das Risiko eines schweren gesundheitlichen Nachteils, so bedarf die Behandlung weder der Zustimmung des entscheidungsfähigen Kindes noch jener der Erziehungsberech-

---

106 § 252 Abs 4 ABGB
107 § 12 PatVG
108 Vgl. OGH 08.10.2012, 9 Ob 68/11g

tigten.[109] Die Behandlung hat ohne Einwilligung gemäß dem Stand der medizinischen Wissenschaft und Forschung zu erfolgen.[110]

> Vergleiche: VII. 1.1 Entscheidung durch den Obsorgeberechtigten und VII. 1.2 Entscheidung durch den Minderjährigen

c) Volljährige Patienten

In Fällen, in denen bei einer volljährigen Person „Gefahr im Verzug" besteht, ist von einer Aufklärung abzusehen, wenn mit der damit einhergehenden Verzögerung eine Gefährdung des Lebens, die Gefahr einer schweren Schädigung der Gesundheit oder starke Schmerzen verbunden wären.[111] Damit wurde 2017 erstmals die rechtliche Grundlage für ein sofortiges Einschreiten geschaffen und muss fortan nicht mehr das Konstrukt der mutmaßlichen Einwilligung bemüht werden. Natürlich darf diese Kompetenz nicht überspannt werden. So ist immer dann, wenn die Einholung einer Einwilligung möglich und tunlich wäre, diese auch verpflichtend einzuholen. Das gilt für die Einholung beim Patienten selbst und viel mehr noch bei seinem Vertreter.

> Vergleiche: VII. 2.1 Entscheidung durch den Patienten

3 Beurteilung der Entscheidungsfähigkeit

Es ist von grundsätzlicher Bedeutung sowohl für die Aufklärung als auch für die Einholung der Einwilligung, dass der Patient über die notwendige Entscheidungsfähigkeit verfügt. Die Beurteilung, ob eine ausreichende Entscheidungsfähigkeit vorliegt, hat der zuständige eigenverantwortliche Gesundheitsberuf vorzunehmen.[112]

Die Lehre hat Anhaltspunkte herausgearbeitet, bei deren Erfüllung von einer solchen Fähigkeit ausgegangen werden darf:[113]
- Zunächst muss der Patient die Fähigkeit aufweisen, die Informationen über seine Verletzung oder Erkrankung einzusehen und die Konsequenzen von Erfolg und Misserfolg sowie Durchführung oder Unterlassung der Behandlung zu verstehen.
- Dann muss er in der Lage sein, eine Gewichtung der Informationen vorzunehmen. Er muss verstehen, welche Einschränkungen gewichtiger sind,

---
109 Haidenthaller, Die Einwilligung Minderjähriger in medizinische Behandlungen, Kap I.
110 § 173 Abs 3 ABGB
111 § 252 Abs 4 ABGB
112 Rink, Rink, Die Behandlung minderjähriger Patienten, Kap. IV.C.3.a., S. 67 Abs 3
113 Barth, Medizinische Maßnahmen bei Personen unter Sachwalterschaft, Kap I.B.2.4.

Nebenwirkungen oder Unterlassung. Dennoch kann er sich immer auch für den größeren Nachteil entscheiden.
- Zuletzt muss darauf geachtet werden, ob sich der Patient seiner Einsicht entsprechend verhält. Nimmt er beispielsweise Schmerz als negativ an, will diesen jedoch nicht bekämpfen, weil für ihn damit andere „Verlockungen" verbunden sind, so spricht dies eher gegen eine Entscheidungsfähigkeit.

> 📖 Vergleiche: III. 3.3 Eigenmächtige Heilbehandlung, V. 2.2 Geschäftsfähigkeit und IX. Behandlungsvertrag

Zudem gibt es für minderjährige Patienten die widerlegbare gesetzliche Vermutung der Einwilligungsfähigkeit mit Erreichen des vollendeten 14. Lebensjahres.

> 📖 Vergleiche: VI. 5. Einwilligung in und Verweigerung der Therapie

4 Aufklärung

Nur aufgrund einer ordnungsgemäß durchgeführten Aufklärung kann ein Patient in eine Behandlung einwilligen und wohl auch nur aufgrund einer solchen die die Therapie betreffenden Teile des Behandlungsvertrags eingehen.

Erteilt ein Patient seine Einwilligung zu einer indizierten Behandlung, die lege artis erfolgt, beruht die Zustimmung jedoch auf einer Aufklärung, die nicht ausreichend auf Wirkungen, Risiken oder Alternativen hingewiesen hat, so ist die Einwilligung nicht rechtswirksam erfolgt,[114] die Behandlung daher rechtswidrig.

> 📖 Vergleiche: III. 3.3 Eigenmächtige Heilbehandlung

4.1 Der Aufklärende

Wer den Patienten aufzuklären hat, ist davon abhängig, um welche Art von Behandlung es sich handelt. Die Angehörigen der **eigenverantwortlichen Gesundheitsberufe** haben den Patienten über die **in ihre Kompetenz übertragenen Behandlungen** selbst zu informieren. In Bezug auf in Ausbildung stehende Personen ist eine Aufklärung durch diese beschränkt zulässig.[115]

Die „Kurzaufklärung" bzw. „Durchführungsaufklärung" über die gerade am Patienten durchzuführenden Handlungen ist vom jeweiligen Behandler vorzunehmen. Das kann und wird auch Angehörige von nicht eigenverantwortlichen

---

114 Bertel, Wiener Kommentar zum StGB – § 110, RZ 7
115 In Analogoie zu OGH 10 Ob 137/98

Gesundheitsberufen betreffen. Der Patient soll damit in die Lage versetzt werden, immer zu wissen, was gerade mit ihm geschieht, um ggf. eine Behandlung zu verweigern.

4.2 Inhalt und Umfang

Der Maßstab der Aufklärung orientiert sich nach inländischen Standards.[116] Aufzuklären ist jedenfalls über **Risiko und Nutzen, Vor- und Nachteile** einer Behandlung sowie über die **Folgen des Unterlassens** einer solchen. Zudem ist der Patient über mögliche **zweckmäßige Alternativen** zu informieren. Ergänzt wird die Pflicht der Risikoaufklärung um die Aufklärungspflicht über **prophylaktische Behandlungsschritte**, die zur Vermeidung oder Hintanhaltung typischer Therapierisiken führen.[117]

Über welche Risiken aufzuklären ist, darf nicht primär aufgrund einer statistischen Wahrscheinlichkeit ermittelt werden, sondern muss vielmehr auf eine patientenbezogene Risikoabschätzung wie auch auf typische Komplikationen einer bestimmten Therapie und nicht zuletzt auf deren Schwere abgestellt werden.[118]

Die Aufklärung hat schwerpunktmäßig immer die **Tragweite der Entscheidung** und nicht die fachlichen Grundlagen zu umfassen. Die sachliche Aufklärung muss daher nur so weit erfolgen, als dies für die Entscheidungsfindung wichtig ist oder es der Patient speziell verlangt. In den Vordergrund jeder Aufklärung tritt die emotionale Befassung des Patienten mit seinem Gesundheitszustand und den Möglichkeiten im Positiven wie im Negativen, die sich aus einer Therapie ergeben.

> **Beispiel:**
> Erkrankt ein Arzt an einer Krankheit, die oft schwer verläuft und deren Therapie von massiven Nebenwirkungen geprägt ist, weiß er über Verlauf und Behandlung ausreichend Bescheid, ist jedoch aufgrund der Prognose von massiver Angst und inneren Zweifeln geprägt, so kann er trotz seines Wissens und seiner Erfahrung oftmals keinen „freien" Entschluss fassen.
> Um eine patientengerechte und freie Entscheidung zu ermöglichen, muss bei der Aufklärung auf die psychische Komponente geachtet werden.

4.3 Mündliche und schriftliche Aufklärung

Da der Aufklärende zur Erkenntnis kommen muss, dass sich der Patient der Tragweite bewusst geworden ist, und da zudem das Aufklärungsgespräch einen

---
116   OGH 13.10.2011, 1 Ob 202/11d; ÖJZ 2012/02, S. 88
117   OGH 7.12.2012, 9 Ob 52/12f
118   OGH 8Ob113/09i

informativen Charakter zu entfalten hat, kann bei einer Einwilligung, die ausschließlich in Form eines standardisierten Formblattes erfolgt, nicht von einer genügenden Aufklärung des Patienten ausgegangen werden.[119]

4.4 Rechtzeitigkeit der Aufklärung

Grundsätzlich hat die Aufklärung so rechtzeitig zu erfolgen, dass dem Patienten eine angemessene, der Komplexität und Schwere der Entscheidung entsprechende Überlegensfrist bleibt, deren Dauer somit von den Umständen des Einzelfalls abhängt.[120]

Je weniger dringend eine Behandlung ist, umso umfassender ist aufzuklären und umso mehr Bedenkzeit ist dem Patienten einzuräumen.

4.5 Aufklärungsverzicht

Das pauschale Argument, dass ein Patient, der erklärt, auf eine Aufklärung zu verzichten, den Aufklärenden von seiner Pflicht entbinde, ist abzulehnen.[121] Hier fehlt es am informativen Charakter der Äußerung gegenüber dem Aufklärenden. Ein Verzicht wird nur dann zum rechtskonformen Unterlassen der Aufklärung führen können, wenn der Aufklärende **gesichert** zur Erkenntnis kommen kann, dass sich der Patient der Tragweite seiner Entscheidung bewusst ist.

5 Einwilligung in und Verweigerung der Therapie

Die Einwilligung in oder Verweigerung einer Therapie (negative Einwilligung) stellt das Ergebnis der Verinnerlichung der Aufklärung dar. Die Entscheidung muss den Aufklärenden NICHT sinnvoll erscheinen, und die Entscheidung kann sogar den Tod anstelle einer Therapie umfassen. Solange sich die Entscheidung des Patienten auf die verstandene Aufklärung und eine begründbare Gewichtung stützen lässt, hat ein Patient die alleinige Entscheidung über Therapiebeginn, -fortdauer und -ende.

> Vergleiche: VI. 4. Aufklärung

---

119   Aigner, Zur Situation der Patientenrechte in Österreich, Kap I.1.; OGH 30.1.1996, 4 Ob 505/96
120   OGH 24.11.2011, 1 Ob 215/11s
121   Bertel, Wiener Kommentar zum StGB – § 110, RZ 16

5.1 Form der Einwilligung

Eine wirksame Einwilligung kann mündlich, schriftlich oder konkludent erfolgen.[122] Je nach Art und Ort der Einwilligung wird unterschieden, ob diese gegenüber einer einzelnen Person Gültigkeit erlangt, das gesamte (Spitals-) Personal betrifft oder unter Vorbehalt bestimmter auszuschließender Personen erklärt wurde.

5.2 Zurückziehung und Verweigerung der Einwilligung

Aufgrund der unmittelbaren Bindung der Behandlung an eine Einwilligung kann die Behandlung jederzeit durch Widerruf der Einwilligung beendet werden, solange und soweit die Voraussetzungen der Einwilligung vorliegen.

---

122 Bertel, Wiener Kommentar zum StGB – § 110, RZ 9

VII. Entscheidungsfähigkeit in medizinischen Angelegenheiten

Medizinische Angelegenheiten zählen zu jenen höchstpersönlichen Angelegenheiten, die vom Gesetzgeber gesondert und umfassend geschützt wurden. Nicht nur ein hohes Maß an Geheimhaltung von medizinischen Daten ist den Gesundheitsdiensteanbietern vorgeschrieben, auch die Achtung des Willens und der Entscheidungsfreiheit des Patienten ist von grundlegender Bedeutung.

Mit **1. Juli 2018** treten **neue Regelungen zur Entscheidungsfähigkeit** und Vertretung in Kraft. Die Regelungen für die Einwilligung bei minderjährigen Patienten bleiben gleich und sind daher bereits jetzt anzuwenden. Die neue Rechtslage ändert jedoch vieles beim volljährigen Patienten und ermöglicht ihm eine weitgehende Therapiehoheit. Sie sichert ihn auch dann ab, wenn er für den Fall des Verlustes seiner Entscheidungsfähigkeit keine Vertretung eingerichtet hat. Diese ist jedenfalls ab dem 1. Juni 2018 gesetzlich vorgeschrieben und daher ab diesem Zeitpunkt zu vollziehen. Da die Vorbereitung auf die neue Rechtslage äußerst wichtig ist, um nicht unvorbereitet mit den geänderten Regelungen konfrontiert zu werden, wird in diesem Abschnitt die neue Rechtslage dargestellt.

1 Der minderjährige Patient

Bevor ein Mensch volljährig ist, haben seine Obsorgeberechtigten umfassende Rechte und Pflichten, die insbesondere der Wahrung der Interessen und der Erziehung des Kindes dienen sollen.[123]

1.1 Entscheidung durch den Obsorgeberechtigten

Minderjährige sind durch ihre Obsorgeberechtigten bestmöglich zu versorgen, wozu auch eine angemessene medizinische und sanitäre Betreuung[124] sowie Fürsorge, Geborgenheit und Schutz der körperlichen und seelischen Integrität des Kindes zählen.[125] Die Pflege des minderjährigen Kindes umfasst daher die Wahrung des körperlichen Wohls und der Gesundheit.[126]

> 📖 Vergleiche: V. 3. Rechtsgeschäft

In der überwiegenden Zahl an Fällen handelt es sich beim Obsorgeberechtigten um einen Elternteil, es können jedoch auch andere Obsorgeberechtigte bestellt

---
123 § 137 ABGB
124 § 138 Z 1 ABGB
125 § 138 Z 2 ABGB
126 § 160 Abs 1 ABGB

Entscheidungsfähigkeit in medizinischen Angelegenheiten

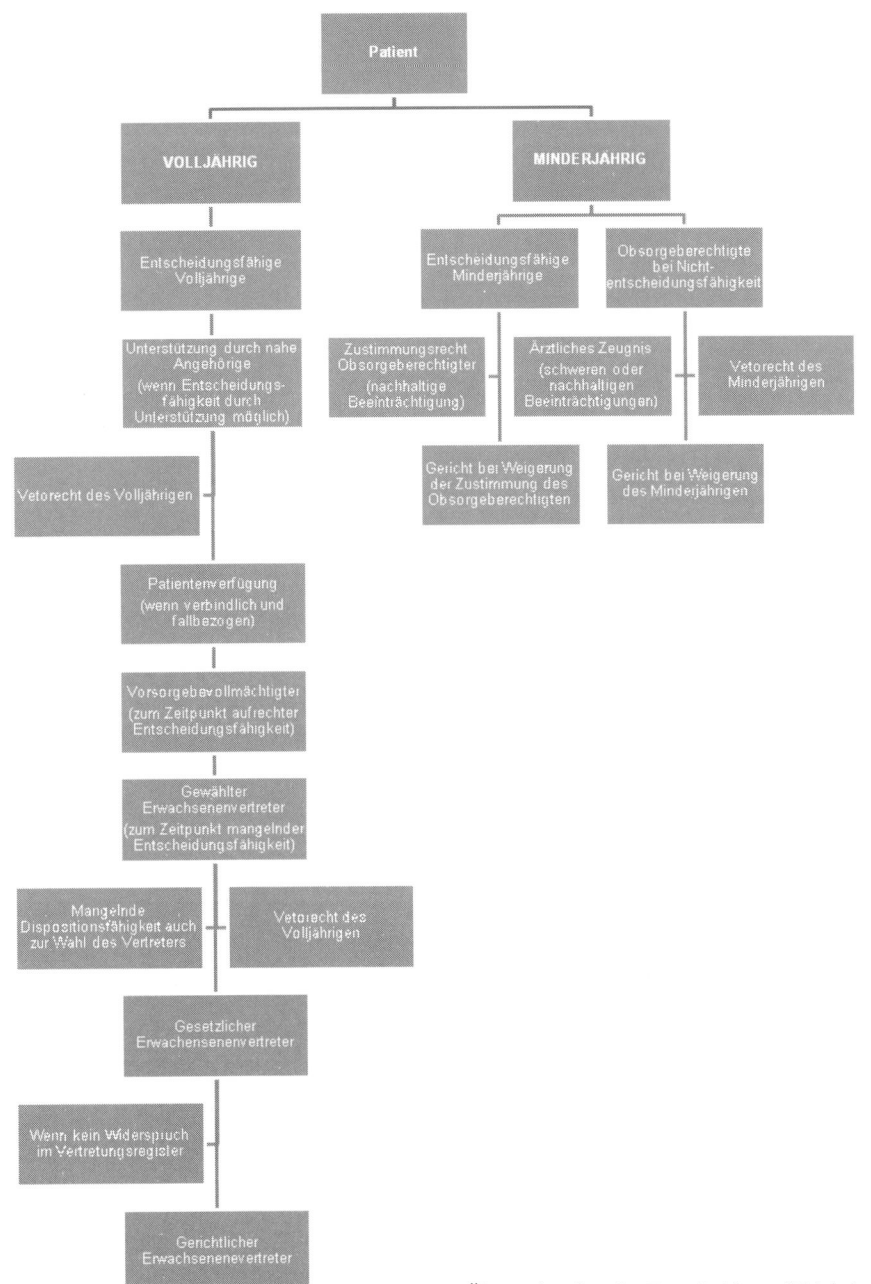

- **Patient**
  - **VOLLJÄHRIG**
    - Entscheidungsfähige Volljährige
      - Unterstützung durch nahe Angehörige (wenn Entscheidungsfähigkeit durch Unterstützung möglich)
        - Vetorecht des Volljährigen
      - Patientenverfügung (wenn verbindlich und fallbezogen)
      - Vorsorgebevollmächtigter (zum Zeitpunkt aufrechter Entscheidungsfähigkeit)
      - Gewählter Erwachsenenvertreter (zum Zeitpunkt mangelnder Entscheidungsfähigkeit)
        - Mangelnde Dispositionsfähigkeit auch zur Wahl des Vertreters
        - Vetorecht des Volljährigen
      - Gesetzlicher Erwachsenenvertreter
        - Wenn kein Widerspruch im Vertretungsregister
      - Gerichtlicher Erwachsenenvertreter
  - **MINDERJÄHRIG**
    - Entscheidungsfähige Minderjährige
      - Zustimmungsrecht Obsorgeberechtigter (nachhaltige Beeinträchtigung)
      - Ärztliches Zeugnis (schweren oder nachhaltigen Beeinträchtigungen)
      - Gericht bei Weigerung der Zustimmung des Obsorgeberechtigten
    - Obsorgeberechtigte bei Nichtentscheidungsfähigkeit
      - Vetorecht des Minderjährigen
      - Gericht bei Weigerung des Minderjährigen

Abb. 1: Übersicht über die Entscheidungsfähigkeit

sein. Ist nur ein Elternteil obsorgeberechtigt, so ist nur dessen Zustimmung einzuholen. Sind beide Elternteile obsorgeberechtigt, so genügt die Zustimmung eines Elternteils, selbst wenn der andere Elternteil damit nicht einverstanden ist. Widersprechen einander die Erklärungen der Eltern, so ist die zuletzt abgegebene Erklärung bindend.

a) Vertretungsumfang

Ist der Minderjährige nicht entscheidungsfähig, so hat der Obsorgeberechtigte für ihn die Entscheidung zu treffen.[127] Daher ist es wichtig, vor Beginn der Aufklärung sowie vor Beginn der Behandlung zu klären, ob die Entscheidungsfähigkeit des Minderjährigen vorliegt.

> 📖 Vergleiche: VII. 2.2 Beurteilung der Entscheidungsfähigkeit

Ist die medizinische Behandlung **gewöhnlich mit schweren oder nachhaltigen Beeinträchtigungen** verbunden, so kann ein mit der Obsorge Betrauter alleine nur einwilligen, wenn die fehlende Entscheidungsfähigkeit des Minderjährigen von einem Arzt, der nicht gleichzeitig behandelnder Arzt sein darf, in einem **ärztlichen Zeugnis** bestätigt wird. Dieser oder ein anderer unabhängiger Arzt hat ebenfalls zu bestätigen, dass **die Behandlung zur Wahrung des Wohles erforderlich** ist. Liegen diese Zeugnisse nicht vor, so ist in jedem Fall das Gericht anzurufen.[128]

b) Gerichtliche Zustimmung

Das Gericht ist **immer** anzurufen, wenn der Minderjährige eine **Behandlung ablehnt**, obwohl in diese durch die Obsorgeberechtigten zulässigerweise eingewilligt wurde.

1.2 Entscheidung durch den Minderjährigen

Minderjährige, das heißt alle, die das 18. Lebensjahr noch nicht vollendet haben, sind **nur selbst ermächtigt, in eine Heilbehandlung einzuwilligen**, sowie sie hiefür **entscheidungsfähig** sind.[129] Der entscheidungsfähige Minderjährige verfügt daher über die volle und alleinige Entscheidungsbefugnis, genauso wie ein Volljähriger. Lehnt der entscheidungsfähige Minderjährige eine Behandlung

---

127 § 213 ABGB
128 § 213 Abs 2 Satz 3, 1. Fall ABGB
129 § 173 ABGB; Vgl. auch Haidenthaller, Die Einwilligung Minderjähriger in medizinische Behandlungen, Kap II.

ab, hat diese zu unterbleiben.[130] Ein Ersatz seiner Einwilligung durch einen Obsorgeberechtigten oder das Gericht ist nicht möglich.[131] Neben dem ausschließlichen Zustimmungsrecht besteht auch ein *„uneingeschränktes Vetorecht".*[132]

> 📖 Vergleiche: VII. 2.2 Beurteilung der Entscheidungsfähigkeit

Ist der Patient noch nicht mündig minderjährig, so ist er dennoch nur selbst einwilligungsfähig, wenn er über die notwendige Entscheidungsfähigkeit verfügt. Es kommt daher nicht auf ein bestimmtes (körperliches) Alter an, wie bei der generellen Geschäftsfähigkeit, sondern auf die tatsächliche geistige Reife des Minderjährigen.[133]

> 📖 Vergleiche: VI. 5. Einwilligung in und Verweigerung der Therapie

a) Behandlungen mit schweren Beeinträchtigungen

Unabhängig vom Alter des Kindes müssen Obsorgeberechtigte bei medizinischen Eingriffen zustimmen, bei denen eine Behandlung gewöhnlich mit einer schweren oder nachhaltigen Beeinträchtigung der körperlichen Unversehrtheit oder der Persönlichkeit verbunden ist.[134] Es kommt hierbei jedoch nur auf zu erwartende bzw. typische Beeinträchtigungen an. Atypische Risiken sind von dieser Regel nicht erfasst.

b) Rechtsstellung des Obsorgeberechtigten

Den Obsorgeberechtigten wurde sohin weitgehend das Zustimmungsrecht zu medizinischen Behandlungen von Minderjährigen genommen. Eine Einwilligung der Obsorgeberechtigten wäre ungültig, damit unwirksam und rechtswidrig. Dies umfasst auch, dass der Erziehungsberechtigte keine Informationen über Gesundheitszustand und Therapiedetails[135] erhalten darf, in die der Minderjährige selbst einwilligungsfähig ist.[136] Freiwillig kann der Minderjährige einer Datenweitergabe zustimmen.

---

130 Bart in Klang (2008), ABGB Kommentar, zu § 146c RZ 23 und 51
131 Stabentheiner in Rummel, ABGB Ergänzungsband (2003), zu §§ 146c und 146d, RZ 5 sowie zu § 176, RZ 9; Hopf in Kurzkommentar zum ABGB (2010), zu § 146c, RZ 4
132 Bart in Klang (2008), ABGB Kommentar, zu § 146c RZ 51
133 Fischer-Czermak, Zur Handlungsfähigkeit Minderjähriger nach dem Kindschaftsrechts-Änderungsgesetz 2001, Kap II.
134 § 173 Abs 2 ABGB
135 Bernat, Salzer, Das 15-jährige Mädchen, die „Pille danach" und der Schutz des ärztlichen Berufsgeheimnisses, RdM 2009/90, Kap. 1.
136 Vgl. § 19 Verordnung der Bundesministerin für Gesundheit zur Implementierung und Weiterentwicklung von ELGA (ELGA-Verordnung 2015– ELGA-VO 2015)

> Vergleiche: VII. 1.1 Entscheidung durch den Obsorgeberechtigten

1.3 Gesetzliche Behandlungsverbote

Weder ein minderjähriges Kind noch die Eltern können in eine medizinische Maßnahme, die eine dauernde Fortpflanzungsunfähigkeit des minderjährigen Kindes zum Ziel hat, einwilligen.[137]

Fremdnützige Eingriffe sind solche, bei denen eine Person zum Wohle eines Dritten medizinisch bei sich intervenieren lässt. Zumeist handelt es sich um Organentnahmen oder solche von regenerativem Gewebe. Die Lebendspende ist für Personen unter 18 Jahren verboten.[138]

Eine Schönheitsoperation an Personen, die das 16. Lebensjahr noch nicht vollendet haben, ist generell verboten.[139] Nach dem 16. Lebensjahr, jedoch vor Vollendung des 18. Lebensjahres bedarf die Durchführung der Einwilligung der Minderjährigen und des Obsorgeberechtigten.[140]

2 Der volljährige Patient

Ab Erreichen der Volljährigkeit ist der Mensch für sich selbst verantwortlich und es darf kein anderer – ohne dessen Erlaubnis – in seine Rechtssphäre eindringen.

2.1 Entscheidung durch den Patienten

Wie hinlänglich bekannt sein muss, kann eine volljährige Person in eine medizinische Behandlung grundsätzlich nur selbst einwilligen.[141] Behandlungen dürfen sohin niemals ohne Zustimmung des Betroffenen und schon gar nicht gegen seinen Willen durchgeführt werden. Die Entscheidungsfähigkeit ist besser unter der alten Bezeichnung der Einsichts- und Urteilsfähigkeit bekannt.

Voraussetzung für die rechtswirksame Einwilligung ist, dass der Patient über die notwendige Entscheidungsfähigkeit verfügt, also das Wesen, die Bedeutung und die Tragweite der Behandlung in ihren Grundzügen versteht.[142]

> Vergleiche: VII. 1.2 Entscheidung durch den Minderjährigen

---

137 § 163 ABGB
138 § 8 Abs 1 Organtransplantationsgesetz
139 § 7 Abs 1 ÄsthOpG
140 § 7 Abs 2 ÄsthOpG
141 § 252 Abs 1 ABGB i.d.F. 1.8.2017
142 OGH 8 Ob 535/89; 7 Ob 129/06f, 4 Ob 87/08k

2.2 Beurteilung der Entscheidungsfähigkeit

Es ist von grundsätzlicher Bedeutung sowohl für die Aufklärung als auch für die Einholung der Einwilligung, dass der Patient über die notwendige Entscheidungsfähigkeit verfügt. Die Beurteilung, ob eine ausreichende Entscheidungsfähigkeit vorliegt, hat der zuständige eigenverantwortliche Gesundheitsberuf vorzunehmen.[143]

> Vergleiche: III. 3.3 Eigenmächtige Heilbehandlung, V. 2.2 Geschäftsfähigkeit, und IX. Behandlungsvertrag

2.3 Unterstützung des Patienten bei der Entscheidungsfindung

Liegt – im Rahmen der Aufklärung oder durch sonst augenfällige Gründe – der Verdacht nahe, dass eine volljährige Person nicht entscheidungsfähig ist, so ist zu versuchen, diese Schwäche zu kompensieren, indem man
- Angehörige
- andere nahestehende Personen
- Vertrauenspersonen
- im Umgang mit Menschen in solchen schwierigen Lebenslagen besonders geübte Fachleute

die diese Stellung auch nachweisen können, den Gesprächen beizieht.[144]

Die mangelnde Entscheidungsfähigkeit ist von einem Arzt festzustellen,[145] daher wäre bei Auffälligkeiten im Rahmen der Betreuung durch andere Gesundheitsberufe ein Arzt beizuziehen. Wird durch diese Unterstützung die Entscheidungsfähigkeit der volljährigen Person hergestellt, so ist die Einwilligung des Betroffenen ausreichend.[146]

Die genannten Personen sollen die volljährige Person dabei unterstützen, ihre Entscheidungsfähigkeit zu erlangen. Keinesfalls dürfen sie persönlichen Einfluss nehmen oder Druck ausüben.

> Vergleiche: VII. 2.5 Entscheidung durch gewillkürten Vertreter und VII. 2.6 Entscheidung durch fremdbestimmte Vertreter

---

143 Rink, Rink, Die Behandlung minderjähriger Patienten, Kap. IV.C.3.a., S. 67 Abs 3
144 §§ 252 Abs 1 i.V.m. 239 ABGB i.d.F. 1.8.2017
145 Vgl. 1461 der Beilagen XXV. GP - Regierungsvorlage – Erläuterungen, zu § 252 ABGB, S. 30 Abs 10
146 § 252 Abs 3 ABGB

2.4 Die Patientenverfügung

Vielen Menschen ist es wichtig, für den Fall, dass sie selbst nicht mehr in der Lage sind, über die eigene medizinische Versorgung zu entscheiden, ihre wichtigsten Angelegenheiten geregelt zu wissen. Gerade bei schweren Erkrankungen und im hohen Alter errichten Patienten vermehrt eine Patientenverfügung, um für den Fall geminderter oder nicht mehr vorhandener geistiger Leistungsfähigkeit ihre medizinische Behandlung selbst zu regeln und dieser Grenzen zu setzen.

a) Regelungsinhalt

Der Patient kann in der Verfügung einzelne oder Gruppen von medizinischen Behandlungen ablehnen.[147] Ein Wunsch nach bestimmten Therapien ist hingegen nicht vorgesehen. Dafür **bindet** die Verfügung nunmehr **alle gesetzlich anerkannten Gesundheitsberufe** und **umfasst alle medizinischen Behandlungen**, ungeachtet in welchen berufsrechtlichen Kompetenzbereich sie fallen.

Zwar wurde in den Erläuterungen ausgeführt, dass der Gesetzgeber den Bereich der Krankenpflege nicht erfasst sehen wollte,[148] diese Rechtsansicht ist jedoch aufgrund des 2. Erwachsenenschutzgesetzes[149] nicht mehr haltbar. Hier wurde eine Legaldefinition der „medizinischen Behandlung" eingeführt. Diese umfasst neben der ärztlichen Behandlung auch Behandlungen durch alle anderen gesetzlich anerkannten Gesundheitsberufe.[150]

📖 Vergleiche: VI. 1. Medizinische Behandlung

---

[147] Das Gesetz spricht in § 2 PatVG nur von der Ablehnung der medizinischen Behandlung. Aus dem Kontext der EBRV ergibt sich jedoch, dass der Patient richtigerweise einzelne Behandlungen oder ganze Gruppen von bestimmten Behandlungen ablehnen können wird.

[148] EBVR-PatVG, zu § 2 (Begriffe) Abs 2 spricht wörtlich: „Gegenstand der Patientenverfügung kann nur die Ablehnung einer bestimmten medizinischen Behandlung sein; Maßnahmen im Bereich der Pflege unterliegen nicht dem Anwendungsbereich dieses Gesetzes."

[149] Bundesgesetz, mit dem das Erwachsenenvertretungsrecht und das Kuratorenrecht im Allgemeinen bürgerlichen Gesetzbuch geregelt werden und das Ehegesetz, das Eingetragene Partnerschaft-Gesetz, das Namensänderungsgesetz, das Bundesgesetz über Krankenanstalten und Kuranstalten, das Außerstreitgesetz, die Zivilprozessordnung, die Jurisdiktionsnorm, das Rechtspflegergesetz, das Vereinssachwalter-, Patientenanwalts- und Bewohnervertretergesetz, das Unterbringungsgesetz, das Heimaufenthaltsgesetz, die Notariatsordnung, die Rechtsanwaltsordnung, das Gerichtsgebührengesetz und das Gerichtliche Einbringungsgesetz geändert werden (2. Erwachsenenschutz-Gesetz – 2. ErwSchG)

[150] § 252 Abs 1 ABGB

b) Voraussetzungen

Voraussetzung für die Errichtung, Abänderung oder den Widerruf einer Patientenverfügung ist, dass zum Zeitpunkt der Errichtung beim Verfüger die Entscheidungsfähigkeit für rechtsgeschäftliches Handeln und für die Einwilligung in medizinische Heilbehandlungen vorlag.[151] Der Errichter hat auch die notwendige Äußerungsfähigkeit aufzuweisen.[152] Diese ist notwendig, damit er die Tragweite seiner Entscheidung Dritten gegenüber äußern kann.

> 📖 Vergleiche: VI. 5. Einwilligung in und Verweigerung der Therapie

c) Bindungsdauer

Ist eine Verfügung aufgrund des Verlustes der Entscheidungsfähigkeit in Kraft getreten, so kann der Patient diese durch ein (unwillkürliches) konkludentes Verhalten nicht mehr außer Kraft setzen. Solange die Entscheidungsfähigkeit weggefallen ist, so lange bleibt die Verfügung in Kraft. Nach herrschender Lehre und Judikatur und unter Berücksichtigung der Gesamtrechtslage wird zum Widerruf ein für die Verinnerlichung der Entscheidung ausreichend langes lucidum intervallum ausreichen. Zu beachten ist jedoch, dass Zwangslagen, wie diese beispielsweise aufgrund von Schmerzen oder ähnlichem Ungemach hervorgerufen werden, bei der Interpretation von Widerrufserklärungen zu beachten sind und zu einer Unwirksamkeit aufgrund des Wegfalls der Geschäftsgrundlagen führen können, sodass also der Widerruf ungültig ist.

d) Verbindliche Patientenverfügung

Das Gesetz unterscheidet zwischen zwei Arten von Patientenverfügungen. Die verbindliche Patientenverfügung[153] entfaltet unmittelbare Bindungswirkung und ist an strenge Formvoraussetzungen gebunden.

Um eine verbindliche Rechtswirkung zu entfalten, muss der Verfügung das schriftliche Gutachten eines Arztes beilegen. Der Arzt muss darin
- die Aufklärung über Art und Umfang sowie über Nutzen und Risiko der geregelten medizinischen Behandlungen
- den Grund, warum der Patient eine solche verweigern will
- das Erfassen der Tragweite der Entscheidung
- die Entscheidungsfähigkeit des Patienten

bestätigen. Damit entspricht dieser Schritt der Aufklärung und Einwilligung.

---

151 OGH 17.9.2014, 6 Ob 147/14g
152 § 2 PatVG
153 §§ 4ff PatVG

> Vergleiche: VI. 4. Aufklärung und VI. 5. Einwilligung in und Verweigerung der Therapie

Weiters ist eine Bestätigung über eine juristische Aufklärung, die von einem Anwalt, einem Notar oder einem juristischen Mitarbeiter der Patientenvertretung[154] gezeichnet wurde, beizulegen. Der Jurist hat hierin die Vornahme der Belehrung über
- die rechtlichen Folgen der Patientenverfügung
- die Möglichkeit des jederzeitigen Widerrufs

zu dokumentieren.

Die Patientenverfügung ist nur für eine gewisse Zeit verbindlich, nämlich auf die Dauer von fünf Jahren. In dieser Zeit vorgenommene Änderungen lassen den Fristenlauf mit Datum der letzten Änderung erneut beginnen, soweit die ärztliche und die juristische Bescheinigung erneut beigelegt wurden. Nach Ablauf der Zeit kann die Verfügung durch Hinzufügen eines entsprechenden Verweises und Vorlage der ärztlichen und juristischen Bestätigung erneut auf fünf Jahre verlängert werden. Die Verbindlichkeit der Verfügung kann vom Verfüger auch auf weniger als fünf Jahre festgelegt werden.

> Vergleiche: VI. 2. Gefahr im Verzug

e) Beachtliche Patientenverfügung

Neben der verbindlichen wurde auch eine beachtliche Patientenverfügung geschaffen. Liegt auch nur ein Kriterium einer verbindlichen Patientenverfügung nicht (mehr) vor, so wird diese nicht gänzlich unwirksam. Um dies zu vermeiden, hat der Gesetzgeber solche Verfügungen als beachtliche Patientenverfügungen[155] definiert. Nur ein Wegfall der Einstufung des Inhalts als (freier) Patientenwille oder ein Mangel an der freien Dispositionsfähigkeit zum Zeitpunkt der Errichtung führt zur gänzlichen Unwirksamkeit. Ansonsten gilt, dass eine Patientenverfügung **jedenfalls beachtlich** ist, egal welche Mängel sie aufweist.

Die beachtliche Patientenverfügung ist jedenfalls zur Ermittlung des Patientenwillens heranzuziehen.[156]

Allerdings schränkt der OGH[157] die Heranziehung beachtlicher Verfügungen ein. Bei der Interpretation des Patientenwillens ist (auch bei eindeutiger Ablehnung lebenserhaltender Maßnahmen) einer medizinisch sinnvollen und indizierten Behandlung der Vorzug zu geben.

---

154   § 11e KAKuG
155   §§ 8f PatVG
156   OGH 08.10.2012, 9 Ob 68/11g Rechtliche Beurteilung Punkt 2.3. erster Satz
157   OGH 08.10.2012, 9 Ob 68/11g Rechtliche Beurteilung Punkt 2.3. erster Satz

> Vergleiche: VI. 2. Gefahr im Verzug und VII. 2.5 a) Vorsorgebevollmächtigter

f) Auslegungsregeln

Eine Patientenverfügung, die grundsätzlich verbindlich ist und in der nur einzelne „Fehler" vorliegen, wie beispielsweise der zusätzliche Wunsch einer speziellen Behandlung, ist deshalb **nicht** automatisch in eine nur noch beachtliche Verfügung umzudeuten. Ist die Verfügung unter Wegdenken der rechtlich nicht vorgesehenen Teile als eigenständige Patientenverfügung aufrechtzuerhalten, so sind überschießende Anordnungen als ergänzende Ausführungen oder beigefügte Wünsche zu interpretieren und bei der weiteren Vorgehensweise als solche zu berücksichtigen. Die restliche Verfügung entfaltet unbeschadet ihre verbindliche Wirkung. Nur wenn die Verfügung nach Wegdenken der rechtlich nicht vorgesehenen Teile keine eigenständig sinnvolle Anordnung ergibt, liegt eine „nur noch" beachtliche Verfügung vor.

2.5 Entscheidung durch gewillkürten Vertreter

Ist ein Patient nicht mehr in der Lage, seine Belange selbst zu regeln, so darf dies nicht dazu führen, dass dem Patienten jegliches Recht zur Selbstbestimmung genommen wird und er geradezu dem guten Willen der Behandler ausgeliefert ist. Daher wurde die Möglichkeit geschaffen, dass volljährige Personen eine geeignete Vertrauensperson ermächtigen, für sie medizinische Entscheidungen treffen, wenn es ihnen an der notwendigen Entscheidungsfähigkeit mangelt.

a) Vorsorgebevollmächtigter

Eine Vorsorgevollmacht ist eine Vollmacht, die dann wirksam werden soll, wenn der Vollmachtgeber die zur Besorgung der anvertrauten Angelegenheiten erforderliche Entscheidungsfähigkeit verliert. Wie noch dargestellt wird, unterscheidet sich die Vorsorgevollmacht von der gewählten Erwachsenenvertretung dadurch, dass sie im Zeitpunkt aufrechter Entscheidungsfähigkeit errichtet, also der Vertreter zu diesem Zeitpunkt ausgewählt und beauftragt wurde.

> Vergleiche: VII. 2.3 Unterstützung des Patienten bei der Entscheidungsfindung und VII. 2.5 b) Gewählter Erwachsenenvertreter

Die Vorsorgevollmacht ist somit eine gewillkürte Vollmacht, die einem Dritten gegeben wird. Wie bei jeder Vollmacht ist die Übertragung der Rechte mit einer Berechtigung, nicht jedoch einer Verpflichtung zur Ausübung verbunden. Tritt der Verlust der Entscheidungsfähigkeit ein, so hat der Vollmachtnehmer dies bekanntzugeben und damit die Rechtswirkung der Vorsorgevollmacht (durch Anmerkung im Register) auszulösen. Der Regelungsinhalt ist sohin nicht an strenge Einschränkungen wie im Falle der Patientenverfügung gebunden. Vielmehr reicht die Übertragung einer Vollmacht *„im Sinn einer Gattungsvollmacht"*. Es ist somit möglich, diese für *„Arten von Angelegenheiten"* zu erteilen, *„wenn gewünscht auch für alle denkbaren Arten"*.[158]

Der Vollmachtgeber kann dem Vollmachtnehmer die Befugnisse individuell beschränken, auf gemeinsame oder mehrheitliche Entscheidung mehrerer Vollmachtsnehmer aufteilen oder dem Vollmachtsnehmer Aufträge erteilen. Im Gegensatz zur Patientenverfügung gewährt die Vorsorgevollmacht damit eine weitaus größere Bewegungsfreiheit, weshalb ich ihr jedenfalls den Vorzug gebe.

Ein Institut der gerichtlichen Überprüfung wurde vom Gesetzgeber nicht geschaffen. Hier verweist dieser nur auf das Instrument der „Popularanregung". Jedermann kann demnach dem Pflegschaftsgericht bekanntgeben, dass ein Vorsorgebevollmächtigter möglicherweise zum Nachteil der vertretenen Person tätig wird.[159]

b) Gewählter Erwachsenenvertreter

Während für die Errichtung der Vorsorgevollmacht die Entscheidungsfähigkeit noch vorliegen muss, wird der gewählte Erwachsenenvertreter durch den Betroffenen bestimmt, nachdem er seine Entscheidungsfähigkeit (für medizinische Angelegenheiten) bereits verloren hat.

Soweit eine volljährige Person ihre Angelegenheiten daher aufgrund einer psychischen Krankheit oder einer vergleichbaren Beeinträchtigung ihrer Entscheidungsfähigkeit nicht für sich selbst besorgen kann und auch keinen Vertreter hat bzw. eine Vorsorgevollmacht nicht mehr errichten kann, kann sie eine oder mehrere ihr nahestehende Personen als Erwachsenenvertreter auszuwählen. Voraussetzung ist, dass sie noch fähig ist, Bedeutung und Folgen einer Bevollmächtigung in Grundzügen zu verstehen, ihren Willen danach zu bestimmen und sich entsprechend zu verhalten.[160]

Dazu haben der Betroffene und sein gewählter Erwachsenenvertreter eine Vereinbarung zu schließen und darin die Vertretungsbefugnisse des Erwach-

---

158   1461 der Beilagen XXV. GP - Regierungsvorlage – Erläuterungen, zu § 261 ABGB, S. 36
159   1461 der Beilagen XXV. GP - Regierungsvorlage – Erläuterungen, zu § 262 ABGB, S. 37 Abs 3
160   § 264 ABGB i.d.F. 1.8.2017

senenvertreters festzulegen.[161] Die Vereinbarung kann auch vorsehen, dass der Erwachsenenvertreter nur im Einvernehmen mit der vertretenen Person rechtswirksam Vertretungshandlungen vornehmen oder dass die vertretene Person selbst nur mit Genehmigung des Erwachsenenvertreters rechtswirksam Erklärungen abgeben kann.[162]

Auch hier können die Vertretungsbefugnisse einzelne Angelegenheiten oder Arten von Angelegenheiten betreffen.[163] Die Übertragung der Angelegenheiten umfasst, soweit nichts anderes vereinbart ist, immer auch die Vertretung vor Gericht. In allen Fällen kann die Vertretungsbefugnis aber auch auf die Ausübung von Einsichts- und Auskunftsrechten beschränkt werden.[164]

c) Errichtung

Die Vorsorgevollmacht ist vor einem Notar, einem Rechtsanwalt oder einem Erwachsenenschutzverein höchstpersönlich und schriftlich zu errichten.[165] Der Vollmachtgeber ist dabei über
- die Rechtsfolgen einer Vorsorgevollmacht
- die Möglichkeit, allgemein oder in bestimmten Angelegenheiten die Weitergabe der Vorsorgevollmacht zu untersagen oder eine gemeinsame Vertretung durch zwei oder mehrere Bevollmächtigte vorzusehen
- die Möglichkeit des jederzeitigen Widerrufs

persönlich zu belehren. Der Notar, der Rechtsanwalt oder der Mitarbeiter des Erwachsenenschutzvereins hat die Vornahme dieser Belehrung in der Vollmachtsurkunde zu dokumentieren.[166]

Die Erwachsenenvertreter-Verfügung muss höchstpersönlich schriftlich vor einem Notar, Rechtsanwalt oder Mitarbeiter eines Erwachsenenschutzvereins errichtet und im Österreichischen Zentralen Vertretungsverzeichnis eingetragen werden.[167] Vor dem Abschluss der Vereinbarung sind der Betroffene und der Erwachsenenvertreter über
- das Wesen und die Folgen der Erwachsenenvertretung
- die Möglichkeit des jederzeitigen Widerrufs
- die Rechte und Pflichten des gewählten Erwachsenenvertreters

persönlich zu belehren. Der Notar, der Rechtsanwalt oder der Mitarbeiter des Erwachsenenschutzvereins hat die Vornahme dieser Belehrung in der Vereinbarung zu dokumentieren.[168]

---

161 § 265 Abs 1 ABGB i.d.F. 1.8.2017
162 § 265 Abs 2 ABGB i.d.F. 1.8.2017
163 § 265 Abs 3 ABGB i.d.F. 1.8.2017
164 § 265 Abs 4 ABGB i.d.F. 1.8.2017
165 § 262 Abs 1 ABGB i.d.F. 1.8.2017
166 § 262 Abs 2 ABGB i.d.F. 1.8.2017
167 §§ 222 Abs 2 Satz 1 i.V.m. 266 Abs 1 ABGB i.d.F. 1.8.2017
168 § 266 Abs 2 ABGB i.d.F. 1.8.2017

d) Beginn und Ende der Vertretung

Eine **Vorsorgevollmacht** ist wirksam, wenn und soweit der Eintritt des Vorsorgefalls im Österreichischen Zentralen Vertretungsverzeichnis eingetragen ist.[169]

> 📖 Vergleiche: VI. 3. Beurteilung der Entscheidungsfähigkeit

Eine **Erwachsenenvertretung** entsteht ebenfalls mit ihrer Eintragung im Österreichischen Zentralen Vertretungsverzeichnis.[170]

Die Vereinbarung ist nach Errichtung unmittelbar von Notar, Rechtsanwalt oder Erwachsenenschutzverein in das Österreichische Zentrale Vertretungsverzeichnis einzutragen.[171] Hegen Notar, Rechtsanwalt oder Mitarbeiter des Erwachsenenschutzvereins am Vorliegen der Voraussetzungen der gewählten Erwachsenenvertretung oder an der Eignung der Person, die als Erwachsenenvertreter eingetragen werden soll, begründete Zweifel, so haben sie die Eintragung abzulehnen und bei begründeten Anhaltspunkten für eine Gefährdung des Wohles der volljährigen Person unverzüglich das Pflegschaftsgericht zu verständigen.[172]

Die verfügende Person kann die Erwachsenenvertreter-Verfügung jederzeit widerrufen. Für den Widerruf genügt es, dass die verfügende Person zu erkennen gibt, dass die Verfügung nicht mehr gelten soll.[173]

> 📖 Vergleiche: VII. 2.1 Entscheidung durch den Patienten

e) Vertretungsumfang

Vorsorgebevollmächtigte oder Erwachsenenvertreter haben sich bei ihren Entscheidungen vom Willen der vertretenen Person leiten zu lassen, diesen Willen also bestmöglich umzusetzen.[174] Im Zweifel ist davon auszugehen, dass der Betroffene eine medizinisch indizierte Behandlung wünscht.[175]

Gibt eine nicht entscheidungsfähige Person ihrem Vorsorgebevollmächtigten oder Erwachsenenvertreter oder dem Arzt gegenüber zu erkennen, dass sie

---

169 § 245 Abs 1 ABGB i.d.F. 1.8.2017
170 § 245 Abs 2 ABGB i.d.F. 1.8.2017
171 § 267 Abs 1 ABGB i.d.F. 1.8.2017
172 § 267 Abs 2 ABGB i.d.F. 1.8.2017
173 § 222 Abs 3 ABGB i.d.F. 1.8.2017
174 Sechstes Hauptstück „Von der Vorsorgevollmacht und der Erwachsenenvertretung", Erster Abschnitt „Allgemeine Bestimmungen", IV. Personensorge, „Medizinische Behandlung", §§ 252 ff ABGB
175 § 253 Abs 1 ABGB i.d.F. 1.8.2017

die medizinische Behandlung oder deren Fortsetzung ablehnt, so bedarf die Zustimmung des Vertreters der Genehmigung des Gerichts.[176]

📖 Vergleiche: VII. 2.1 Entscheidung durch den Patienten

Eine weitere Stärkung fand das Recht des nicht entscheidungsfähigen Patienten in der Verankerung eines ausdrücklichen und nahezu unabdingbaren Aufklärungsrechts.[177] Zwar schlüpft der Vertreter in die Rolle des Patienten und ist damit Aufklärungsadressat, dennoch besteht die Pflicht, auch den eigentlichen Patienten die Aufklärung zukommen zu lassen.

Wie auch bei Minderjährigen, gibt es bei Erwachsenen eine Ausnahmebestimmung für den Fall der Gefahr in Verzug.[178]

📖 Vergleiche: VI. 2. Gefahr im Verzug

f) Rechte und Pflichten

Ein Erwachsenenvertreter muss mit der von ihm vertretenen Person den erforderlichen persönlichen **Kontakt** pflegen. Dazu ist ein persönlicher Kontakt zumindest einmal im Monat vorzusehen.[179] Er hat dem Gericht jährlich über die Gestaltung und Häufigkeit seiner persönlichen Kontakte mit der vertretenen Person, über ihren Wohnort, ihr geistiges und körperliches Befinden und die für sie im vergangenen Jahr besorgten und im kommenden Jahr zu besorgenden Angelegenheiten zu berichten.[180]

Ist der Vertretene nicht umfassend betreut, so muss sich der Erwachsenenvertreter bemühen, dass die notwendige **medizinische und soziale Betreuung** gewährt wird.[181]

Nahezu selbstverständlich trifft die Vorsorgebevollmächtigten und Erwachsenenvertreter auch eine **Verschwiegenheitspflicht** über alle ihnen in Ausübung ihrer Funktion anvertrauten oder bekannt gewordenen Tatsachen gegenüber jedermann, ausgenommen gegenüber dem Pflegschaftsgericht.[182] Zudem haben sie auf entsprechende Anfrage dem Ehegatten, eingetragenen Partner oder Lebensgefährten sowie den Eltern und Kindern der vertretenen Person über deren geistiges und körperliches Befinden und deren Wohnort sowie über den eigenen Wirkungsbereich Auskunft zu erteilen. Dies gilt jedoch

---

176 § 254 Abs 1 ABGB i.d.F. 1.8.2017
177 § 253 Abs 2 ABGB i.d.F. 1.8.2017
178 § 253 Abs 3 ABGB i.d.F. 1.8.2017
179 § 247 ABGB i.d.F. 1.8.2017
180 § 259 Abs 1 ABGB i.d.F. 1.8.2017
181 § 251 ABGB i.d.F. 1.8.2017
182 § 248 Abs 1 ABGB i.d.F. 1.8.2017

nicht, wenn die vertretene Person etwas anderes verfügt hat oder zu erkennen gibt, dass sie eine solche Auskunftserteilung nicht will oder diese ihrem Wohl widerspricht.[183]

Die Vorsorgebevollmächtigten und Erwachsenenvertreter sind nicht zur Verschwiegenheit verpflichtet, soweit[184]
- sie von der entscheidungsfähigen vertretenen Person entbunden wurden
- die vertretene Person zur Offenlegung verpflichtet ist
- die Offenlegung zur Wahrung ihres Wohles erforderlich ist

Vorsorgebevollmächtigte und Erwachsenenvertreter haften gegenüber der vertretenen Person für jeden durch ihr Verschulden entstandenen Schaden. Das Gericht kann die Ersatzpflicht allerdings mäßigen oder ganz erlassen.[185]

2.6 Entscheidung durch fremdbestimmte Vertreter

Grundsätzlich wird angestrebt, dass im rechtlichen Verkehr volljährige Personen, die aufgrund einer psychischen Krankheit oder einer vergleichbaren Beeinträchtigung in ihrer Entscheidungsfähigkeit eingeschränkt sind, dennoch möglichst selbstständig und erforderlichenfalls mit entsprechender Unterstützung ihre Angelegenheiten selbst besorgen.[186] Solange dies möglich ist oder der Betroffene selbst einen Vertreter beauftragt hat, darf kein Erwachsenenvertreter bestellt werden.[187]

a) Gesetzlicher Erwachsenenvertreter

Die Institution der gesetzlichen Erwachsenenvertretung ersetzt die ehemalige Vertretungsbefugnis naher Angehöriger. Hat der Betroffene weder im Vorfeld über seine Vertretung verfügt noch ist er gegenwärtig in der Lage, hierüber eine Entscheidung zu treffen, kann er durch Familienangehörige vertreten werden.

Voraussetzungen
Eine volljährige Person kann von einem oder mehreren nächsten Angehörigen vertreten werden, wenn der Betroffene[188]
- diese Angelegenheiten aufgrund einer psychischen Krankheit oder einer vergleichbaren Beeinträchtigung seiner Entscheidungsfähigkeit nicht mehr ohne die Gefahr eines Nachteils für sich selbst besorgen kann

---

183 § 248 Abs 2 ABGB i.d.F. 1.8.2017
184 § 248 Abs 3 ABGB i.d.F. 1.8.2017
185 § 249 Abs 1 ABGB i.d.F. 1.8.2017
186 § 239 Abs 1 ABGB i.d.F. 1.8.2017
187 § 240 ABGB i.d.F. 1.8.2017
188 § 268 Abs 1 ABGB i.d.F. 1.8.2017

- dafür keinen Vertreter hat
- einen gewillkürten Vertreter nicht mehr wählen kann oder will
- der gesetzlichen Erwachsenenvertretung nicht vorab widersprochen hat und dies im Österreichischen Zentralen Vertretungsregister registriert wurde

Auswahl der Erwachsenenvertreter
Als Vertreter kommen nur nächste Angehörige infrage. Nächste Angehörige sind:[189]
- Eltern und Großeltern
- volljährige Kinder und Enkelkinder
- Geschwister
- Nichten und Neffen
- Ehegatte oder eingetragener Partner
- Lebensgefährte, wenn dieser mit dem Betroffenen seit mindestens drei Jahren im gemeinsamen Haushalt lebt
- die von der volljährigen Person in einer Erwachsenenvertreter-Verfügung bezeichnete Person

Errichtung
Die gesetzliche Erwachsenenvertretung ist vor einem Notar, einem Rechtsanwalt oder einem Mitarbeiter des Erwachsenenschutzvereins zu errichten und von diesen im Österreichischen Zentralen Vertretungsverzeichnis einzutragen.[190] Vor der Eintragung der gesetzlichen Erwachsenenvertretung sind der Erwachsenenvertreter und der Vertretene über das Wesen und die Folgen der Erwachsenenvertretung, über die Möglichkeit des jederzeitigen Widerspruchs sowie über die Rechte und Pflichten des gesetzlichen Erwachsenenvertreters persönlich zu belehren. Der Notar, der Rechtsanwalt oder der Mitarbeiter des Erwachsenenschutzvereins hat die Vornahme dieser Belehrung zu dokumentieren.[191]

Hegen Notar, Rechtsanwalt oder Mitarbeiter des Erwachsenenschutzvereins am Vorliegen der Voraussetzungen der gesetzlichen Erwachsenenvertretung oder an der Eignung der Person, die als Erwachsenenvertreter eingetragen werden soll, begründete Zweifel, so hat er die Eintragung abzulehnen und bei begründeten Anhaltspunkten für eine Gefährdung des Wohles der volljährigen Person unverzüglich das Pflegschaftsgericht zu verständigen.[192]

---

189 § 268 Abs 2 ABGB i.d.F. 1.8.2017
190 § 270 Abs 1 ABGB i.d.F. 1.8.2017
191 § 270 Abs 3 ABGB i.d.F. 1.8.2017
192 § 270 Abs 2 ABGB i.d.F. 1.8.2017

Beginn und Ende der Vertretung
Eine gesetzliche Erwachsenenvertretung entsteht mit ihrer Eintragung im Österreichischen Zentralen Vertretungsverzeichnis.[193]

Die Vertretungsbefugnis endet[194]
- mit dem Tod der vertretenen Person oder
- mit dem Tod des Vertreters
- durch gerichtliche Entscheidung
- durch die Eintragung des Widerrufs oder der Kündigung im Österreichischen Zentralen Vertretungsverzeichnis
- durch die Eintragung des Wegfalls des Vorsorgefalls im Österreichischen Zentralen Vertretungsverzeichnis
- durch die Eintragung des Widerspruchs der vertretenen Person oder ihres Vertreters im Österreichischen Zentralen Vertretungsverzeichnis
- mit dem Ablauf von drei Jahren, sofern sie nicht zuvor erneut eingetragen wird – eine Änderung oder Übertragung verlängert diese Frist hingegen nicht

Vertretungsumfang
Ist ein Erwachsenenvertreter bestellt, so hat dieser danach zu trachten, dass die vertretene Person im Rahmen ihrer Fähigkeiten und Möglichkeiten ihre Lebensverhältnisse nach ihren eigenen Wünschen und Vorstellungen gestalten kann. Er hat sie soweit wie möglich in die Lage zu versetzen, ihre Angelegenheiten selbst zu besorgen.[195]

Die Vertretungsbefugnisse von gesetzlichen Erwachsenenvertretern können u. a. die folgenden Bereiche betreffen:[196]
- Vertretung in gerichtlichen Verfahren
- Verwaltung von Einkünften, Vermögen und Verbindlichkeiten
- Abschluss von Rechtsgeschäften zur Deckung des Pflege- und Betreuungsbedarfs
- Entscheidung über medizinische Behandlungen und Abschluss von damit im Zusammenhang stehenden Verträgen
- Änderung des Wohnortes und Abschluss von Heimverträgen

Näher ausgeführt wird der Umfang der Vertretungsbefugnis für Entscheidungen über medizinische Behandlungen und Abschluss von damit im Zusam-

---

193 § 245 Abs 2 ABGB i.d.F. 1.8.2017
194 § 246 Abs 1 ABGB i.d.F. 1.8.2017
195 § 241 Abs 1 ABGB i.d.F. 1.8.2017
196 § 269 Abs 1 ABGB i.d.F. 1.8.2017

menhang stehenden Verträgen durch die allgemeinen Bestimmungen über die Personensorge in medizinischen Behandlungen.[197]

📖 Vergleiche: VII. 2.5 e) Vertretungsumfang

Entschädigung
Die zur zweckentsprechenden Ausübung der Vertretung notwendigen Barauslagen, die tatsächlichen Aufwendungen und die angemessenen Kosten einer zur Deckung der Haftung abgeschlossenen Haftpflichtversicherung sind dem Erwachsenenvertreter von der vertretenen Person zu erstatten, sofern dadurch nicht die Aufrechterhaltung der Lebensbedürfnisse gefährdet ist.[198]

b) Gerichtlicher Erwachsenenvertreter

Die Institution der gerichtlichen Erwachsenenvertretung folgt der ehemaligen Sachwalterschaft. Sie stellt nunmehr den schwersten Eingriff in das Selbstbestimmungsrecht dar und sollte nach den Vorstellungen des Gesetzgebers nur noch in seltenen Fällen und im unbedingt notwendigen Umfang erfolgen.

Voraussetzungen
Einer volljährigen Person ist vom Gericht auf ihren Antrag oder von Amts wegen – dies ist insbesondere dann der Fall, wenn diese Bestellung von Dritten bei Gericht angeregt wird – ein gerichtlicher Erwachsenenvertreter zu bestellen, wenn[199]
- sie bestimmte Angelegenheiten aufgrund einer psychischen Krankheit oder einer vergleichbaren Beeinträchtigung ihrer Entscheidungsfähigkeit nicht mehr ohne Gefahr eines Nachteils für sich selbst besorgen kann
- sie dafür keinen Vertreter hat
- sie einen Vertreter nicht wählen kann oder will
- eine gesetzliche Erwachsenenvertretung nicht in Betracht kommt

Auswahl der Erwachsenenvertreter
Bei der Auswahl des gerichtlichen Erwachsenenvertreters ist auf die Bedürfnisse und Wünsche des Betroffenen, die Eignung des Erwachsenenvertreters und auf die zu besorgenden Angelegenheiten Bedacht zu nehmen.[200] Jene Person, die das Gericht zum gerichtlichen Erwachsenenvertreter bestellen will, hat alle

---

197 Sechstes Hauptstück „Von der Vorsorgevollmacht und der Erwachsenenvertretung", Erster Abschnitt „Allgemeine Bestimmungen", IV. Personensorge, „Medizinische Behandlung", §§ 252 ff ABGB
198 § 249 Abs 2 ABGB i.d.F. 1.8.2017
199 § 271 ABGB i.d.F. 1.8.2017
200 § 273 Abs 1 ABGB i.d.F. 1.8.2017

Umstände, die sie dafür ungeeignet erscheinen lassen, dem Gericht unverzüglich mitzuteilen. Treten solche Umstände nach der Bestellung ein, so hat sie diese ebenso unverzüglich offenzulegen. Unterlässt sie diese Mitteilung schuldhaft, so haftet sie für alle daraus entstandenen Nachteile.[201]

Zum Erwachsenenvertreter sind vorrangig jene Personen zu bestellen, die aus einer Vorsorgevollmacht, aus der Vereinbarung einer gewählten Erwachsenenvertretung oder einer Erwachsenenvertreter-Verfügung hervorgehen.[202] Sind solche Person nicht verfügbar oder geeignet, so ist eine nahestehende und für die Aufgabe geeignete Person zu bestellen.[203]

📖 Vergleiche: VII. 2.6 a) Gesetzlicher Erwachsenenvertreter

Nur wenn aus diesem Kreis keine geeignete Person gefunden wird, ist mit dessen Zustimmung ein Erwachsenenschutzverein zu bestellen.[204] Ist auch die Bestellung eines Erwachsenenschutzvereins nicht möglich, so ist ein Notar (Notariatskandidat) oder Rechtsanwalt (Rechtsanwaltsanwärter) oder mit deren Zustimmung eine andere geeignete Person zu bestellen.[205]

Beginn und Ende der Vertretung
Eine gerichtliche Erwachsenenvertretung entsteht mit der Bestellung durch das Gericht[206] (und nicht mit der Eintragung in das Österreichische Zentrale Vertretungsverzeichnis).

Die Vertretungsbefugnis endet[207]
- mit dem Tod der vertretenen Person oder
- mit dem Tod des Vertreters
- durch gerichtliche Entscheidung
- spätestens mit dem Ablauf von drei Jahren nach Beschlussfassung erster Instanz über die Bestellung, sofern sie nicht erneuert wird – eine Änderung oder Übertragung verlängert diese Frist hingegen nicht

Vertretungsumfang
Der gerichtliche Erwachsenenvertreter darf nur für einzelne oder Arten von zu besorgenden und bestimmt zu bezeichnenden Angelegenheiten bestellt werden.[208] Diese Formulierung legt gesetzlich die bereits nach ständiger Recht-

---
201 § 273 Abs 2 ABGB i.d.F. 1.8.2017
202 § 274 Abs 1 ABGB i.d.F. 1.8.2017
203 § 274 Abs 2 ABGB i.d.F. 1.8.2017
204 § 274 Abs 3 ABGB i.d.F. 1.8.2017
205 § 274 Abs 4 ABGB i.d.F. 1.8.2017
206 § 245 Abs 3 ABGB i.d.F. 1.8.2017
207 § 246 Abs 1 ABGB i.d.F. 1.8.2017
208 § 272 Abs 1 ABGB i.d.F. 1.8.2017

sprechung geforderte, möglichst exakte Festlegung des Wirkungskreises fest. Das Gericht hat daher den Wirkungskreis (also den Umfang der übertragenen Angelegenheiten) möglichst genau zu umschreiben.

Näher ausgeführt wird der Umfang der Vertretungsbefugnis in Angelegenheiten der Personensorge durch die allgemeinen Bestimmungen über diese in medizinische Behandlungen.[209] Hier ist auf die gesonderten Regelungen für Angelegenheiten der Personensorge,[210] die eine ausführliche Darstellung des Wirkungsbereichs fordert, sowie die herrschende Judikatur[211] und nicht zuletzt die Erläuterungen[212] hinzuweisen, derzufolge die Bereiche „Vertretung in medizinischen Angelegenheiten" und „Bestimmung des Aufenthaltsortes" gesondert bezeichnet werden müssen.

📖 Vergleiche: VII. 2.5 e) Vertretungsumfang

Entschädigung
Dem gerichtlichen Erwachsenenvertreter gebührt eine jährliche Entschädigung zuzüglich der allenfalls zu entrichtenden Umsatzsteuer. Die Entschädigung beträgt fünf Prozent sämtlicher Einkünfte der vertretenen Person nach Abzug der davon zu entrichtenden Steuern und Abgaben, wobei Bezüge, die kraft besonderer gesetzlicher Anordnung zur Deckung bestimmter Aufwendungen dienen, nicht als Einkünfte zu berücksichtigen sind.[213] Daneben bestehen noch weitere Regelungen, die eine gesonderte Entschädigung vorsehen.

---

209 Sechstes Hauptstück „Von der Vorsorgevollmacht und der Erwachsenenvertretung", Erster Abschnitt „Allgemeine Bestimmungen", IV. Personensorge, „Medizinische Behandlung", §§ 252 ff ABGB
210 § 253 ff ABGB i.d.F. 1.8.2017
211 OGH 22.07.2009 3Ob109/09i; 1Ob83/11d; 6Ob95/12g; 10Ob12/13g (RS0125158); anderer Ansicht scheinbar nur noch Aigner, RdM [2016] 05, S. 200
212 1461 der Beilagen XXV. GP – Regierungsvorlage – Erläuterungen, zu Zu § 272 ABGB Abs. 1, S. 43 Abs 6 und 7
213 § 276 Abs 1 ABGB i.d.F. 1.8.2017

VIII. Einschränkung der persönlichen Freiheit

In Ausnahmesituationen, insbesondere bei psychiatrischen Erkrankungen, nutzt eine Vertretung des nicht entscheidungsfähigen Patienten wenig, wenn er eine akute Gefahr für sich oder Dritte darstellt. In solchen Fällen ist es notwendig, durch Einschränkung der Freiheit und Beschneidung der Möglichkeiten die Gefahr abzuwehren.

1 Heimaufenthaltsgesetz

Im Heimaufenthaltsgesetz (HeimAufG) wurden weitgehende Regelungen über freiheitseinschränkende Maßnahmen für Personen getroffen, die wegen ihres Geisteszustandes oder einer psychischen Krankheit akut gefährdet sind.[214]

Das Gesetz regelt die Voraussetzungen und die Überprüfung von **freiheitsbeschränkenden Maßnahmen** in **Alten- und Pflegeheimen, Behindertenheimen** sowie anderen **Einrichtungen, in denen wenigstens drei psychisch kranke oder geistig behinderte Menschen** ständig betreut oder gepflegt werden können.[215]

In **Krankenanstalten** ist dieses Bundesgesetz nur auf Personen anzuwenden, die dort wegen ihrer **psychischen Krankheit oder geistigen Behinderung** der **ständigen Pflege oder Betreuung** bedürfen. Liegt ein solcher Bedarf nicht vor, kommt das Heimaufenthaltsgesetz nicht zur Anwendung.[216] Es muss daher eine **dauerhafte psychische Krankheit** im Sinne einer **geistigen Behinderung** vorliegen. Das HeimAufG findet hingegen dann keine Anwendung, wenn eine physische Krankheit noch nicht austherapiert und somit noch nicht zu einer Behinderung geworden ist.[217]

> **Beispiel 1:**
> Ein Patient wird in einem Krankenhaus wegen eines Demenzschubs zur Neueinstellung seiner Therapie aufgenommen. Er verhält sich aggressiv gegenüber anderen Patienten. Hier kommt das HeimAufG nicht zur Anwendung, da die Aufnahme zwar wegen einer entsprechenden Krankheit erfolgte, die Krankheit jedoch noch nicht austherapiert bzw. zur Behinderung wurde.

---

214 § 1 HeimAufG
215 § 2 HeimAufG
216 LG für Zivilrechtssachen Wien 43R428/07w
217 OGH 19. 12. 2012, 7 Ob 194/12y

Beispiel 2:
Ein Patient wird wegen einer internen Erkrankung in einer Krankenanstalt aufgenommen. Aufgrund der Medikamente wird er verwirrt und aggressiv. Er gefährdet andere Patienten. Das HeimAufG kommt nicht zur Anwendung, da die Betreuung nicht wegen einer psychischen Erkrankung erfolgt.

Beispiel 3:
Ein Patient wird wegen Pflegebedürftigkeit in ein Pflegeheim aufgenommen. Eine beginnende Psychose führt dazu, dass er sich aggressiv gegenüber Mitbewohnern verhält. Das HeimAufG kommt zur Anwendung, da der Patient in einem Pflegeheim aufgenommen ist, unabhängig von der Erkrankung.

Liegt im Rahmen eines Behandlungsvertrages eine Einwilligung in die Freiheitsbeschränkung vor, so gelten die Bestimmungen nicht.

Vergleiche: VIII. 2. Unterbringungsrecht

1.1 Freiheitsbeschränkende Maßnahmen

Eine Freiheitsbeschränkung liegt vor, wenn eine Ortsveränderung durch mechanische, elektronische oder medikamentöse Maßnahmen oder deren Androhung verhindert wird.[218] Dazu zählt auch eine Maßnahme, die eine Bewegung derart erschwert, dass der Betroffene eine solche Bewegung, obwohl theoretisch möglich, erst gar nicht versucht.[219] Es kommt daher darauf an, dass der Patient nicht mehr in der Lage ist, sich nach freiem Willen örtlich zu verändern.[220] Dabei ist zu beachten, dass der Patient die Möglichkeit zur Ortsveränderung auch durch die Hilfe Dritter erreichen könnte.[221]

1.2 Voraussetzungen

Eine unfreiwillige Freiheitsbeschränkung darf nur vorgenommen werden, wenn[222]
- der Bewohner psychisch krank oder geistig behindert ist und er
  - sein Leben ernstlich und erheblich gefährdet oder
  - seine Gesundheit ernstlich und erheblich gefährdet oder
  - das Leben anderer ernstlich und erheblich gefährdet oder
  - die Gesundheit anderer ernstlich und erheblich gefährdet

---
218 § 3 Abs 1 HeimAufG
219 ZRS Wien 18.05.2006, 42 R 270/06a
220 LG Korneuburg 09.08.2006, 25 R 75/06s
221 OGH 27.09.2006, 7 Ob 19/07f
222 § 4 HeimAufG

- sie zur Abwehr dieser Gefahr unerlässlich und geeignet sowie in ihrer Dauer und Intensität im Verhältnis zur Gefahr angemessen ist
- diese Gefahr nicht durch andere Maßnahmen, insbesondere schonendere Betreuungs- oder Pflegemaßnahmen, abgewendet werden kann

Eine Freiheitsbeschränkung darf nur unter Einhaltung fachgemäßer Standards und unter möglichster Schonung des Bewohners durchgeführt werden. Bei allen Maßnahmen gelten die Grundsätze der Vornahme nach dem Stand der Wissenschaft.[223] Somit ist es unabdingbar, dass bei Wegfall der Voraussetzungen die Maßnahme sofort beendet werden muss.

Sind Grund, Art und Umfang der Maßnahme nicht ausreichend protokolliert, so liegt jedenfalls eine unzulässige Freiheitsbeschränkung vor![224]

1.3 Anordnung der Maßnahme

Eine Freiheitsbeschränkung darf nur aufgrund der Anordnung einer dazu befugten Person vorgenommen werden. Anordnungsbefugt sind
- ein **Arzt** für Freiheitsbeschränkungen durch medikamentöse oder sonstige ärztliche Maßnahmen und alle damit in unmittelbarem Zusammenhang stehenden erforderlichen Freiheitsbeschränkungen[225]
- ein **Angehöriger des gehobenen Dienstes**, der mit der Anordnung freiheitsbeschränkender Maßnahmen von der Einrichtung betraut wurde hinsichtlich Freiheitsbeschränkungen für Maßnahmen im Rahmen der Pflege[226]
- eine mit der **pädagogischen Leitung** betraute Person und deren Vertreter für Freiheitsbeschränkungen durch Maßnahmen im Rahmen der Betreuung in Einrichtungen der Behindertenhilfe[227]

Sofern der Bewohner **länger als 48 Stunden** dauernd oder über diesen Zeitraum hinaus wiederholt in seiner Freiheit beschränkt wird, hat der Leiter der Einrichtung unverzüglich ein **ärztliches Gutachten**, ein ärztliches Zeugnis oder sonstige ärztliche Aufzeichnungen darüber einzuholen, dass der Bewohner psychisch krank oder geistig behindert ist und im Zusammenhang damit sein Leben oder seine Gesundheit oder das Leben oder die Gesundheit anderer ernstlich und erheblich gefährdet.[228] Diese ärztlichen Dokumente müssen zum Zeitpunkt der Vornahme der Freiheitsbeschränkung bzw. der Verlängerung über die 48-Stunden-Frist aktuell sein.

---

223 § 5 Abs 3 HeimAufG
224 OGH 25.012012, 7Ob249/11k
225 § 5 Abs 1 Z 1 HeimAufG
226 § 5 Abs 1 Z 2 HeimAufG
227 § 5 Abs 1 Z 3 HeimAufG
228 § 5 Abs 2 HeimAufG

An dieser Stelle muss deutlich darauf hingewiesen werden, dass dienstliche oder landesgesetzliche Anordnungen, die die Anwendbarkeit der freiheitsbeschränkenden Maßnahmen einschränken, unzulässig und ggf. sogar verfassungswidrig sind.[229]

1.4 Aufklärung

Die anordnungsbefugte Person hat den Bewohner über den Grund, die Art, den Beginn und die voraussichtliche Dauer der Freiheitsbeschränkung auf geeignete, dessen Zustand entsprechende Weise aufzuklären.

1.5 Verständigung

Zudem hat der Anordnende die Freiheitsbeschränkung, deren Aufhebung und auch eine mit Willen des Bewohners vorgenommene Einschränkung der persönlicher Freiheit unverzüglich dem Leiter der Einrichtung zu melden.[230] Der Leiter hat von der Freiheitsbeschränkung und von deren Aufhebung unverzüglich den Vertreter und die Vertrauensperson des Bewohners zu informieren und diesen Gelegenheit zur Stellungnahme einzuräumen.

1.6 Vertretung

Der in seiner Freiheit beschränkte Bewohner kann eine Vertretung für sich bestimmen. Dieser Vertreter braucht eine schriftliche Vollmacht vom Bewohner und darf in keinem Abhängigkeitsverhältnis oder in einer anderen engen Beziehung zur Einrichtung stehen.[231] Zudem wird kraft des Gesetzes, also ohne Zutun des Bewohners, ein Bewohnervertreter des örtlich zuständigen Vereins[232] tätig, sobald eine Freiheitsbeschränkung vorgenommen oder in Aussicht gestellt wird.

Der Leiter der Einrichtung hat dafür zu sorgen, dass der Bewohner in geeigneter Weise Auskunft über den Bewohnervertreter erhält und sich mit diesem oder dem von ihm bestellten Vertreter ungestört besprechen kann.[233] Der gesetzliche Bewohnervertreter hat den Bewohner über seine beabsichtigten Vertretungshandlungen und über sonstige wichtige Angelegenheiten auf geeignete Weise zu informieren. Bei der Wahrnehmung seiner Aufgaben hat er den Wünschen des Bewohners zu entsprechen, soweit diese dessen Wohl nicht offenbar abträglich und dem Bewohnervertreter zumutbar sind.[234]

---

229 VfGH 28.6.2003, G 208/02
230 § 7 HeimAufG
231 § 8 Abs 1 HeimAufG
232 § 1 VSPBG
233 § 9 Abs 2 HeimAufG
234 § 10 Abs 1 HeimAufG

1.7 Kontrollrechte

Bewohnervertreter und vom Bewohner bestellte Vertreter sowie dessen Obsorgeberechtigte sind insbesondere berechtigt, jene Einrichtung, die die freiheitsbeschränkende Maßnahmen gemeldet hat,[235]
- unangemeldet zu besuchen
- sich vom Bewohner einen persönlichen Eindruck zu verschaffen
- mit der anordnungsbefugten Person und Bediensteten der Einrichtung die Voraussetzungen der Freiheitsbeschränkung zu besprechen
- die Interessenvertreter der Bewohner zu befragen
- in dem zur Wahrnehmung ihrer Aufgaben erforderlichen Umfang Einsicht in die Pflegedokumentation, die Krankengeschichte und andere Aufzeichnungen über den Bewohner zu nehmen

Daher ist gesetzlich klar abgegrenzt, dass Bewohnervertreter nur in solchen Einrichtungen Einschau halten dürfen und auch nur zu solchen Patientenakten Zugang erhalten, bei denen eine Freiheitseinschränkung gemeldet wurde. Unangekündigte Kontrollen im Sinne einer Überprüfung der Einrichtung oder Einsicht in nicht gemeldete Patientenakte sind hingegen im Heimaufenthaltsgesetz nicht vorgesehen und sohin von der Einrichtung zu unterbinden.

> Vergleiche: VIII. 2.4 Vertretung des Patienten im Unterbringungsverfahren

1.8 Gerichtliche Überprüfung

Eine Freiheitsbeschränkung kann einer gerichtlichen Überprüfung zugeführt werden, die binnen sieben Tagen nach Antragstellung zur Abhalten einer Erstanhörung führt. Das Rechtsschutzinstrumentarium ist analog dem Unterbringungsrecht aufgebaut.[236] Ein Rechtsmittel des Leiters der Einrichtung gegen den Beschluss des Gerichts, das die freiheitsbeschränkende Maßnahme für unzulässig erklärt, ist nur zulässig, wenn dieses bereits in der mündlichen Verhandlung angemeldet wurde.[237] Das Recht zur Erstattung einer Rekurs- oder Revisionsrekursbeantwortung gegen Rechtsmittel des Leiters der Einrichtung steht nur dem Bewohner, seinem Vertreter und seiner Vertrauensperson zu.[238]

---

235 § 9 Abs 1 HeimAufG
236 § 11 HeimAufG
237 OGH 23.5.2013, 7 Ob 88/13m
238 OGH 19. 3. 2014, 7 Ob 33/14z

2 Unterbringungsrecht

Der Geltungsbereich des Unterbringungsgesetzes erstreckt sich auf Anstalten und Abteilungen für Psychiatrie, in denen Personen in einem geschlossenen Bereich festgehalten oder sonst Beschränkungen ihrer Bewegungsfreiheit unterworfen werden.[239] Die Bestimmungen über die Unterbringung finden sich im Unterbringungsgesetz (UBG). Hierin werden die Persönlichkeitsrechte psychisch Kranker, die in eine Krankenanstalt aufgenommen wurden, besonders geschützt. Die Menschenwürde psychisch Kranker ist unter allen Umständen zu achten und zu wahren.

2.1 Voraussetzungen der Unterbringung

In einer Anstalt darf nur untergebracht werden, wer die drei folgenden Voraussetzungen gleichzeitig erfüllt, nämlich[240]
- an einer psychischen Krankheit leidet
- im Zusammenhang damit sein Leben oder seine Gesundheit oder das Leben oder die Gesundheit anderer ernstlich und erheblich gefährdet
- nicht in anderer Weise, insbesondere außerhalb einer psychiatrischen Abteilung, ausreichend ärztlich behandelt oder betreut werden kann

Die notwendige Gefährdung muss sich jedoch noch nicht realisiert haben, es reicht aus, wenn nach der Lebenserfahrung krankheitsbedingte Verhaltensweisen zur Gefährdung von Leben und Gesundheit führen. Bei besonders schwerwiegenden Folgen genügt zudem bereits eine geringere Wahrscheinlichkeit, dass eine Gefährdung erfahrungsgemäß eintritt.[241]
    Die Auslegung, wann ein Patient unter einer psychischen Krankheit leidet, erfolgt in erster Linie laut den Regeln der medizinischen Wissenschaft. Wesentlich ist das Vorliegen von Symptomen einer psychischen Erkrankung,[242] eine geistige Behinderung ist hingegen nicht gefordert.

📖   Vergleiche: VIII. 1.2 Voraussetzungen

2.2 Unterbringung auf Verlangen

Im UBG ist zunächst die Unterbringung auf Verlangen geregelt.
    Eine **volljährige Person** und ein **mündiger Minderjähriger** können ihr Verlangen auf Unterbringung nur **selbst** stellen[243].

---

239   § 2 UBG
240   § 3 UBG
241   OGH 19. 3. 2014, 7 Ob 202/13a
242   OGH 9.4.2015, 7 Ob 11/15s
243   § 5 Abs 1 UBG

Ein **entscheidungsfähiger unmündiger Minderjähriger** darf nur untergebracht werden, wenn **er selbst und sein gesetzlichen Vertreter** die Unterbringung verlangen.[244]

Ein **entscheidungsunfähiger unmündiger Minderjähriger** darf untergebracht werden, wenn **sein Obsorgeberechtigter** die Unterbringung verlangt.[245]

Für den Widerruf genügt die Erklärung auch nur einer Person, die die Unterbringung verlangen kann.[246]

Der Abteilungsleiter hat den Aufnahmewerber zu untersuchen. Dieser darf nur aufgenommen werden, wenn nach ärztlichem Zeugnis die Entscheidungsfähigkeit in die Aufnahme sowie die Voraussetzungen der Unterbringung des Patienten vorliegen.[247]

Die Unterbringung auf Verlangen darf **nur sechs Wochen** aufrechterhalten werden. Auf ein erneutes Verlangen des Patienten kann der Aufenthalt verlängert werden, **insgesamt** darf dieser **längstens zehn Wochen** dauern.[248] Für das Ansuchen um Verlängerung gelten sinngemäß die Regeln der Aufnahme.

Auf Verlangen muss einem untergebrachten Kranken die Möglichkeit gegeben werden, sich mit dem Patientenanwalt zu besprechen. Hegt der Patientenanwalt Zweifel an der Wirksamkeit des Verlangens, so hat er dies dem Abteilungsleiter mitzuteilen. Mit Zustimmung des Kranken vertritt er diesen bei der Wahrnehmung seiner Rechte.[249]

2.3 Unterbringung ohne Verlangen

Neben der „freiwilligen" Unterbringung gibt es die Unterbringung ohne Verlangen, die umgangssprachlich zwangsweise Unterbringung genannt wird. Eine Person darf gegen ihren Willen nur dann in eine Anstalt gebracht werden, wenn ein im öffentlichen Sanitätsdienst stehender Arzt oder ein Polizeiarzt sie untersucht und bescheinigt, dass die Voraussetzungen für eine Unterbringung vorliegen.[250] In der Bescheinigung sind im Einzelnen die Gründe anzuführen, aus denen der Arzt die Voraussetzungen der Unterbringung für gegeben erachtet.

Die Organe des öffentlichen Sicherheitsdienstes sind berechtigt und verpflichtet, eine Person, bei der sie aus besonderen Gründen die Voraussetzungen der Unterbringung für gegeben erachten, zur Untersuchung zum Amts- oder Polizeiarzt zu bringen oder diesen beizuziehen.[251]

---

244 § 5 Abs 2 UBG
245 § 5 Abs 3 UBG
246 § 5 Abs 5 UBG
247 § 6 UBG
248 § 7 UBG
249 § 14 Abs 3 UBG
250 § 8 UBG
251 § 9 Abs 1 UBG

Bei Gefahr im Verzug können die Organe des öffentlichen Sicherheitsdienstes die betroffene Person auch ohne Untersuchung und Bescheinigung in eine psychiatrische Abteilung bringen.[252] Eine Bewertung der Gefahr ist analog den Aufnahmevoraussetzungen vorzunehmen.[253]

Der Patient ist von den Organen des öffentlichen Sicherheitsdienstes in eine Anstalt zu bringen oder sie haben dies zu veranlassen. Dazu können sie den örtlichen Rettungsdienst beiziehen.[254] Die Beiziehung soll der möglichsten Schonung des Patienten sowie der notwendigen (Vorsorge zur) Abwehr einer Gefahr dienen.[255]

Nach Einlieferung hat der Abteilungsleiter die betroffene Person unverzüglich zu untersuchen. Sie darf nur aufgenommen werden, wenn nach dem Zeugnis des Abteilungsleiters die Voraussetzungen der Unterbringung vorliegen.[256]

Der Abteilungsleiter hat den aufgenommen Kranken über das Vorliegen der Voraussetzungen der Unterbringung und über die Gründe der Unterbringung zu unterrichten.[257] Auf Verlangen des Patienten, seines Vertreters oder des Anstaltsleiters hat ein weiterer Facharzt die aufgenommene Person spätestens am Vormittag des folgenden Werktags zu untersuchen und ein zweites ärztliches Zeugnis zu erstellen.[258] Zudem hat der Abteilungsleiter unverzüglich das Gericht, einen Patientenanwalt und, wenn der Kranke nicht widerspricht, einen Angehörigen sowie auf Verlangen des Patienten auch seinen Rechtsbeistand von der Unterbringung zu verständigen.[259] Der Verständigung des Patientenanwalts ist eine maschinschriftliche Ausfertigung des ärztlichen Zeugnisses anzuschließen.[260]

Bei der Unterbringung von Patienten, die sich bereits aus anderen Gründen in einer Krankenanstalt befinden, ist analog zu den Unterbringungsverfahren vorzugehen.[261]

2.4 Vertretung des Patienten im Unterbringungsverfahren

Wird eine Person **zwangsweise untergebracht**, so hat der Abteilungsleiter hievon unverzüglich das Bezirksgericht zu verständigen.[262] Der Verständigung ist

---

252 § 9 Abs 2 UBG
253 § 3 UBG
254 § 9 Abs 3 UBG
255 § 9 Abs 3 1. Satz UBG
256 § 10 Abs 1 und 2 UBG
257 § 10 Abs 2 UBG
258 § 10 Abs 3 1. Satz UBG
259 § 17 UBG
260 § 10 Abs 2 UBG
261 § 11 UBG
262 §§ 12 Abs 1 und 13 Abs 1 UBG

eine Abschrift der Patientenakte anzuschließen. Über die Zulässigkeit der Unterbringung hat das Gericht nach Prüfung der Voraussetzungen zu entscheiden. Das **Gericht** hat sich **binnen vier Tagen ab Kenntnis von der Unterbringung** einen **persönlichen Eindruck** vom Kranken in der Anstalt zu verschaffen. Es hat den Patienten über Grund und Zweck des Verfahrens zu unterrichten und zu hören.[263]

Sofern dies im Rahmen der Behandlung vertretbar ist, hat der Abteilungsleiter dafür zu sorgen, dass der Kranke während der Anhörung nicht unter einer beeinträchtigenden ärztlichen Behandlung steht.[264]

Der Kranke wird von dem nach dem Ort der psychiatrischen Abteilung zuständigen Verein vertreten.[265] Einem auf Verlangen untergebrachten Kranken ist auf sein Ersuchen die Möglichkeit zu geben, sich mit dem Patientenanwalt zu besprechen.[266]

Der Kranke kann auch selbst einen Vertreter wählen, der das Gericht von der Bevollmächtigung zu verständigen hat.[267] Ist der gewählte Vertreter ein Rechtsanwalt oder Notar, so erlischt die Vertretungsbefugnis des Vereins dem Gericht gegenüber. Erfordert es das Wohl des Kranken, so ist ihm ein einstweiliger Erwachsenenvertreter zu bestellen.

Gegen den Beschluss, mit dem eine **Unterbringung** für **zulässig** erklärt wird, können der Kranke und sein Vertreter sowie seine Verwandten in auf- und absteigender Linie, der Ehegatte und der Lebensgefährte des Kranken **innerhalb von 14 Tagen** ab Zustellung Rekurs erheben.[268] Gegen den Beschluss, mit dem die **Unterbringung** für **unzulässig** erklärt wird, kann der Abteilungsleiter **innerhalb von sieben Tagen** Rekurs erheben.[269] Dem Rekurs kann aufschiebende Wirkung zuerkannt werden.

---

263 § 19 UBG
264 § 19 UBG
265 § 14 1. Satz UBG
266 § 14 Abs 3 UBG
267 § 16 UBG
268 § 28 Abs 1 UBG
269 § 28 Abs 2 UBG

Einschränkung der persönlichen Freiheit

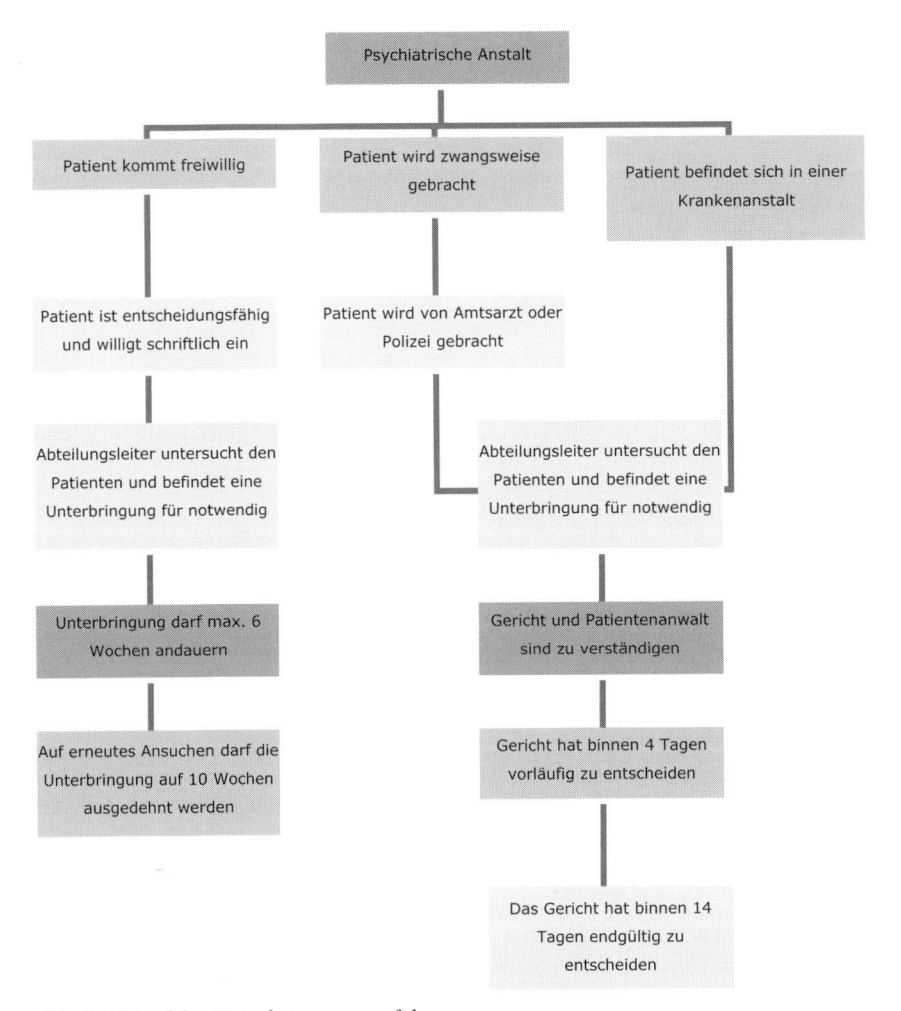

```
                        ┌─────────────────────────┐
                        │  Psychiatrische Anstalt │
                        └─────────────────────────┘
                                    │
          ┌─────────────────────────┼─────────────────────────┐
          │                         │                         │
┌──────────────────────┐  ┌──────────────────────┐  ┌──────────────────────────┐
│ Patient kommt        │  │ Patient wird         │  │ Patient befindet sich in │
│ freiwillig           │  │ zwangsweise gebracht │  │ einer Krankenanstalt     │
└──────────────────────┘  └──────────────────────┘  └──────────────────────────┘
          │                         │                         │
┌──────────────────────┐  ┌──────────────────────┐            │
│ Patient ist          │  │ Patient wird von     │            │
│ entscheidungsfähig   │  │ Amtsarzt oder        │            │
│ und willigt          │  │ Polizei gebracht     │            │
│ schriftlich ein      │  │                      │            │
└──────────────────────┘  └──────────────────────┘            │
          │                         │                         │
          │                         └─────────┬───────────────┘
          │                                   │
┌──────────────────────┐            ┌──────────────────────────┐
│ Abteilungsleiter     │            │ Abteilungsleiter         │
│ untersucht den       │            │ untersucht den           │
│ Patienten und        │            │ Patienten und            │
│ befindet eine        │            │ befindet eine            │
│ Unterbringung für    │            │ Unterbringung für        │
│ notwendig            │            │ notwendig                │
└──────────────────────┘            └──────────────────────────┘
          │                                   │
┌──────────────────────┐            ┌──────────────────────────┐
│ Unterbringung darf   │            │ Gericht und              │
│ max. 6 Wochen        │            │ Patientenanwalt sind     │
│ andauern             │            │ zu verständigen          │
└──────────────────────┘            └──────────────────────────┘
          │                                   │
┌──────────────────────┐            ┌──────────────────────────┐
│ Auf erneutes Ansuchen│            │ Gericht hat binnen       │
│ darf die Unterbringung│           │ 4 Tagen vorläufig zu     │
│ auf 10 Wochen        │            │ entscheiden              │
│ ausgedehnt werden    │            │                          │
└──────────────────────┘            └──────────────────────────┘
                                              │
                                    ┌──────────────────────────┐
                                    │ Das Gericht hat binnen   │
                                    │ 14 Tagen endgültig zu    │
                                    │ entscheiden              │
                                    └──────────────────────────┘
```

Abb. 2: Ablauf des Unterbringungsverfahrens

2.5 Behandlung

Auch der Untergebrachte hat ein Recht auf möglichst umfassendes Wissen über seine Therapie.[270] Nicht zuletzt dieses gibt ihm die Möglichkeit, seine Rechte entsprechend wahrzunehmen. Ausgenommen sind nur Fälle, in denen dies seinem Wohl abträglich ist. Auf die restriktive Anwendung dieser Einschätzung wird auch hier hingewiesen.

---

270   § 35 Abs 2 UBG

Der Kranke darf wie jeder andere Patient nur nach den Grundsätzen und anerkannten Methoden der medizinischen Wissenschaft ärztlich behandelt werden. Diese Behandlung, sei sie auch nicht psychiatrischer Art, ist nur insoweit zulässig, als sie zu ihrem Zweck nicht außer Verhältnis steht.[271]

Soweit der Kranke entscheidungsfähig ist, darf er nicht gegen seinen Willen behandelt werden. Auch darf eine medizinische Behandlung, die gewöhnlich mit einer schweren oder nachhaltigen Beeinträchtigung der körperlichen Unversehrtheit oder der Persönlichkeit verbunden ist, nur mit seiner schriftlichen Zustimmung durchgeführt werden.[272]

---

271 § 35 Abs 1 UBG
272 § 36 Abs 1 UBG

IX. Behandlungsvertrag

Der Behandlungsvertrag bildet die rechtliche Basis des individuellen Behandlungsverhältnisses und damit die Quelle der gegenseitigen Rechte und Pflichten.[273] Auf diesen Vertrag ist österreichisches Recht anzuwenden, auch bei ausländischen Patienten und ungeachtet dessen, ob er öffentlich-rechtlich[274] oder zivilrechtlich[275] begründet wurde.

1 Zustandekommen des Vertrages

Grundlegendes Recht eines jeden Patienten und jedes Angehörigen eines Gesundheitsberufs ist es, einen Behandlungsvertrag abzuschließen oder dies zu unterlassen.

Eine bestimmte Form für den Abschluss des Behandlungsvertrages ist gesetzlich nicht vorgeschrieben, weshalb dieser schriftlich, mündlich und konkludent (schlüssig) abgeschlossen werden kann.

> 📖 Vergleiche: V. 3. Rechtsgeschäft

Typisch für Behandlungsverträge ist, dass der genaue Vertragsinhalt nicht immer von Anfang an und im vollen Umfang feststeht. Auch steht nicht immer zweifelsfrei fest, wann und wie der Behandlungsvertrag konkret zustande gekommen ist. Typisch für diese Vertragsanbahnung ist das stufenweise Zusammenkommen des Vertrags.

1.1 Anbahnung

Zumeist wird vom Patienten ausgehend der Kontakt zum Gesundheitsberuf gesucht. Schon hieraus erwachsen Rechtsfolgen. So kann es ab der Führung zweckorientierter Gespräche zur Begründung eines Vorvertrages kommen. Es beginnen erste Warn- und Hinweispflichten, die immer vorhandene Pflicht der Gesundheitsberufe, gemäß dem Stand der Wissenschaft zu handeln, und natürlich beim Patienten die Pflicht zur ordnungsgemäßen Information über relevante Gesundheitsdaten und die Therapie betreffende finanzielle Angelegenheiten.

---

273 Engljähringer, Ärztlicher Behandlungsvertrag, ÖJZ 1993, 488, Kap. I Abs 2
274 Art 3 B-VG
275 Bei ausländischen Patienten gem. Art 4 Abs 2 Rom-I-VO im Falle von Leistungen in Praxen oder Krankenanstalten bzw. Art 6 Abs 4 lit a Rom-I-VO im Falle von Dienstleistungen außerhalb der Niederlassung

1.2 Kernbereich

Der Kern des Behandlungsvertrages beinhaltet die rechtliche Basis des individuellen Behandlungsverhältnisses. Der therapiebezogene Teil des Behandlungsvertrags kommt in Art und Umfang nur im Ausmaß der erfolgten Aufklärung und Einwilligung zustande.

> 📖 Vergleiche: VI. 4. Aufklärung und VI. 5. Einwilligung in und Verweigerung der Therapie

1.3 Nebenbereiche

Neben dem Kern, der Behandlungsvereinbarung, kommt es oft zu Vereinbarungen wie z.B. über die Unterbringung und Verpflegung, die nicht immer Teil der eigentlichen Therapie sind (ausgenommen medizinisch notwendige Diäten, Lagerungen u. dgl.). Auch können weitere Serviceleistungen mit dem Vertrag verbunden sein. Jene Vertragsbestandteile, die nicht therapierelevant sind, bilden die Nebenbereiche des Vertrags. Einige davon sind zwingender Natur und ergeben sich unabhängig von Fragen der Geschäftsfähigkeit.

> 📖 Vergleiche: V. 2.5 Geschäftsfähigkeit und V. 3. Rechtsgeschäft

2 Zum Verhältnis zwischen Einwilligung und Behandlungsvertrag

Es ist Teil des Behandlungsvertrages und die Pflicht des Gesundheitsberufs, festzustellen, ob ein Patient entscheidungsfähig ist. Die Entscheidungsfähigkeit kann von Beginn an vorliegen oder nicht vorliegen oder nach Abschluss des Behandlungsvertrages wegfallen oder wieder erwachen.

Mangelt es erst nach Vertragsabschluss an der Entscheidungsfähigkeit, so ist der Vertrag gültig geschlossen worden, der spätere Wegfall schadet nicht. Daher ist der Vertrag, soweit dies möglich ist, zu erfüllen. Aus den Nebenpflichten lässt sich jedoch ableiten, dass sich der Angehörige des Gesundheitsberufs nach Wegfall der Einwilligungsfähigkeit umgehend um die Bestellung eines Erwachsenenvertreters oder um die Verständigung eines allfälligen Bevollmächtigten zu kümmern hat, soweit die Interessen des Patienten durch seine (vorübergehende) Entscheidungsunfähigkeit gefährdet sind.

> 📖 Vergleiche: VI. 5. Einwilligung in und Verweigerung der Therapie

3 Beendigung des Vertrags

Das Recht zur Auflösung eines Behandlungsvertrages hat der Patient grundsätzlich immer. Eingeschränkt wird dieses jedoch durch die Kassenverträge, die bei Kostenübernahme einen Wechsel des Behandlers nicht zu jeder Zeit zulassen.

Das Recht zur Kündigung besteht auch aufseiten der Gesundheitsberufe. Dies ist insbesondere dann möglich, wenn sich der Patient nachhaltig weigert, an der Therapie mitzuwirken oder sich ihr zuwiderverhält. So hat der Patient die Pflicht, Anordnungen bis zu einem gewissen Grad zu beachten und alles zu unterlassen, was den Erfolg vereiteln könnte. Wird vom Patienten gegen diese Pflicht verstoßen oder hält der Patient wichtige Informationen zurück, so stellt dies einen Grund dar, eine Behandlung zu verweigern oder eine bereits begonnene abzubrechen.[276]

> Vergleiche: X. 5.3 Behandlungsabbruch und Behandlungsverweigerung

---

276   Aigner, Risiko und Recht der Gesundheitsberufe, Kap. C. Abs 4

Teil 3 – Berufsrechte

X. Allgemeine Berufsrechte der Gesundheitsberufe

Im Spannungsfeld zwischen Berufsausübung und Patientenrechten drängt sich die Frage nach den rechtlichen Grundlagen der Berufsausübung von Angehörigen der Gesundheitsberufe auf.

1 Berufsvorbehalte

Gesundheitsberufe nehmen für sich ein ausschließliches Recht in Anspruch, bestimmte Tätigkeiten auszuüben und alle anderen davon auszuschließen. Solche Ansprüche bezeichnet man als **Berufsvorbehalte**. Diese Vorbehalte entfalten zwei Schutzzwecke. Zum Ersten werden alle Personen, vor allem Patienten, davor geschützt, dass sich unqualifiziertes Personal mit dem Wissen und Können eines qualifizierten Berufes „schmückt" und von ihm somit eine Gefahr ausgeht. Zum Zweiten grenzen sich die Berufe gegenüber anderen Berufsgruppen in ihrem Tätigkeitsfeld ab, sodass keine Konkurrenz besteht.

Bei der Betrachtung der Berufsvorbehalte, insbesondere wenn andere Berufsgruppen von der Ausübung ausgeschlossen werden sollen, ist die Grenze der vorbehaltenen Tätigkeiten eng auszulegen. So kann ein Berufsvorbehalt nur dann angenommen werden, wenn
- die Tätigkeit in den Tätigkeitsumfang des Berufs fällt
- diese Tätigkeit eine rationale Methode darstellt[277]
- die Tätigkeit auf einer wissenschaftlichen Grundlage basiert[278]
- die angewandte Methode zumindest grundsätzlich anerkannt ist
- die Tätigkeit unmittelbar am oder für den Menschen ausgeführt wird[279]
- die Methode einen **Kernbereich** des verletzten Berufsvorbehalts, also nicht nur Randbereiche, berührt[280]
- für die faktische Ausübung der (bestimmten) Tätigkeit eine umfassende und wissenschaftlich fundierte Ausbildung erforderlich ist[281]

Im Gegensatz dazu ist die Grenze der erlaubten Tätigkeiten weit auszulegen. So hat der VwGH am Beispiel des ärztlichen Tätigkeitsbereichs treffend fest-

---

277 OGH 4Ob217/04x und 4Ob155/10p
278 VfGH B761/03; VfGH 360/04
279 VwGH 24.02.2005 zu 2002/11/0080
280 VwGH 07.09.1990 zu 89/18/0156
281 VwGH 07.09.1990 zu 89/18/0156 und VwGH 22.06.2010 zu 2007/11/0122 und OGH 4Ob155/10p; VfGH B761/03; VfGH 360/04

gestellt, dass der Gesetzgeber diesen verbal umschrieben und zudem (nur) demonstrativ aufgezählt hat.[282] Zu den aufgezählten Fällen kommen jedenfalls auch solche Tätigkeiten hinzu, die mit diesen vergleichbar sind.[283]

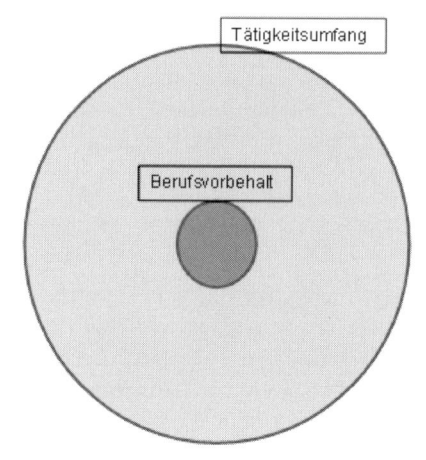

Abb. 3: Verhältnis der Vorbehaltstätigkeit zum Tätigkeitsumfang

Ein gegenseitiges gänzliches Ausschließen von Aufgaben und Kompetenzen ist vom Gesetzgeber in vielen Fällen nicht beabsichtigt. Vielmehr soll eine berufsgruppenübergreifende Regelung die lückenlose und umfassende Betreuung von Patienten garantieren. Somit kommt es nicht zum gegenseitigen Ausschluss, sondern vielmehr zu einer gemeinsamen Zuständigkeit der Berufsgruppen.

Beispiel:
Die Durchführung der Geburt sowie die nachfolgende Betreuung der Wöchnerin und des Neugeborenen sind drei Berufsgruppen übertragen. Neben Ärzten sind Hebammen für die Geburt und Nachbetreuung von Mutter und Kind, für die Pflege des Neugeborenen und der Wöchnerin der gehobene Dienst der Gesundheits- und Krankenpflege sowie die Hebammen zuständig.

---

282 § 2 Abs. 2 ÄrzteG
283 VwGH 14.12.2010, 2008/11/0038 unter Bezug auf VwGH 22.06.2007, 2005/11/0139

Allgemeine Berufsrechte der Gesundheitsberufe

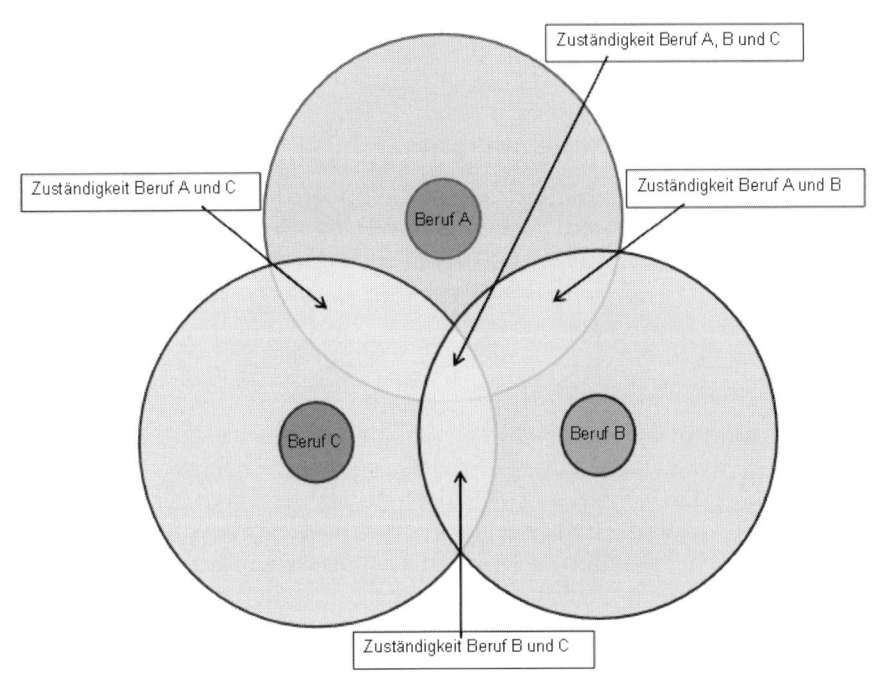

Abb. 4: Übergreifende Kompetenzen

Soll hingegen ein Teil der Kernkompetenz auch von anderen Berufsgruppen ausgeübt werden, so muss zumeist der Gesetzgeber solche übertragen. Daher kann beispielsweise „*eine rechtmäßige Ausübung ärztlicher Tätigkeit durch Nicht-Ärzte [...] durch eine spezielle gesetzliche Ermächtigung [...]*" ermöglicht werden.[284]

2 Fachkenntnis

Alle Gesundheitsberufe sind zur Ausübung ihrer Tätigkeit nach dem Stand der (medizinischen) Wissenschaft verpflichtet. Dennoch brauchen sie nicht Kenntnis über jede nur erdenkliche Methode zu erlangen. Sie brauchen „nur" über das Wissen der tätigkeits- und beschäftigungsspezifischen Versorgungsstandards sowie darüber, dass es mögliche Alternativen gibt, zu verfügen. Jedoch dürfen sie auch nur ihnen bekannte Methoden anwenden und können im Regelfall nicht zu einer alternativen oder untypischen Behandlung verpflichtet werden.[285]

---

284 Schörkl, Das Sanitätergesetz, Kap A
285 Aigner, Risiko und Recht der Gesundheitsberufe, Kap. B. Abs 8

> Vergleiche: III. 1.3 Garantenstellung und V. 4. Haftung als Sachverständiger

3 Registrierung von Gesundheitsberufen

Die Verwaltung der Angehörigen von Gesundheitsberufen war einer ständigen Diskussion unterworfen, insbesondere die Aufrechterhaltung der Tätigkeitsberechtigung durch den Besuch von Fortbildungen. Nunmehr soll eine einheitliche Vorgehensweise diese Probleme lösen und zugleich wichtige Informationen der Allgemeinheit zugänglich machen.

3.1 Register der Berufsvertretungen

In vielen Fällen haben Gesundheitsberufe eine gesetzliche Interessenvertretung, die auch das Führen eines Berufsverzeichnisses übertragen erhalten hat. So führen die Ärztekammer und die Zahnärztekammer derartige Datenbanken und stellen diese Informationen online für Patienten zur Verfügung.[286]

Auch bei den Hebammen wird ein Hebammenregister geführt,[287] welches ebenfalls öffentlich zugänglich ist. Ein ähnliches Register gibt es für die Ausübung der Trainingstherapie[288], für Gesundheitspsychologen[289], für klinische Psychologen,[290] für Psychotherapeuten[291] und für Musiktherapeuten[292].

3.2 Unabhängiges Gesundheitsberuferegister

Für jene Gesundheitsberufe, die bislang nicht in Registern erfasst wurden, wurde ein Gesundheitsberuferegister eingerichtet.[293] In diesem werden zunächst zwei Berufsgruppen erfasst.

a) Erfasste Berufsgruppen

Das Gesundheitsberuferegister[294] umfasst Angehörige der[295]
- Gesundheits- und Krankenpflegeberufe und
- gehobenen medizinisch-technischen Dienste

---

[286] § 27 ÄrzteG, §§ 11 und 12 ZÄG
[287] § 42 HebG
[288] § 32 MABG
[289] § 17 i.V.m. § 31 Psychologengesetz 2013
[290] § 26 i.V.m. § 31 Psychologengesetz 2013
[291] § 17 Psychotherapiegesetz
[292] § 19 MuthG
[293] § 5 GBRegG
[294] Bundesgesetz über die Registrierung von Gesundheitsberufen (Gesundheitsberuferegister-Gesetz – GBRegG)
[295] § 1 Abs 2 GBRegG

b) Registrierung

Soweit die Berufsgruppenangehörigen Mitglieder der Arbeiterkammer sind, ist für die Registrierung die Bundesarbeiterkammer zuständig.[296] Diese wiederum kann die Registrierung an die Länderkammern delegieren.[297] Für alle anderen obliegt die Registrierung der Gesundheit Österreich GmbH.[298] Der Gesundheit Österreich GmbH obliegt zudem die Führung des gesamten Registers.[299]

Zur Registrierung sind folgende Nachweise zu erbringen:[300]
- Identität
- Staatsangehörigkeit
- Hauptwohnsitz bzw. gewöhnlicher Aufenthalt
- Qualifikation entsprechend den berufsrechtlichen Vorschriften
- Vertrauenswürdigkeit durch eine Strafregisterbescheinigung oder einen vergleichbaren Nachweis und eine Disziplinarstrafregisterbescheinigung oder einen vergleichbaren Nachweis, die nicht älter als drei Monate sein dürfen[301]
- gesundheitliche Eignung durch Vorlage eines ärztlichen Zeugnisses, das zum Zeitpunkt des Antrags nicht älter als drei Monate sein darf[302]
- erforderlichenfalls Kenntnisse der deutschen Sprache durch Bestätigungen bzw. Zeugnisse über die Absolvierung von Sprachkursen[303]

Die erstmalige Meldung hat vor Aufnahme der beruflichen Tätigkeit durch Ansuchen mittels Formular zu erfolgen.[304] Eine Übergangsphase gibt es für Berufsgruppenangehörige, die bereits berufsberechtigt sind. Diese haben sich bis zum 31.12.2018 in das Register eintragen zu lassen.[305]

Die Meldung über die Aufnahme einer unselbstständigen Tätigkeit hat gemeinsam mit der sozialversicherungsrechtlichen Anmeldung durch den Arbeitgeber zu erfolgen.[306] Diese Meldung muss laufend erfolgen,[307] Nachregistrierungen bereits aufrechter Dienstverhältnisse haben bis zum 1.1.2018 zu erfolgen.[308]

---

296 § 4 Abs 1 GBRegG
297 § 4 Abs 2 GBRegG
298 § 4 Abs 4 GBRegG
299 § 5 GBRegG
300 § 15 Abs 2 GBRegG
301 i.V.m. § 15 Abs 3 GBRegG
302 i.V.m. § 15 Abs 4 GBRegG
303 i.V.m. § 15 Abs 5 GBRegG
304 § 15 Abs 1 GBRegG
305 § 116b Abs 1 GuKG
306 § 12 GBRegG
307 § 29 GBRegG sieht für den Abschnitt 2, zu dem § 12 und damit die Registrierungspflicht der Arbeitgeber gehört, keine Legisvakanz vor
308 § 27 GBRegG

Berufsgruppenangehörige haben Änderungen ihrer Daten binnen eines Monats schriftlich zu melden.[309]

c) Erfasste Daten

Es werden u.a. folgende Daten eingemeldet[310] und im öffentlich zugänglichen Bereich des Registers veröffentlicht:[311]
- Vor- und Familiennamen, ggf. Geburtsname
- akademische Grade
- Geschlecht
- Art der Berufsausübung (freiberuflich, im Dienstverhältnis)
- Berufssitz
- Berufs- und Ausbildungsbezeichnungen
- Verträge mit Sozialversicherungsträgern und Krankenfürsorgeanstalten
- Ruhen der Registrierung
- Berufsunterbrechung

Hinzu kommen Daten, die ohne öffentliche Bekanntgabe einzumelden sind, wie:
- Geburtsdatum
- Ausbildungsabschluss bzw. Qualifikationsnachweis
- Hauptwohnsitz bzw. gewöhnlicher Aufenthalt
- Dienstgeber und Dienstort
- Bild
- Unterschrift

sowie die auf Wunsch des Berufsangehörigen in den öffentlichen Bereich aufgenommenen Daten:[312]
- Fremdsprachenkenntnisse
- Arbeitsschwerpunkte, Zielgruppen und Spezialisierungen
- absolvierte Aus-, Fort-, Weiter- und Sonderausbildungen bzw. Spezialisierungen
- berufsbezogene Telefonnummer und E-Mail-Adresse

d) Gültigkeit

Die Registrierung ist fünf Jahre gültig. Die Frist beginnt mit dem Datum der erstmaligen Eintragung zu laufen (Stichtag).

---

309 § 17 GBRegG
310 § 5 Abs 2 GBRegG
311 § 5 Abs 4 GBRegG
312 § 5 Abs 3 GBRegG

Die Verlängerung kann drei Monate vor dem Stichtag bis zum Ablauf des dritten darauffolgenden Monats beantragt werden (Toleranzfrist).[313] Ein Versäumen der notwendigen Fortbildungspflicht führt zum Versagen der Registrierung.[314]

Erfolgt keine fristgerechte Verlängerung, ruht die Berufsberechtigung. Vor Ablauf der Toleranzfrist wird der Berufsgruppenangehörige von der Registrierungsbehörde hierüber verständigt.[315] Die Berufsberechtigung lebt bei späterer Verlängerung wieder auf, wobei als neuer Stichtag der Tag der Ausstellung des neuen Berufsausweises gilt.[316]

e) Berufseinstellung, -unterbrechung und Ruhen

Soweit Berufsangehörige ihre Berufsausübung beenden wollen (Berufseinstellung), haben sie dies der Bundesarbeitskammer unter Angabe des Datums der Berufseinstellung mitzuteilen.[317] Eine Berufseinstellung liegt auch dann vor, wenn[318]

- die Gültigkeit der Registrierung drei Jahre nach Ablauf der Toleranzfrist nicht verlängert wurde
- trotz Aufforderung durch die Registrierungsbehörde keine Mitteilung über eine Berufseinstellung erfolgt ist

Die Feststellung der Berufseinstellung durch Verfristung hat durch die Registrierungsbehörde mit Bescheid zu erfolgen.[319] Die Bundesarbeitskammer hat die Eintragung aus dem Gesundheitsberuferegister zu streichen und den Berufsausweis einzuziehen.[320]

Wird die Registrierung nicht rechtzeitig bis zum Stichtag verlängert, so ruht die Berufsberechtigung innerhalb der Toleranzfrist, ohne dass es zu einer Löschung kommt. Auch dies wird im Register vermerkt.[321]

Wird die Berufsberechtigung entzogen, so hat die Bundesarbeitskammer die Person aus dem Gesundheitsberuferegister zu streichen und den Berufsausweis einzuziehen.

---

313 § 18 Abs 1 GBRegG
314 Zu § 19, 690 der Beilagen XXV. GP – Regierungsvorlage – Erläuterungen
315 § 18 Abs 3 GBRegG
316 § 18 Abs 2 GBRegG
317 § 22 Abs 1 GBRegG
318 § 22 Abs 1a GBRegG
319 § 22 Abs 1a letzter Satz GBRegG
320 § 22 GBRegG
321 § 24 GBRegG

f) Berufsausweis

Im Rahmen des Gesundheitsberuferegisters werden auch die Berufsausweise ausgestellt.[322] Berufsausweise für Angehörige der Pflegeberufe, die vor dem 1.1.2018 ausgestellt wurden, behalten bis zur Ausstellung eines neuen Berufsausweises, längstens aber bis 31.3.2019, ihre Gültigkeit.[323]

4 Aus-, Fort- und Weiterbildung

Eine allen Gesundheitsberufen innewohnende Verpflichtung ist jene zur berufsspezifischen, dem Stand der Wissenschaft entsprechenden Aus-, Fort- und Weiterbildung.

4.1 Ausbildung

Unter Ausbildung versteht man das Erlernen der grundlegenden, für die Ausübung des Berufes notwendigen Berufskenntnisse. Erst nach erfolgreicher Absolvierung einer solchen Berufsausbildung dürfen geregelte Berufe ausgeübt werden. Dabei kann es zu einer Gesamtausbildung kommen, wie beispielsweise in der Gesundheits- und Krankenpflege, oder zu einer zweigeteilten Ausbildung, wie beispielsweise bei den Ärzten, die zunächst das Medizinstudium abschließen und sodann die Turnusausbildung erfolgreich absolvieren müssen.

4.2 Sonderausbildungen

Einige Berufsrechte sehen Sonderausbildungen vor. Diese berechtigen zur Ausübung bestimmter höherqualifizierter und erweiterter Tätigkeiten.

4.3 Weiterbildung

Unter Weiterbildung versteht man eine vertiefende Schulung, die auf bereits erlernten Tätigkeiten aufbaut. Durch Absolvieren der Weiterbildung werden Wissen und Fähigkeiten erlangt, die zur Erweiterung der in der (Grund-)Ausbildung erworbenen Kenntnisse und Fertigkeiten führen. Im Gegensatz zur Sonderausbildung wird jedoch kein weiteres Berufsfeld eröffnet.[324]

---

322   § 19 Abs 1 GBRegG
323   § 116b Abs 2 GuKG
324   Vgl. § 64 GuKG

4.4 Fortbildung

Die Fortbildung zielt darauf ab, den Wissensstand der Ausbildung aufzufrischen und auf dem Stand der Wissenschaft zu halten bzw. zu heben.

Allgemein regeln das ABGB und das StGB die Verpflichtung zur selbstständigen Fortbildung, dazu kommen spezielle berufsrechtliche Verpflichtungen.[325] Ein Vernachlässigen der umfassenden Fortbildungspflicht stellt zudem einen Verstoß gegen die Prinzipien der Berufsausübung dar.

Die Verpflichtung, sich durch ständige Fort- und Weiterbildung Kenntnis über den jeweils aktuellen Stand der Wissenschaft zu verschaffen, schließt es aus, sich auf lokale Übung oder subjektive Überzeugung der an einer Einrichtung tätigen Mitarbeiter zu beschränken.[326] Vielmehr besteht zur ordnungsgemäßen Berufsausübung eine Verpflichtung zur Fortbildung über den Stand der Wissenschaft,[327] somit über all jene Kenntnisse, die im eigenen Tätigkeitsfeld für eine Versorgung nach den Regeln der Kunst notwendig sind.

> Vergleiche: III. 1.3 Garantenstellung und V. 4. Haftung als Sachverständiger

a) Verpflichtende Fortbildung

Viele Gesundheitsberufegesetze sehen ein Mindestmaß an Fortbildungsstunden vor, die innerhalb eines bestimmten Zeitraums zu absolvieren sind. Dabei ist zu berücksichtigen, dass die Absolvierung dieser Mindeststunden ausschließlich dem Erhalt der Berufsberechtigung dienen und zumeist nicht ausreichen, um die Berufsausübung nach den Regeln der Kunst zu gewährleisten.

b) Anerkannte Fortbildungen

Sonderregelungen bestehen für Ärzte und Zahnärzte. Diese sind verpflichtet, sich im Rahmen von von ihren Kammern anerkannten Fortbildungsprogrammen laufend fortzubilden.[328]

---

325 §§ 2, 6 StGB und § 1299 ABGB)
326 OGH 25.05.1999, 1 Ob 91/99k; Aigner, Risiko und Recht der Gesundheitsberufe, Kap B. Abs 8
327 Vgl. § 49 Abs 1 Satz 2 ÄrzteG, §§ 17 und 74 Abs 1 ZÄG, § 5 Abs 2 Kardiotechnikergesetz, § 57a MTF-SHD-G, § 13 Abs 2 MABG, § 11 MTD-Gesetz, § 14 Abs 1 Psychotherapiegesetz, § 27 Abs 1 MuthG, § 4 Abs 1 und 2 SanG, § 2 Abs 2 MMHmG, §§ 4 Abs 1 und 2, 104c Abs 1 Z 1 GuKG; § 32 Abs 1 Psychologengesetz 2013
328 § 49 Abs 1 Satz 2 ÄrzteG; § 17 Abs 1 ZÄG

c) Freie Fortbildung

Fortbildungen muss man nicht zwingend in einer Fortbildungseinrichtung absolvieren. Soweit Fortbildungen zur Aufrechterhaltung der Kenntnisse und Fähigkeiten und nicht zum Beleg der Fortbildungspflicht besucht werden, müssen sie auch nicht mittels Zeugnis nachgewiesen werden können. Es sollte jedoch zumindest aus persönlichen Aufzeichnungen hervorgehen, in welchem Umfang man seiner Fortbildungspflicht nachgekommen ist.

5 Vertragsfreiheit

Das wichtigste Recht der selbstständig tätigen Gesundheitsberufe ist jenes, einen Vertrag mit einem Patienten einzugehen oder abzulehnen.

> 📖 Vergleiche: IX. Behandlungsvertrag

5.1 Behandlungspflicht

Für viele Gesundheitsberufe[329] besteht eine gesetzliche Behandlungspflicht für den Notfall.[330] Ist die Gefahrenabwehr erfolgt und eine Weiterversorgung durch Dritte möglich, kann eine weiterführende Behandlung verweigert werden. Nur in Ausnahmefällen ist eine solche zu übernehmen.

Des Weiteren sind Gesundheitsberufe mit Kassenvertrag durch diesen verpflichtet, alle Versicherten der Vertragskasse in die Behandlung zu übernehmen.

5.2 Diskriminierungsverbot

Die Angehörigen von Gesundheitsberufen sind verpflichtet, jeden in ihre Betreuung übernommenen Gesunden und Kranken ohne Unterschied der Person, des Geschlechts, der Religion usw. gewissenhaft zu betreuen.[331]

5.3 Behandlungsabbruch und Behandlungsverweigerung

Gesundheitsberufe haben ein Recht auf Abbruch der Behandlung. Im Rahmen der Vertragsfreiheit kann ein Betreuungsverhältnis daher auch einseitig gekündigt werden. Ausnahmen bestehen bei Kassenverträgen.

---

329 Ärzte, Hebammen
330 § 48 ÄrzteG; § 6 Abs 2 HebG
331 § 49 Abs 1 ÄrzteG; § 16 ZÄG; § 6 Abs 1 HebG, § 4 Abs 1 SanG, § 11 MTD-Gesetz, § 2 Abs 1 MMHmG, § 4 Abs 1 GuKG; § 5 Kardiotechnikergesetz; § 13 MABG, § 74 ZÄG

Ein Abbruch der Behandlung darf jedoch nicht zur Unzeit erfolgen.[332] Wird ein Rücktritt von der Behandlung erwogen, so hat der Angehörige des Gesundheitsberufs dies dem betroffenen Patienten rechtzeitig mitzuteilen. Dieser muss die Möglichkeit haben, sich um eine alternative Versorgung zu kümmern, ohne dass die Therapie bzw. Versorgung unterbrochen und die Gesundheit gefährdet oder die Genesung verzögert wird.

> Vergleiche: IX. 3. Beendigung des Vertrags

5.4 Rechnungslegungspflicht

Im Rahmen der Aufklärung über die Kosten ist sicherzustellen, dass die den Patienten in Rechnung gestellten Kosten nach objektiven, nichtdiskriminierenden Kriterien berechnet werden und dass die Patienten darüber informiert werden, welche Kosten von der Sozialversicherung voraussichtlich übernommen werden.[333] Teilweise ist sogar ein Heil- und Kostenplan vorzulegen.[334]

Nach erbrachter Leistung ist, sofern die Leistung nicht direkt mit einem inländischen Träger der Sozialversicherung verrechnet wird, eine klare Rechnung über die erbrachten Leistungen auszustellen, die den Anforderungen für eine steuerliche Geltendmachung und Erstattung genügt.

5.5 Berufshaftpflichtversicherung

Gesundheitsberufe, die ihren Beruf freiberuflich ausüben, haben eine Berufshaftpflichtversicherung bei einem zum Geschäftsbetrieb in Österreich berechtigten Versicherer abzuschließen.[335] Oftmals sind bestimmte Mindestversicherungssummen vorgeschrieben.[336] Allen Berufsgruppen, denen keine solche Berufshaftpflichtversicherung gesetzlich vorgeschrieben ist, muss hier der Abschluss dringend angeraten werden.

Dort, wo noch keine Berufshaftpflichtversicherung vorgeschrieben ist, muss der Patient oftmals über den (eventuell nicht vorhandenen) Versicherungsschutz aufgeklärt werden.[337]

---

332 Vgl § 50 Abs 1 ÄrzteG, § 38 ZÄG, § 32 Abs 5 Psychologengesetz 2013, § 14 Abs 6 Psychotherapiegesetz, § 27 Abs 5 MuthG
333 § 51 Abs 1a ÄrzteG, § 18 Abs 2 ZÄG, § 9a Abs 2 und 3 HebG, § 7b Abs 3 MTD-Gesetz, § 32 Abs 6 Psychologengesetz 2013, § 14 Abs 4a Psychotherapiegesetz, § 29 Abs 1 MuthG, § 33 Abs 2 MMHmG, § 36 Abs 4 GuKG
334 § 18 Abs 3 ZÄG
335 § 52d Abs 1 ÄrzteG; 26c Abs 1 ZÄG; § 4a Apothekengesetz, § 39 Psychologengesetz 2013, § 16b Psychotherapiegesetz, § 34 MuthG
336 § 52d Abs 2 ÄrzteG; 26c Abs 2 ZÄG; § 4a Apothekengesetz, § 39 Abs 2 Z 1 Psychologengesetz 2013, § 16b Abs 2 Psychotherapiegesetz, § 34 Abs 2 MuthG
337 § 7b Abs 2 MTD-Gesetz, § 33 Abs 2 Z 3 MMHmG, § 36 Abs 5 Z 4 GuKG

5.6 Werbebeschränkung

Selbstständig tätige Gesundheitsberufe dürfen für ihre freiberufliche Tätigkeit nur im Rahmen einer sachlichen Darstellung und mit im Einklang mit dem Ansehen der Berufsgruppe stehenden Informationen werben.[338] Jede mit dem beruflichen Ansehen unverträgliche, insbesondere vergleichende, diskriminierende oder unsachliche Werbung oder Anpreisung von Leistungen ist verboten.

5.7 Provisionsverbot

Selbstständig tätige Gesundheitsberufe dürfen keine Vergütungen für die Zuweisung von Patienten (an oder durch sie) sich oder einem anderen versprechen, geben, nehmen oder zusichern lassen.[339] Rechtsgeschäfte, die gegen dieses Verbot verstoßen, sind nichtig. Leistungen aus solchen Rechtsgeschäften können zurückgefordert werden.

6 Hilfeleistungspflicht

Eine allgemeine Hilfeleistungspflicht, die auch jeden Angehörigen eines Gesundheitsberufs trifft, ist für den Fall von *„Unglücksfällen oder einer Gemeingefahr"* gesetzlich verankert. Jedermann hat alle notwendigen Maßnahmen zu ergreifen, die zur Rettung eines Menschen und der Abwehr *„des Todes oder einer beträchtlichen Körperverletzung oder Gesundheitsschädigung offensichtlich erforderlich"* sind.[340]

> Vergleiche: III. 3.1 b) Imstichlassen eines Verletzten

7 Diagnose

Um überhaupt eine Behandlung durchführen zu können, bedarf es zweifelsfrei der Erkennung des Krankheitsgeschehens. Es ist daher für jeden eigenverantwortlichen Gesundheitsberuf von essenzieller Bedeutung und untrennbar mit seinem Tätigkeitsfeld verbunden, vor der Durchführung einer Behandlung eine entsprechende Diagnose zu stellen. Es gilt der Grundsatz: „Ohne Diagnose keine Therapie".

Schon aus der Begriffsdefinition der Diagnose lässt sich leicht erkennen, dass ein ärztlicher Vorbehalt zur alleinigen Diagnosestellung geradezu denkun-

---

338 § 53 ÄrzteG, § 35 ZÄG, § 20 HebG, § 7b Abs 1 MTD-Gesetz; § 1 Abs 6 ABO 2005, § 38 Psychologengesetz 2013, § 16 Abs 1 Psychotherapiegesetz, § 33 Abs 1 MuthG, § 32 Abs 1 MMHmG, § 38 GuKG

339 § 53 ÄrzteG; § 35 ZÄG; § 38 Psychologengesetz 2013, § 16 Abs 3 Psychotherapiegesetz, § 33 Abs 2 MuthG, § 32 Abs 2 MMHmG

340 § 95 Abs 1 StGB; Hauptmann, Jerabek, Wiener Kommentar zum StGB – § 95, RZ 2

möglich ist. Als Diagnose wird „*die nosologisch-systematische Benennung eines Krankheitsbildes*" bezeichnet.[341] Die Diagnose ist „*die bewertende Zusammenfassung der Erkenntnisse über die Symptome einer Krankheit und die systematische Benennung der Erkrankung*".[342] Nur unter völliger Außerachtlassung der berufsrechtlichen Pflichten der Gesundheitsberufe könnte daher ein Verbot der Diagnosestellung für diese argumentiert werden.

8 Dokumentationspflicht

Gesundheitsberufe haben die Pflicht zur Dokumentation. Diese Pflicht ist in den Berufsgesetzen[343] verankert und kann zudem aus dem Behandlungsvertrag hergeleitet werden.[344]

Jeder Angehörige eines Gesundheitsberufs, soweit er eigenverantwortlich und selbstständig tätig wird, ist verpflichtet, die Dokumentation selbstständig zu führen[345] und seine Mitarbeiter zur Eintragung in diese zu verpflichten. Wird ein Angehöriger eines Gesundheitsberufes hingegen unselbstständig tätig, so hat der Arbeitgeber bzw. die Leitung der Gesundheitseinrichtung die Grundlage für eine ausreichende Dokumentation zu schaffen. Dabei trifft die Berufsgruppenangehörigen die Pflicht, die Aufzeichnungen entsprechend zu führen und Eintragungen in die Dokumentationsmedien vorzunehmen.

8.1 Datenverwaltung

Gesundheitsberufe sind teilweise berufsrechtlich zur automatisationsunterstützten Ermittlung und Verarbeitung personenbezogener Daten ermächtigt.[346] Aufgrund der fortschreitenden Technologie ist bei zeitgemäßer Auslegung der Berufsgesetze von einer alle Berufsgruppen umfassenden Berechtigung auszugehen.

Die zur selbstständigen Berufsausübung ermächtigten Gesundheitsberufe sind zur Übermittlung der Daten an die Sozialversicherungsträger und Krankenfürsorgeanstalten berechtigt. Des Weiteren dürfen sie an andere Gesundheitsberufe oder medizinische Einrichtungen, in deren Behandlung der

---

341 Roche Lexikon Medizin, Onlineausgabe, zum Begriff Diagnose, https://www.tk.de/rochelexikon/, 17.12.2015
342 DocCheck, Felxikon, http://flexikon.doccheck.com/de/Diagnose, 17.12.2015
343 § 51 Abs 1 ÄrzteG, § 19 ZÄG, § 2 Abs 2 Z 12 und § 9 HebG, § 11a MTD-Gesetz, § 7 Kardiotechnikergesetz, § 13 Abs 3 MABG, § 35 Psychologengesetz 2013, § 16a Psychotherapiegesetz, § 30 MuthG, § 5 Abs 1 SanG, § 3 MMHmG, § 5 Abs 1 GuKG
344 OGH 1Ob550/84; 1Ob532/94; 1Ob2020/96g; 2Ob235/97s; 3Ob2121/96z; 8Ob134/01s; 8Ob127/02p; 9Ob116/03d; 1Ob139/04d; 6Ob37/06v; 10Ob19/06a; 7Ob235/11a
345 Vgl. OGH 12.08.2004, 1 Ob 139/04d
346 § 49 Abs 2 ÄrzteG; § 21 Abs 4 ZÄG, § 35 Psychologengesetz 2013, § 2 Abs 2 MMHmG

Kranke steht, die Daten übermitteln, soweit der Patient dies nicht ausgeschlossen hat.

> 📖 Vergleiche: X. 10. Datenschutz

Behandlungsunterlagen unterliegen oftmals einer gesetzlichen Aufbewahrungsfrist. Die Aufzeichnungen sowie die sonstigen der Dokumentation dienlichen Unterlagen sind zumeist mindestens zehn Jahre aufzubewahren.[347]

8.2 Einsichtnahme

Die Angehörigen der Gesundheitsberufe sind verpflichtet, dem Patienten jederzeit Einsicht in die Dokumentation zu gewähren und gegen Kostenersatz die Herstellung von Abschriften zu ermöglichen.[348] Der Patient hat neben dem Recht auf Einsicht natürlich auch ein Anrecht auf Richtigstellung unrichtiger und Löschung unzulässigerweise verarbeiteter Daten.[349]

8.3 Auskunftspflicht

Schon aus dem Behandlungsvertrag lässt sich eine allgemeine Auskunftspflicht ableiten. Zudem verpflichten die Berufsgesetze oftmals zu einer solchen.[350]

Mit dieser Auskunftspflicht geht auch das Recht des Patienten einher, über den Inhalt bzw. die Bedeutung des Inhalts von einem dazu ermächtigten und berechtigten Gesundheitsberuf informiert zu werden und eine weiterführende Erklärung zu verlangen.

9 Verschwiegenheitspflicht

Gesundheitsberufe und deren Hilfspersonen sind zur Verschwiegenheit über alle ihnen in Ausübung ihres Berufes anvertrauten oder bekannt gewordenen Geheimnisse verpflichtet.[351]

---

347 § 51 Abs 3 ÄrzteG, § 19 Abs 3 ZÄG, § 9 HebG, § 11a Abs 3 MTD-Gesetz, § 35 Abs 3 Psychologengesetz 2013, § 16a Abs 3 Psychotherapiegesetz, § 30 Abs 4 MuthG, § 5 Abs 3 SanG, § 3 Abs 3 MMHmG, § 5 Abs 4 GuKG
348 § 51 Abs 1 letzter Satz ÄrzteG; § 19 Abs 2 ZÄG; § 9 Abs 2 HebG, § 3 MMHmG
349 § 20 ZÄG
350 § 51 Abs 1 ÄrzteG, § 20 ZÄG, § 11b MTD-Gesetz, § 13 Abs 4 MABG, § 36 Psychologengesetz 2013; §§ 14 Abs 4 i.V.m. 16a Abs 2 Psychotherapiegesetz, §§ 30 Abs 2 und 31 MuthG, §§ 5 Abs 2 und 7 SanG, §§ 5 Abs 3 und 9 GuKG
351 § 54 ÄrzteG, §§ 21 und 75 Abs 2 ZÄG, § 7 Abs 1 HebG, § 11c MTD-Gesetz, § 8 Kardiotechnikergesetz, § 13 Abs 6 MABG; § 19 ABO 2005, § 37 Psychologengesetz 2013, § 15 Psychotherapiegesetz, § 32 MuthG, § 6 SanG, § 4 MMHmG, § 6 Abs 1 GuKG

Höchstpersönliche, sensible Daten eines Patienten werden daher durch die Verschwiegenheitspflicht sowohl strafrechtlich als auch berufsrechtlich geschützt.

Die Verschwiegenheitspflicht besteht nicht, wenn[352]
- nach gesetzlichen Vorschriften eine Meldung vorgeschrieben ist
- dies für Mitteilungen oder Befunde an die Sozialversicherungsträger und Krankenfürsorgeanstalten oder sonstigen Kostenträger notwendig ist, soweit diese für die Wahrnehmung der übertragenen Aufgaben eine wesentliche Voraussetzung bilden
- die durch die Offenbarung des Geheimnisses betroffene Person den Geheimnisträger von der Geheimhaltung entbunden hat
- die Offenbarung des Geheimnisses nach Art und Inhalt zum Schutz höherwertiger Interessen der öffentlichen Gesundheitspflege oder der Rechtspflege unbedingt erforderlich ist
- die Offenbarung des Geheimnisses für die nationale Sicherheit, die öffentliche Ruhe und Ordnung, das wirtschaftliche Wohl des Landes, die Verteidigung der Ordnung und zur Verhinderung von strafbaren Handlungen, zum Schutz der Gesundheit und der Moral oder zum Schutz der Rechte und Freiheiten anderer notwendig ist

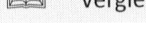

📖 Vergleiche: III. 3.5 Verletzung von Berufsgeheimnissen

10 Datenschutz

Jeder Mensch hat ein Anrecht darauf, dass seine personenbezogenen Daten nicht weitergegeben werden.[353] So besteht auch für Gesundheitsberufe, die zur Dokumentation verpflichtet sind und somit sensible Daten sammeln, die Verpflichtung, diese Daten zu schützen.

Hiezu bestehen für ELGA-Gesundheitsdiensteanbieter Ausnahmen. Für diese besteht keine datenschutzrechtliche Meldepflicht.[354] Solche Datenverarbeitungen erfüllen zudem die Voraussetzungen[355] für einen Entfall der Datenschutz-Folgenabschätzung, sodass insbesondere weder die ELGA-Systempart-

---

352 § 54 Abs 1 bis 3 ÄrzteG, § 21 Abs 2 und 3 ZÄG, § 7 Abs 2 HebG, § 11c Abs 2 MTD-Gesetz, § 13 Abs 6 MABG, § 6 Abs 2 GuKG
353 § 1 Abs 1 DSG 2000
354 § 14 Abs 5 Gesundheitstelematikgesetz 2012 i.V.m. entsprechend Art. 18 Abs. 2 1. Anstrich der Richtlinie 95/46/EG zum Schutz natürlicher Personen bei der Verarbeitung personenbezogener Daten und zum freien Datenverkehr, ABl. Nr. L 281 vom 23.11.1995 S. 31
355 Art. 35 Abs. 10 der Verordnung (EU) 2016/679 zum Schutz natürlicher Personen bei der Verarbeitung personenbezogener Daten, zum freien Datenverkehr und zur Aufhebung der Richtlinie 95/46/EG (Datenschutz-Grundverordnung), ABl. Nr. L 119 vom 04.05.2016 S. 1

ner noch die ELGA-Gesundheitsdiensteanbieter eine Datenschutz-Folgenabschätzung durchführen müssen.[356]

Einer eigenen Meldung bedarf aber auch die weitere Verarbeitung und Verwaltung von Gesundheitsdaten nicht. Aufgrund einer Verordnung sind bestimmte für den Gesundheitsbereich wichtige Anwendungen nicht gem. Datenschutzgesetz meldepflichtig:
- Patienten-/Klientenverwaltungen und Honorarabrechnungen von Gesundheitsdiensteanbietern[357]
- Verrechnungen von ärztlichen Verschreibungen für Rechnungen begünstigter Bezieher durch Apotheken[358]
- Verrechnungen ärztlich verordneter Heilbehelfe und Hilfsmittel durch Gewerbetreibende[359]
- Verrechnungen ärztlich verordneter Behandlungen und diagnostischer Leistungen durch freiberuflich tätige Angehörige der medizinisch-technischen Dienste, klinische Psychologen und Psychotherapeuten[360]

📖 Vergleiche: X. 8. Dokumentationspflicht

11 Anzeigepflicht

Viele Gesundheitsberufe sind verpflichtet, im Falle von strafrechtlich relevanten Vorkommnissen Anzeige an die Staatsanwaltschaft oder die Sicherheitsbehörde zu erstatten.

Die meisten Anzeigepflichten betreffen den Verdacht, dass durch eine gerichtlich strafbare Handlung der **Tod** oder eine **schwere Körperverletzung** herbeigeführt wurde. Ergibt sich der Verdacht **in Ausübung des Berufes**, so ist ein solcher Fall **unverzüglich den Sicherheitsbehörden anzuzeigen**.[361] **Teilweise sind dabei auch die Opferschutzeinrichtungen zu informieren**.[362]

Weiters trifft die Anzeigepflicht Fälle, in denen der Verdacht besteht, dass eine volljährige Person, soweit sie ihre Interessen nicht selbst wahrnehmen kann, oder ein **Minderjähriger misshandelt, gequält, vernachlässigt oder sexuell missbraucht** wurde.[363]

---

356 § 14 Abs 6 Gesundheitstelematikgesetz 2012
357 Anlage 1 SA 024 StMV 2004
358 Anlage 1 SA 026 StMV 2004
359 Anlage 1 SA 027 StMV 2004
360 Anlage 1 SA 028 StMV 2004
361 § 54 Abs 4 ÄrzteG, § 6 GuKG, § 35 Abs 2 MMHmG
362 § 35 Abs 4 MMHmG
363 § 54 Abs 5 ÄrzteG, § 35 Abs 3 MMHmG, § 35 Abs 4 MMHmG

Ausnahmen von der Anzeigepflicht bestehen teilweise, wenn der Verdacht gegen einen nahen Angehörigen gerichtet ist[364] oder im Bereich der Pflege die Tätigkeit eines **persönlichen Vertrauensverhältnisses** bedarf und dieses durch die Anzeige gefährdet wäre. In solchen Fällen **kann** die Anzeige nur dann unterbleiben, wenn es das Wohl eines **Minderjährigen** erfordert und eine **Zusammenarbeit mit dem Kinder- und Jugendhilfeträger** und ggf. eine Einbeziehung einer Kinderschutzeinrichtung erfolgt bzw. in bestimmten Fällen die betroffene Person über bestehende anerkannte Opferschutzeinrichtungen informiert wurde.[365]

Bei Hebammen fällt auch der Verdacht der **Unterschiebung eines Kindes**[366] oder einer **Aussetzung**[367] unter die Anzeigepflicht.[368]

In den Fällen eines Verdachts sind Aufzeichnungen über die den Verdacht begründenden Wahrnehmungen zu führen.[369]

Missverständlich ist oft der Schutzzweck dieser Bestimmungen. Damit soll nicht, wie zumeist angenommen, das Opfer geschützt, sondern die Strafverfolgung gesichert werden. Daher handelt es sich bei diesen Normen nicht um „Kann-", sondern um „Muss-Bestimmungen". Die Anzeige hat bei Vorliegen der Voraussetzungen, auch wenn das Patientenwohl davon negativ berührt wäre, im Sinne der Strafrechtspflege, aber auch zur Ermöglichung eines sicherheitsbehördlichen Opferschutzes zu erfolgen.

> Vergleiche: III. 3.7 Unterlassung der Verhinderung einer mit Strafe bedrohten Handlung und X. 12. Meldepflicht

12 Meldepflicht

Die Meldepflicht besteht *zusätzlich* zur Anzeigepflicht. In Fällen einer Vermutung (also wenn weniger als ein Verdacht vorliegt) einer vorsätzlich begangenen schweren Körperverletzung besteht eine Hinweispflicht auf Opferschutzeinrichtungen.[370] In Fällen der Vermutung, dass ein **Minderjähriger** misshandelt, gequält, vernachlässigt oder sexuell missbraucht worden ist, ist unverzüglich und nachweislich eine Meldung an den zuständigen Kinder- und Jugendhilfeträger zu erstatten.[371]

---

364 § 166 StGB
365 § 7 Abs 2 GuKG, § 35 Abs 4 MMHmG
366 § 200 StGB
367 § 82 StGB
368 § 6 Abs 5 HebG
369 Vgl. § 35 Abs 5 MMHmG
370 § 54 Abs 6 ÄrzteG, § 8 Abs 1 GuKG
371 § 54 Abs 6 ÄrzteG, § 8 Abs 2 GuKG

Teil 3 – Berufsrechte

> 📖 Vergleiche: III. 3.7 Unterlassung der Verhinderung einer mit Strafe bedrohten Handlung und X. 11. Anzeigepflicht

Eine neue Meldepflicht wurde mit dem Ästhetikoperationsgesetz eingeführt. Bei Verdacht, dass eine fehlerhaft durchgeführte ästhetische Behandlung oder Operation zu einer Erkrankung oder sonstigen Komplikation geführt hat, haben (nachbehandelnde) Ärzte die entsprechenden Informationen an den gesetzlichen Krankenversicherungsträger, die Krankenfürsorgeanstalt oder den gesetzlichen Pensionsversicherungsträger zu übermitteln, sofern es sich bei der Nachbehandlung um eine an sich sozialversicherungsrechtlich erstattungsfähige Leistung handelt.[372]

Eine weitere Meldepflicht greift für alle selbstständigen Gesundheitsberufe[373] bei
- Auftreten von vermuteten Nebenwirkungen
- Ausbleiben der erwarteten Wirksamkeit
- nicht ausreichenden Wartezeiten

von Arzneimitteln, die aufgrund der beruflichen Tätigkeit bekannt geworden sind. Sie haben unverzüglich eine Meldung an das Bundesamt für Sicherheit im Gesundheitswesen zu erstatten.[374]

> 📖 Vergleiche: XIX. 6. Pharmakovigilanz

Im Fall von Zwischenfällen mit Medizinprodukten, die im Rahmen der beruflichen Tätigkeit[375] bekannt wurden, sind die relevanten Informationen, Beobachtungen und Daten, unverzüglich dem Bundesamt für Sicherheit im Gesundheitswesen zu melden.[376] In Krankenanstalten, außer bei sonstiger Gefahr im Verzug, hat die Meldung im Wege des ärztlichen Leiters zu erfolgen.[377]

> 📖 Vergleiche: XXI. Medizinproduktegesetz

13 Delegationsrecht

In einer arbeitsteiligen Gesellschaft kann ein Einzelner nicht alle Leistungen erbringen. Dies wäre schon aus finanziellen, aber auch aus zeitlichen Gründen

---

372 § 10 ÄsthOpG
373 Dies gilt für Ärzte, Zahnärzte, Dentisten, Hebammen
374 § 75g Abs 1 AMG
375 Dies gilt für Ärzte, Zahnärzte, Dentisten, zahnärztliche Assistenzberufe, Hebammen
376 §70 Abs 1 MPG
377 §70 Abs 2 MPG

nicht möglich. Auch würde es das System der Gesundheitsberufe überfordern, müssten diese alle Leistungen selbst erbringen. Daher wurden vom Gesetzgeber Möglichkeiten vorgesehen, Aufgaben an Dritte zu delegieren.

13.1 Delegation an Gesundheitsberufe

Überträgt ein Gesundheitsberuf eine Aufgabe, so trägt er weiter die Verantwortung für die Anordnung, jedoch entfällt die Aufsicht, sofern er sich eines Berufes bedient, der zur eigenverantwortlichen Berufsausübung berechtigt und sofern nicht eine gesonderte Aufsichtspflicht gesetzlich angeordnet ist.[378] Ansonsten trägt er eine Aufsichtsverantwortung, die Durchführungsverantwortung geht auf den delegationsempfangenden Gesundheitsberuf über.

Es ist daher eine klare **Grenze** der Delegationsbefugnis erkennbar. Diese liegt bei der Delegation an Gesundheitsberufe dort, wo die delegierte Tätigkeit **nicht vom Berufsrecht umfasst** ist. Die Kenntnis dieser Grenze ist dem Kernbereich des facheinschlägigen Berufsrechts zuzurechnen, eine allfällige Unkenntnis stellt keinen Entschuldigungsgrund dar.[379]

> Vergleiche: X. 1. Berufsvorbehalte und XI. 2. Gesundheits- und Krankenpflegeberufe

13.2 Delegation an Nicht-Gesundheitsberufe

Streng genommen sind alle Nicht-Gesundheitsberufe Laien. Allerdings gibt es Berufsgruppen, wie z.B. manche Sozialbetreuungsberufe, die zwar kein gesetzlich geregelter Gesundheitsberuf sind, aber von ihrer Art der Tätigkeit und/oder ihrem Ausbildungsumfang der Tätigkeit von Gesundheitsberufen nahe kommen. Soweit die Berufsgruppenangehörigen über eine (gesonderte) Ausbildung zu einem Gesundheitsberuf verfügen, so darf diese Tätigkeit nicht einfach ruhen (auch wenn sie vorrangig eine andere ausüben), sondern fallen diese Personen immer unter die Delegation an Gesundheitsberufe.

> Vergleiche: X. 1. Berufsvorbehalte, X. 13.1 Delegation an Gesundheitsberufe und XI. 2. Gesundheits- und Krankenpflegeberufe

Bei einer Übertragung an Nicht-Gesundheitsberufe liegt die Grenze dort, wo der Gesetzgeber bestimmte Kompetenzen ausschließlich durch dazu ermächtigte Berufsgruppen ausüben lassen will.[380]

---

378 Schwamberger, Organisationsverantwortung und Schnittstellenmanagement, Kap. B.2. Abs 1f
379 VwGH 9.9.2014, 2014/09/0049
380 VwGH 9.9.2014, 2014/09/0049

So ist es Ärzten[381] möglich, bestimmte Aufgaben an **Sozialbetreuungsberufe** sowie an **Personenbetreuer** zu übertragen. Die zur Übertragung zulässigen Tätigkeiten sind:[382]
- die Verabreichung von Arzneimitteln
- das Anlegen von Bandagen und Verbänden
- die Verabreichung von subkutanen Insulininjektionen und subkutanen Injektionen von blutgerinnungshemmenden Arzneimitteln
- die Blutentnahme aus der Kapillare zur Bestimmung des Blutzuckerspiegels mittels Teststreifens
- einfache Wärme- und Lichtanwendungen
- weitere einzelne ärztliche Tätigkeiten, sofern diese den genannten Tätigkeiten vergleichbare Schwierigkeitsgrade sowie vergleichbare Anforderungen an die erforderliche Sorgfalt aufweisen

Auch für den gehobenen Dienst ist es zulässig, bestimmte Aufgaben an **Sozialbetreuungsberufe** im Umfang der diesen Berufsgruppenangehörigen zukommenden Kompetenzen der Basisversorgung zu übertragen.

> Vergleiche: XII. Allgemeine und besondere Berufsrechte der Sozialbetreuungsberufe und XIV. 3.2 Personenbetreuer

An (alle anderen) Laien können nur solche Tätigkeiten übertragen werden, für die kein spezielles Fachwissen notwendig ist, insbesondere dann, wenn die betreffende Tätigkeit ein erhöhtes Risiko in sich birgt,[383] Von der Delegationskompetenz können daher nur Tätigkeiten erfasst sein, die nicht im Kernbereich der Gesundheitsberufe liegen.

Soweit es ärztliche Tätigkeiten betrifft, können diese durch Ärzte an Dritte delegiert werden.[384] Dieser Personenkreis wird jedoch eingeschränkt auf **Angehörige** des Patienten, Personen, in deren **Obhut** der Patient steht (also Pflegeeltern u. dgl.), oder Personen, die zum Patienten in einem örtlichen und persönlichen **Naheverhältnis** stehen (wie Lebensgefährten). Zudem ist es dem gehobenen Dienst im Rahmen des Entlassungsmanagements möglich, eine Delegation an (solche) Laien vorzunehmen.

Eine immer größere Bedeutung gewinnt der Bereich der **persönlichen Assistenz**. Auch diesen können einzelne medizinisch-pflegerische Tätigkeiten übertragen werden, soweit dies aufgrund des Zustandsbildes der betreuten Person notwendig ist. Hier ist vor allem die Hilfestellung für einen Betroffe-

---

381 § 50b ÄrzteG
382 § 50b Abs 2 ÄrzteG
383 Hausreither, Lust, Abgrenzungen von Laientätigkeiten und Vorbehaltstätigkeiten der Pflege und Medizin, ÖZPR 2011/60, Seite 71 Abs 1 und Seite 72 Abs 2
384 § 50a ÄrzteG

nen zulässig, der bei der Selbstanwendung aufgrund eines motorischen Defizits Hilfe benötigt.[385]

> Vergleiche: XIV. 5. Persönliche Assistenz

Personen, die keine Angehörigen von Gesundheitsberufen oder Sozialbetreuungsberufen sind[386] und in **multiprofessionellen Teams von Behindertenbetreuungseinrichtungen** tätig werden, können, soweit diese Tätigkeiten nicht überwiegend ausgeübt werden, ebenfalls Tätigkeiten der Basisversorgung durchführen. Dazu müssen sie jedoch durch den gehobenen Dienst schriftlich angewiesen werden.[387]

An Betreuungskräfte im Sinne der **Hausbetreuung** sowie an **Personenbetreuer** ist eine Delegation so weit zulässig, als diese Tätigkeiten aus medizinischer Sicht notwendig sind.[388] Insbesondere nennt das GuKG folgende Tätigkeiten, die übertragen werden dürfen:[389]

- die Unterstützung bei der oralen Nahrungs- und Flüssigkeitsaufnahme sowie bei der Arzneimittelaufnahme
- die Unterstützung bei der Körperpflege
- die Unterstützung beim An- und Auskleiden
- die Unterstützung bei der Benützung von Toilette oder Leibstuhl einschließlich Hilfestellung beim Wechsel von Inkontinenzprodukten
- die Unterstützung beim Aufstehen, Niederlegen, Niedersetzen und Gehen

> Vergleiche: XIV. 3.2 Personenbetreuer und XIV. 4. Hausbetreuung

14 Weisungsrechte an Gesundheitsberufe

Die Weisung ist eine durch den Arbeitgeber oder von einem durch diesen ermächtigten Organ gegenüber einem Arbeitnehmer erteilte Anordnung, eine bestimmte oder eine Gruppe von Angelegenheiten auf die vom Anordnenden vorgegebene Art und Weise zu erledigen. Die Festlegung von Arbeitszeit und Arbeitsort ist eine typische Weisung, aber auch die Zuordnung der Aufgaben unterliegt solchen Weisungsrechten.

Weisungen von Vorgesetzten sind grundsätzlich zu beachten. Die Nichtbeachtung führt neben arbeitsrechtlichen bzw. dienstrechtlichen Konsequenzen

---

385 § 3c GuKG, Hausreither, Lust, Abgrenzungen von Laientätigkeiten und Vorbehaltstätigkeiten der Pflege und Medizin, ÖZPR 2011/60, Seite 72 Abs 4
386 § 3a Abs 1 GuKG
387 § 3a Abs 3 GuKG
388 § 3b Abs 1 und 3 Z 4 GuKG
389 § 3b Abs 2 Z 1 – 5 GuKG

auch zu einem möglichen Haftungsübergang. Weisungen müssen jedoch in bestimmten Fällen abgelehnt werden, nämlich wenn sie
* gegen gesetzliche Gebots- oder Verbotsnormen verstoßen
* dem Patientenwohl zuwiderlaufen
* Tätigkeiten umfassen, die berufsrechtlich nicht in den Aufgabenbereich übertragen wurden oder diesen überschreiten

und können unter bestimmten Umständen abgelehnt werden, wenn sie
* den arbeitsvertraglich übernommenen Pflichtenkreis übersteigen

> Vergleiche: XV. 8. Weisungsrecht in Krankenanstalten

14.1 Arbeitsrechtliche Weisungen

Wie in allen anderen Beschäftigungsverhältnissen verpflichten sich auch Angehörige von Gesundheitsberufen mit Vertragszeichnung zur Befolgung der Weisungen ihres Arbeitgebers. Diese Weisungen unterliegen gesetzlichen Grenzen sowie solchen, die sich aus dem Vertrag oder dem Kollektivvertrag bzw. aus Betriebsvereinbarungen ergeben.

14.2 Fachliche Weisungen

Die Zulässigkeit von generellen arbeitsrechtlichen Weisungen ist unstrittig. Hingegen bestehen in Bezug auf berufsrechtlich-fachliche Weisungen oftmals Unsicherheiten.

Bei unselbstständigen Gesundheitsberufen handelt es sich um solche, die bei der Durchführung der ihnen übertragenen Tätigkeiten bereits berufsrechtlich an die Weisung eines selbstständigen Gesundheitsberufs gebunden sind. Bei diesen ist die fachliche Weisungsunterworfenheit sohin unstrittig.

Selbstständige Gesundheitsberufe sind bei der Durchführung der ihnen übertragenen Tätigkeiten gesetzlich an die Ausübung nach dem Stand der Wissenschaft gebunden und darin an sich weisungsfrei.[390] Zum Berufsrecht der Ärzte führt der Gesetzgeber in seinen Erläuterungen aus, dass diese im Rahmen eines Dienstverhältnisses und **in Bezug auf medizinisch-wissenschaftliche Erkenntnisse** nicht an Weisungen gebunden sind.[391] Trotz dieser scheinbar eindeutigen Formulierung bedeutet dies nicht, dass alle fachlichen Weisungen unbeachtlich sind.

Die berufsrechtliche Weisungsfreiheit begründet vielmehr eine Verpflichtung des Gesundheitsberufs, erhaltene Weisungen zu prüfen, ob diese den Re-

---
390 Zur Weisungsfreiheit in Zusammenhang mit Ärzten VwGH RdM 1995/7
391 EB zur RV 362 BlgNr 10, GP, 26

geln der Kunst entsprechen oder patientengefährdend sind. Weisungen sind nur dann nicht bindend, wenn ihnen medizinisch-wissenschaftliche Erkenntnisse entgegenstehen.[392] Es handelt sich um eine Schutzmaßnahme für den Patienten vor unsachgemäßer Behandlung.

Um eine effiziente Versorgung gewährleisten zu können, ist von einer Weisungsbindung der Gesundheitsberufe, auch in fachlicher Hinsicht, auszugehen, ohne dass damit die Berufspflichten der eigenverantwortlichen Gesundheitsberufe verletzt werden.[393] Widerspricht eine Weisung der medizinischen Wissenschaft, so ist dies dem Weisungsgeber zu melden. Kann kein Konsens mittels Diskurs gefunden werden oder reicht die Zeit für einen solchen nicht aus, so ist, wenn die Gefahr besteht, dass die Weisung den Patienten gefährden könnte, die Weisung abzulehnen. Dies gilt jedoch nicht für den Fall, dass der Weisungsgebundene eine andere Behandlung „nur" für geeigneter (also die gewählte Therapie nicht für ungeeignet) hält.

---

392 Schwarz, Praxiswissen Gesundheitsberufe, S. 83, 152 und 178 jeweils zum Weisungsrecht
393 Grimm, Die Weisungsbindung des Spitalsarztes

XI. Besondere Berufsrechte der Gesundheitsberufe

Erst die Kenntnis über die eigenen Berufsrechte und jene der anderen im Gesundheitsbereich tätigen Berufsgruppen ermöglicht eine lückenlose Versorgung des Patienten. Auch in Bezug auf die eigenen Kompetenzen und Grenzen ist ein Grundwissen über das Berufsrecht notwendig. Dieses Wissen soll im Folgenden vermittelt werden.

1 Ärzte

Die medizinische Versorgung von Menschen wird von Ärzten erbracht. Das Ärztegesetz regelt den Beruf des Arztes, dessen Ausbildung, die Fortbildungsverpflichtung, das Standesrecht und vieles mehr. Neben gesetzlich genau geregelten Tätigkeiten, die den Ärzten übertragen wurden, gilt die Generalkompetenz[394], dass all jene Tätigkeiten, die typisch für einen Arztberuf sind, ausschließlich von Ärzten ausgeübt werden dürfen. Eine Beibehaltung diese Generalkompetenz wäre aufgrund der Weiterentwicklungen im Gesundheitsbereich jedoch längst zu überdenken.

In Österreich sind vier Arten von Ärzten anerkannt:[395]
- Ärzte für Allgemeinmedizin
- Fachärzte
- approbierte Ärzte
- Turnusärzte

Die Ausübung des ärztlichen Berufs umfasst grundsätzlich zwei Merkmale, nämlich einerseits die Anwendung von Methoden, die einer wissenschaftlichen Begründung unterliegen und die eine Zugehörigkeit zur medizinischen Wissenschaft haben, und andererseits die von einem Arzt durchgeführten gewerblichen Tätigkeiten. Die von Ärzten im Rahmen eines Gewerbes rechtmäßig ausgeübten Tätigkeiten unterliegen nicht dem Anwendungsbereich des ÄrzteG.[396]

1.1 Ausbildung

Die Ausbildung für selbstständige Ärzte erfolgt in einem zweigliedrigen Prozess. Grundvoraussetzung ist der Abschluss eines Studiums der Humanmedizin. Sodann tritt der Mediziner in eine Tätigkeit als Turnusarzt ein.

---

394 § 3 Abs 4 i.V.m. § 2 ÄrzteG
395 § 1 ÄrzteG
396 VfGH 23.09.2003, B761/03 – B360/04

a) Arbeitszeit

Um die Qualität der Ausbildung[397] zu steigern und die Turnusärzte nicht zu überfordern, dürfen diese, soweit sie ihre Tätigkeit in zwei Abteilungen oder sonstigen Organisationseinheiten ausüben, nur maximal 60 Betten betreuen. Werden sie in drei Abteilungen oder sonstigen Organisationseinheiten tätig, so reduziert sich dies auf maximal 45 Betten. Zudem ist eine abteilungs- oder organisationseinheitenübergreifende Tätigkeit in Ambulanzen unzulässig.

Die Arbeitszeit der Turnusärzte, sofern sich in Ausnahmefällen nichts anderes ergibt, ist auf die Woche möglichst gleichmäßig zu verteilen und hat eine Kernausbildungszeit von 35 Wochenstunden zu umfassen. Zusätzlich sind, sofern fachlich erforderlich, Nachtdienste sowie Wochenend- und Feiertagsdienste zu absolvieren. Die Kernausbildungszeit hat zu gewährleisten, dass die Ausbildung der Turnusärzte möglichst zu den Hauptzeiten, in denen der überwiegende Teil des fachärztlichen Stammpersonals in der Ausbildungsstätte anwesend ist, absolviert wird. Von den 35 Wochenstunden sind jedenfalls 25 Stunden in der Zeit zwischen 7:00 Uhr und 16:00 Uhr vorzusehen, wobei die in Ausbildungsstätten zusätzlich zu absolvierenden Nacht-, Wochenend- und Feiertagsdienste entsprechend zu berücksichtigen sind.[398]

> Vergleiche: XI. 1.3 f) Turnusärzte und XXII. 7.2 Arbeitszeit in Krankenanstalten

b) Basisausbildung

Sowohl für die Ausbildung zum Facharzt als auch zum Arzt für Allgemeinmedizin ist als Eingangsphase eine Basisausbildung vorgesehen.[399] Sie umfasst eine mindestens neunmonatige praktische Ausbildung zur Vermittlung klinischer Basiskompetenzen in chirurgischen und konservativen Fachgebieten. Für einige Sonderfächer entfällt diese Verpflichtung.[400]

c) Ausbildung zum Arzt für Allgemeinmedizin

Wird die Ausbildung zum Arzt für Allgemeinmedizin[401] angestrebt, so haben sich Turnusärzte nach erfolgreicher Absolvierung der Basisausbildung einer zumindest 33 Monate dauernden Ausbildung zu unterziehen. Die Ausbildung hat jedenfalls die Fachgebiete Allgemeinmedizin und innere Medizin zu um-

---

397 §§ 7 Abs 3 und 8 Abs 2 ÄrzteG
398 § 11 Abs 8 ÄrzteG
399 § 6a ÄrzteG
400 § 6a Abs 6 ÄrzteG
401 § 7 Abs 1 und 2 ÄrzteG

fassen. Zudem sind im Verordnungsweg weitere Fächer vorgeschrieben, die in geeigneten Ausbildungsstätten absolviert werden müssen:[402]
- sechs Monate Allgemeinmedizin (einschließlich Hals-, Nasen- und Ohrenheilkunde, Haut- und Geschlechtskrankheiten)
- neun Monate innere Medizin
- drei Monate Frauenheilkunde und Geburtshilfe
- drei Monate Kinder- und Jugendheilkunde
- drei Monate Orthopädie und Traumatologie
- drei Monate Psychiatrie und psychotherapeutische Medizin

Weiters sind zwei Wahlfächer in der Dauer von jeweils zumindest drei Monaten aus folgenden Fachgebieten vorgeschrieben:
- Anästhesiologie und Intensivmedizin
- Augenheilkunde und Optometrie
- Hals-, Nasen- und Ohrenheilkunde
- Haut- und Geschlechtskrankheiten
- Neurologie
- Urologie

Am Ende der Ausbildung ist das Fachgebiet Allgemeinmedizin zumindest sechs Monate in einer Lehrpraxis oder in der Lehrgruppenpraxis eines niedergelassenen Arztes für Allgemeinmedizin oder in einem Lehrambulatorium abzuschließen. Ab dem Jahr 2022 wird die Dauer der Lehrpraxis auf neun Monate, ab dem Jahr 2027 auf zwölf Monate ausgedehnt.[403]

d) Ausbildung zum Facharzt

Die bislang als Facharztausbildung bezeichnete Ausbildung sollte nun richtigerweise als Ausbildung in einem Sonderfach genannt werden,[404] die Bezeichnung Facharzt nach Abschluss der Ausbildung bleibt gleich.[405]

Wird die Ausbildung zum Facharzt[406] angestrebt, so haben Turnusärzte eine Ausbildung von zumindest 63 Monaten zu absolvieren. Im Anschluss an die Basisausbildung ist eine mindestens 27-monatige praktische Ausbildung im entsprechenden Sonderfach (Sonderfach-Grundausbildung) im Rahmen eines Arbeitsverhältnisses abzuschließen. Ausgenommen davon ist die Ausbildung in chirurgischen Fachgebieten, die eine Dauer von zumindest 15 Monaten und eine im Rahmen eines Arbeitsverhältnisses mindestens 27-monatige prakti-

---

402 Anlage 1 Punkt B Ärztinnen-/Ärzte-Ausbildungsordnung 2015 – ÄAO 2015
403 § 235 Abs 7 ÄrzteG
404 § 8 Abs 1 ÄrzteG
405 § 1 Z 1 ÄrzteG
406 § 8 ÄrzteG

sche Schwerpunktausbildung (Sonderfach-Schwerpunktausbildung) vorsieht. Besondere Regelungen gelten für die Ausbildung im Sonderfach Mund-, Kiefer- und Gesichtschirurgie.

Soweit es mit dem Ausbildungsziel vereinbar ist, kann ein Teil der Schwerpunktausbildung in Lehrpraxen oder Lehrgruppenpraxen niedergelassener Fachärzte oder in Lehrambulatorien absolviert werden. Auch hier ist eine unselbstständige Tätigkeit in einer Lehrpraxis, einer Lehrgruppenpraxis oder einem Lehrambulatorium entsprechend den bisher erworbenen Kompetenzen in einem Fachgebiet der Ausbildung zum Facharzt in der Ausbildungsstätte einer Krankenanstalt zulässig.[407]

e) Spezialisierungen

Die Dauer der Spezialisierung beträgt zumindest 12 Monate[408], maximal 36 Monate[409]. Sie hat in zugelassenen Ausbildungsstätten[410], Lehrpraxen[411], Lehrgruppenpraxen[412], Lehrambulatorien[413] oder in Einrichtungen, die der medizinischen oder psychosozialen Behandlung, Pflege oder Betreuung dienen, zu erfolgen. Die Ausgestaltung wird von der Österreichischen Ärztekammer durch Verordnung geregelt.[414]

Durch die Spezialisierung weist der Arzt die Erlangung eingehender Kenntnisse und Fertigkeiten für ärztliche Tätigkeiten, die im Rahmen seiner einschlägigen Berufstätigkeit notwendig sind, nach.[415] Er ist nach Abschluss berechtigt, eine zusätzliche Bezeichnung zu führen.

Spezialisierungen sind in folgenden ärztlichen Fachgebieten möglich:[416]
- Geriatrie
- Phoniatrie
- Handchirurgie
- fachspezifische psychosomatische Medizin
- Palliativmedizin

---

407 § 8 Abs 4 ÄrzteG
408 § 5 Abs 4 Rahmen-SpezV
409 § 11a Abs 1 ÄrzteG
410 § 11a Abs 2 i.V.m. §§ 9 und 10 ÄrzteG
411 § 11a Abs 2 i.V.m. § 12 ÄrzteG
412 § 11a Abs 2 i.V.m. § 12a ÄrzteG
413 § 11a Abs 2 i.V.m. § 13 ÄrzteG
414 § 11a Abs 3 ÄrzteG
415 § 3 Abs 1 und 2 Rahmen-Verordnung über Spezialisierungen (Rahmen-SpezV)
416 § 2 Spezialisierungsverordnung 2017 (SpezV 2017)

1.2 Berufsausübung

Jeder Arzt hat seinen Beruf persönlich und unmittelbar auszuüben, allenfalls in Zusammenarbeit mit anderen Ärzten.[417]

Ärzte können ihre Tätigkeit selbstständig und/oder in einem Beschäftigungsverhältnis ausüben.[418] Die Ausübung besteht immer in einer eigenverantwortlichen und selbstständigen Tätigkeit, im Verhältnis zum Patienten steht der Arzt in einer Garantenstellung.[419]

1.3 Aufgaben

Im Rahmen ihres Berufes dürfen Ärzte jede auf medizinisch-wissenschaftlichen Erkenntnissen begründete Tätigkeit, die unmittelbar am Menschen oder mittelbar für den Menschen ausgeführt wird, ausüben. Dazu zählen insbesondere:[420]

- die Untersuchung auf das Vorliegen oder Nichtvorliegen von körperlichen und psychischen Krankheiten oder Störungen, von Behinderungen oder Missbildungen und Anomalien, die krankhafter Natur sind
- die Beurteilung von körperlichen und psychischen Krankheiten oder Störungen, von Behinderungen oder Missbildungen und Anomalien, die krankhafter Natur sind, unter Verwendung medizinisch-diagnostischer Hilfsmittel
- die Behandlung von Zuständen körperlicher und psychischer Krankheiten oder Störungen, von Behinderungen oder Missbildungen und Anomalien, die krankhafter Natur sind
- die Vornahme operativer Eingriffe einschließlich der Entnahme oder Infusion von Blut
- die Vorbeugung von Erkrankungen
- die Geburtshilfe sowie die Anwendung von Maßnahmen der medizinischen Fortpflanzungshilfe
- die Verordnung von Heilmitteln, Heilbehelfen und medizinisch-diagnostischen Hilfsmitteln
- die Vornahme von Leichenöffnungen

Zudem sind Ärzte befugt, ärztliche Zeugnisse auszustellen und ärztliche Gutachten zu erstatten. Dazu kommen Befugnisse, Tätigkeiten auszuüben, die mit diesen Kompetenzen in Verbindung stehen.

---

417 § 49 Abs 2 ÄrzteG
418 § 3 Abs 1 ÄrzteG
419 § 3 Abs 3 ÄrzteG
420 § 2 Abs 2 und 3 ÄrzteG

a) Ärzte für Allgemeinmedizin

Das Aufgabengebiet der Ärzte für Allgemeinmedizin[421] umfasst die medizinische Betreuung des gesamten menschlichen Lebensbereiches, insbesondere die Gesundheitsförderung, Krankheitserkennung und Krankenbehandlung aller Personen, unabhängig von Alter, Geschlecht und Art der Gesundheitsstörung.

b) Fachärzte

Per Verordnung[422] hat das Bundesministerium für Gesundheit 31 Fachärzteausbildungen (Sonderfächer) mit insgesamt 24 Sonderfach-Schwerpunktausbildungen festgelegt.

Fachärzte haben ihre Berufstätigkeit auf ihr Sonderfach zu beschränken.[423] Es ist Fachärzten klinischer wie nichtklinischer Sonderfächer verwehrt, zusätzlich zu einer Tätigkeit als Facharzt noch weitere Tätigkeiten außerhalb dieser auszuüben. Gemäß dem Erkenntnis des OGH[424] wäre selbst einem Facharzt, der auch Arzt für Allgemeinmedizin ist, die Ausübung der Tätigkeit als Allgemeinmediziner verwehrt.

c) Arbeitsmediziner

Das ÄrzteG sieht auch eine Sonderausbildung zum Arbeitsmediziner vor.[425] Fachärzte und Ärzte für Allgemeinmedizin können eine Sonderausbildung absolvieren, in der spezifisch auf Schwerpunkte von Krankheiten und der Gesundheitserhaltung in der Arbeitswelt eingegangen wird.

d) Notärzte

Eine Sonderausbildung ist für die Tätigkeit als Notarzt[426] notwendig. Diese Ausbildung ist auf Ärzte ausgerichtet, die entweder im Notarztdienst oder in Notfallteams eines Krankenhauses tätig werden und umfasst Notfallmaßnahmen und Lebenserhaltung. Zusätzlich ist eine Ausbildung zum leitenden Notarzt möglich, der Führungsaufgaben im Falle von Großschadenereignissen innehat.

Wichtig ist dabei, zu unterscheiden, ob ein Arzt im Notarztdienst oder im Rahmen des Notversorgungsteams in einer Krankenanstalt tätig wird. Während

---

421 § 10 Abs 2 Ärztinnen-/Ärzte-Ausbildungsordnung 2015 – ÄAO 2015
422 § 15 Abs 1 Ärztinnen-/Ärzte-Ausbildungsordnung 2015 – ÄAO 2015
423 § 31 Abs 3 ÄrzteG; § 26 Ärztinnen-/Ärzte-Ausbildungsordnung 2015 – ÄAO 2015; OGH 7Ob136/06k, 4Ob210/07x, 8Ob115/09h
424 OGH 10ObS340/98t
425 § 38 ÄrzteG
426 § 40 ÄrzteG

Teil 3 – Berufsrechte

der Zugang zum Notarztwesen allen Ärzten[427] offensteht, ist die Ausübung der Tätigkeit im Notfallteam der Krankenanstalten Fachärzten für Anästhesiologie und Intensivmedizin, Chirurgie, innere Medizin und Unfallchirurgie vorbehalten.[428]

e) Amtsärzte

Die Bezeichnung Amtsarzt war und ist der Amtstitel des (medizinischen) Leiters des Gesundheitsamtes.[429] Mit dem Ärztegesetz 1949[430] wurde dieser Begriff (scheinbar) erweitert,[431] sodass umgangssprachlich jeder Arzt, der *„bei den Sanitätsbehörden [...] behördliche Aufgaben zu vollziehen"* hat, als Amtsarzt bezeichnet wird. Zudem wurden zunächst Polizei- und Militärärzte, später auch Ärzte des Arbeitsinspektorates den Amtsärzten gleichgestellt bzw. zu solchen erklärt.

Festgehalten werden kann, dass das Ärztegesetz nur im Zusammenhang mit den allgemeinen Bestimmungen über die Struktur des Gesundheitswesens zu lesen ist. Es gilt somit, dass
- Amtsarzt der Leiter des Gesundheitsamtes[432] ist
- Amtsärzte i.S. des Ärztegesetzes 1998 richtigerweise „Ärzte im öffentlichen Sanitätsdienst" sind[433]
- um als Amtsarzt gem. Ärztegesetz 1998 zu gelten, eine Vollziehung behördlicher Aufgaben (also gesetzlich den Amtsärzten übertragene Aufgaben) bei den Sanitätsbehörden Voraussetzung ist;[434] vollziehen sie jedoch ärztlich-kurative Tätigkeiten bei der Behörde, so gelten sie nicht als Amtsärzte
- Polizeiärzte[435] und Ärzte des Arbeitsinspektorats[436] Amtsärzte gem. Ärztegesetz 1998 sind
- Amtsärzte gem. Ärztegesetz 1998 von der Mitgliedschaft in der Ärztekammer ausgenommen sind

---

427 § 31 Abs 3 Z 2 ÄrzteG
428 § 31 Abs 3 Z 3 ÄrzteG
429 §§ 2 und 5 Abs 1 Gesetz über die Vereinheitlichung des Gesundheitswesens
430 Bundesgesetz vom 30. März 1949 über die Ausübung des ärztlichen Berufes und die Standesvertretung der Ärzte (Ärztegesetz), BGBl 92/1949
431 § 48 Abs 1 Ärztegesetz 1949
432 §§ 2 und 5 Abs 1 Gesetz über die Vereinheitlichung des Gesundheitswesens
433 Dass auch der Gesetzgeber 1974 noch zwischen Amtsärzten nach organisatorischen Vorschriften und jenen nach Ärztegesetz unterscheidet, zeigen die Erläuterungen zu § 42, in denen er ausführt, als „Amtsärzte im Sinne des § 42 Ärztegesetz gelten z.B. nicht ...". Er erkennt sohin Amtsärzte neben Amtsärzten nach Ärztegesetz an.
434 § 41 Abs 1 Satz 1 ÄrzteG
435 § 41 Abs 2 ÄrzteG
436 § 41 Abs 1 Satz 2 ÄrzteG

- Amtsärzte gem. Ärztegesetz 1998, die nebenberuflich eine ärztliche Tätigkeit ausüben, im Umfang derselben unter die Kammerordnung fallen

Zum Berechtigungsumfang ist auszuführen, dass die Tätigkeit als Amtsarzt die Beschränkung auf das Fach bzw. die Allgemeinmedizin verdrängt.[437]

f) Turnusärzte

Turnusärzte sind nicht zur selbstständigen Berufsausübung berechtigt. Es handelt sich um Mediziner, die in Ausbildung zum Allgemeinmediziner oder zum Facharzt stehen. Turnusärzte können Aufgaben, die der ärztlichen Tätigkeit vorbehalten sind, in unselbstständiger Weise ausüben. Sie dürfen ausschließlich in Einrichtungen, die als Ausbildungsstätten anerkannt sind, tätig und ausgebildet werden. Turnusärzte haben ihre Arbeit immer unter Anleitung und Aufsicht ausbildender Ärzte auszuüben.[438]

Turnusärzte können immer dann, wenn krankenanstaltenrechtliche Organisationsvorschriften keine dauernde Anwesenheit eines Facharztes erfordern, **vorübergehend** auch ohne Aufsicht eines für die Ausbildung verantwortlichen Facharztes tätig werden, sofern sie bereits

- im Rahmen des Turnus in dem betreffenden Sonderfach hinreichend ausgebildet worden sind
- über die für ein vorübergehendes Tätigwerden ohne Aufsicht entsprechenden Kenntnisse und Fertigkeiten verfügen

g) Assistenzärzte

Der Begriff Assistenzarzt taucht immer wieder im Spitalsalltag auf. Dabei findet sich für diese Bezeichnung keine rechtliche Grundlage. Weder das Ärztegesetz noch das Krankenanstalten- und Kuranstaltengesetz kennen diese Berufsbezeichnung.

Hingegen wird in einigen Krankenanstalten die Bezeichnung Assistenzarzt für Ärzte in Ausbildung verwendet. Dies ist unzulässig und sohin zu unterlassen. Vielmehr wurde im Zuge der Neustrukturierung der Ausbildung nochmals wörtlich festgelegt, dass es sich bei Medizinern, die in Ausbildung stehen, jedenfalls um Turnusärzte handelt.[439]

---

437 Vgl. Aigner, Kurative Tätgikeit durch Polizeiärzte, RdM 1997, 85
438 § 3 Abs 3 ÄrzteG
439 §§ 6a, 7 und 8 ÄrzteG

h) Studenten

Als besondere Gruppe sind im ÄrzteG famulierende Studenten erwähnt. Die in praktischer Ausbildung stehenden Studenten der Humanmedizin sind dem Gesetz nach zur unselbstständigen Ausübung unter Anleitung und Aufsicht der ausbildenden Ärzte berechtigt. Eine Vertretung der ausbildenden Ärzte durch Turnusärzte ist zulässig, wenn der Leiter der Abteilung, in deren Bereich die Ausbildung von Turnusärzten erfolgt, schriftlich bestätigt, dass diese Turnusärzte über die hiefür erforderlichen medizinischen Kenntnisse und Erfahrungen verfügen. Ständige Kontrolle und Aufsicht über die Art der Durchführung der aufgetragenen Tätigkeiten sind notwendig.

Zu den den Studenten zur Ausführung überlassenen Tätigkeiten zählen:
- Erhebung der Anamnese
- einfache physikalische Krankenuntersuchung einschließlich Blutdruckmessung
- Blutabnahme aus der Vene
- die Vornahme intramuskulärer und subkutaner Injektionen
- einzelne ärztliche Tätigkeiten, sofern deren Beherrschung zum erfolgreichen Abschluss des Studiums der Medizin zwingend erforderlich ist und die in Ausbildung stehenden Studenten der Medizin nachweislich bereits über die zur gewissenhaften Durchführung erforderlichen (theoretischen) Kenntnisse und Erfahrungen im Hinblick auf den Schwierigkeitsgrad dieser Tätigkeiten verfügen

1.4 Vorbehalt der Heilbehandlung und der Heilmittelverordnung

Ärzten sind die Behandlung pathologischer Zustände sowie die Verordnung von Heilmitteln, Heilbehelfen und medizinisch-diagnostischen Hilfsmitteln vorbehalten.[440] Damit haben Ärzte das umfassende und nahezu ausschließliche Recht, fast alle Heilbehandlungen an Kranken durchzuführen.

> Vergleiche: XI. 2.9 a) Gehobener Dienst

1.5 Vorbehalt von invasiven Maßnahmen und operativen Eingriffen

Weiters wurde Ärzten die ausschließliche Zuständigkeit für operative Eingriffe am Menschen sowie die Entnahme oder Infusion von Blut übertragen.[441]

Dieses ausschließliche Recht wurde jedoch bereits mehrfach gesetzlich an andere Berufsgruppen übertragen. Die Berechtigung zur Entnahme von Blut

---
440 § 2 Abs 2 Z 3 und 7 ÄrzteG
441 § 2 Abs 2 Z 4 und 8 ÄrzteG

und Infusion ist beispielsweise nach dem GuKG auch auf diplomierte Gesundheits- und Krankenpflegeberufe, die Entnahme nach dem MTD-Gesetz auf medizinisch-technische Dienste oder nach dem MABG auf bestimmte medizinische Assistenzberufe erstreckt worden. Selbst die Durchführung von Operationen ist nicht mehr ausschließlich „in der Hand" der Ärzte. So dürfen Hebammen einen Dammschnitt vornehmen und nach erfolgter Geburt vernähen.

> Vergleiche: XI. 3.3 Aufgaben, XI. 2.9 a) Gehobener Dienst und XI. 7.3 Aufgaben

1.6 Vorbehalt der Medikation

Der Vorbehalt der Medikation wird nicht durch eine gesonderte gesetzliche Bestimmung, sondern durch Ableitung aus den Vorbehalten der Heilmittelverordnung sowie der Heilbehandlung begründet. Es handelt sich daher um keinen tatsächlichen Berufsvorbehalt, sondern um eine zur Durchführung der ärztlichen Aufgaben übertragene Kompetenz.

Fraglich ist daher der Ausschluss anderer Berufsgruppen von der Erlaubnis zur selbstständigen Anwendung von Medikamenten. Da das **Verabreichen** von Heilmitteln **kein Verordnen** darstellt, wäre eine Anwendung ggf. als Verstoß gegen den Vorbehalt der Heilbehandlung anzusehen. Wird jedoch ein Arzneimittel durch einen nichtärztlichen Gesundheitsberuf verabreicht, der aufgrund seines Berufsrechts zur Behandlung der mit dem Arzneimittel zu therapierenden Leidenszustände berufen ist, so liegt m.E. auch keine Verletzung des Vorbehalts auf Heilbehandlung vor, da genau diese dem anderen Gesundheitsberuf übertragen wurde.[442]

> Vergleiche: XI. 7.3 f) Medikation, XI. 9.3 b) Notfallsanitäter, XI. 9.3 c) Allgemeine Notfallkompetenzen, XI. 10.6 Vorbehalt der Verordnung von Heilmitteln, Heilbehelfen und zahnmedizinisch-diagnostischen Hilfsmitteln und XI. 13.3 Vorbehalt der Versorgung der Bevölkerung

2 Gesundheits- und Krankenpflegeberufe

Der Pflegeteil der Gesundheitsversorgung wird durch die Gesundheits- und Krankenpflegeberufe abgedeckt.

---

442 Andreaus, RdM 2012/129, Wundmanagement im Pflegedienst

Die Gesundheits- und Krankenpflege gliedert sich in[443]
- den gehobenen Dienst für Gesundheits- und Krankenpflege
- die Pflegefachassistenz
- die Pflegeassistenz

Die Pflegeberufe sind damit die einzige Berufsgruppe mit einer dreigliedrigen Kompetenzabstufung.

2.1 Berufsbezeichnung

Um ein äußeres Zeichen einer Aufwertung der Pflegeberufe zu schaffen, wurden die Berufsbezeichnungen neu geregelt.

a) Gehobener Dienst

Die Berufsbezeichnung für den gehobenen Dienst lautet „Diplomierter Gesundheits- und Krankenpfleger" bzw. „Diplomierte Gesundheits- und Krankenpflegerin".[444]

Geregelt wurden die Bezeichnungen auch in jenen Fällen, in denen eine Sonderausbildung, eine Spezialisierung, eine spezielle Grundausbildung oder eine Weiterbildung abgeschlossen wurde. Diese Personen dürfen nach ihrer Berufsbezeichnung die absolvierte Fachrichtung in Klammer als Zusatzbezeichnung anfügen. Personen, die eine Sonderausbildung für Lehraufgaben abgeschlossen haben, dürfen auch die Zusatzbezeichnung „Lehrer für Gesundheits- und Krankenpflege" führen.[445]

b) Pflegeassistenzberufe

Personen, die zur Ausübung der Pflegeassistenz berechtigt sind, dürfen die Berufsbezeichnung „Pflegeassistent" führen.[446]

Personen, die zur Ausübung der Pflegefachassistenz berechtigt sind, dürfen die Berufsbezeichnung „Pflegefachassistent" führen.[447]

Personen, die eine Weiterbildung erfolgreich absolviert haben, können nach der Berufsbezeichnung die absolvierte Fachrichtung in Klammer als Zusatzbezeichnung anzufügen.[448]

---

443 § 1 GuKG
444 § 11 Abs 1 GuKG
445 § 11 Abs 2 GuKG
446 § 84 Abs 2 GuKG
447 § 84 Abs 1 GuKG
448 § 84 Abs 3 GuKG

Personen, die eine Ausbildung zum Pflegehelfer abgeschlossen haben, erfüllen damit die Qualifikation als Pflegeassistent und führen daher die Berufsbezeichnung „Pflegeassistent".[449]

2.2 Grundausbildungen

Die Ausbildung ist mehrfach gegliedert. Die Grundausbildung bildet die Basis für die berufliche Tätigkeit sowie alle angestrebten Sonderausbildungen und Spezialisierungen. Es bestehen Grundausbildungen für den gehobenen Dienst der Gesundheits- und Krankenpflege und der Pflegeassistenz. Zu den Grundausbildungen zählen die allgemeine Gesundheits- und Krankenpflege, die Pflegeassistenz und die Pflegefachassistenz.

a) Allgemeine Gesundheits- und Krankenpflege

Die Ausbildung kann sowohl an einer Schule für Gesundheits- und Krankenpflege als auch als FH-Studium absolviert werden, wobei die schulische Ausbildung „nur" noch bis 1.1.2024 begonnen werden kann.[450] Danach erfolgt die Ausbildung ausschließlich in Form eines Fachhochschulstudiums.[451] Die Grundinhalte der Ausbildung sind in beiden Einrichtungen gleichgeschalten.[452]

Die praktische Ausbildung in der allgemeinen Gesundheits- und Krankenpflege erfolgt an[453]
- einschlägigen Fachabteilungen oder sonstigen Organisationseinheiten einer Krankenanstalt
- Einrichtungen, die der stationären Betreuung pflegebedürftiger Menschen dienen
- Einrichtungen, die Hauskrankenpflege, andere Gesundheitsdienste oder soziale Dienste anbieten

Im Rahmen der praktischen Ausbildung sind Schüler berechtigt, Tätigkeiten des gehobenen Dienstes für Gesundheits- und Krankenpflege unter Anleitung und Aufsicht durchzuführen[454].

---

449 § 86 Abs 1 Z 2 und 3 GuKG
450 § 117 Abs 27 GuKG
451 § 28 Abs 3 GuKG
452 § 42 GuKG
453 § 43 Abs 1 GuKG
454 § 43 Abs 2 GuKG

b) Pflegeassistenzberufe

Die Ausbildungen zu den Pflegeassistenzberufen – früher Pflegehelfer – werden fortan von einem Kurssystem auf ein Schulsystem an den Schulen für Gesundheits- und Krankenpflege umgestellt. Allerdings besteht für die Ausbildung zum Pflegeassistenten weiterhin die Möglichkeit, einen Lehrgang genehmigen zu lassen.

Pflegefachassistenz

Die Ausbildung in der Pflegefachassistenz dauert zwei Jahre und umfasst eine theoretische und praktische Ausbildung von insgesamt 3200 Stunden. Mindestens die Hälfte der Ausbildungsstunden entfällt auf die theoretische und mindestens ein Drittel auf die praktische Ausbildung.[455] Diese Ausbildung wird fortan den Grundstock der Pflegeassistenzberufe darstellen, da zu den Pflegeassistenzausbildungen nur noch bestimmte Berufsgruppen sowie Personen, die bereits berufliche Ersterfahrung besitzen, zugelassen sind.[456]

Die Ausbildung erfolgt an Schulen für Gesundheits- und Krankenpflege. Diese müssen in Verbindung mit
- Krankenanstalten
- Einrichtungen, die der stationären Betreuung pflegebedürftiger Menschen dienen
- Einrichtungen, die Hauskrankenpflege anbieten

stehen.[457] Schulen, für die Ausbildungen der Gesundheits- und Krankenpflege bewilligt wurden, können hinkünftig Ausbildungen für Pflegeassistenzberufe durchführen und müssen lediglich eine Meldung an den Landeshauptmann tätigen, welche Ausbildungen durchgeführt werden.[458] Ein Entscheidungsrecht für den Landeshauptmann besteht nicht.

Eine Ausbildung in Lehrgängen ist für die Pflegefachassistenz nicht mehr vorgesehen.

Pflegeassistenz

Die Ausbildung in der Pflegeassistenz dauert ein Jahr und umfasst eine theoretische und praktische Ausbildung von insgesamt 1600 Stunden. Mindestens die Hälfte der Ausbildungsstunden entfällt auf die theoretische und mindestens ein Drittel auf die praktische Ausbildung.[459]

---

455 § 92 Abs 2 GuKG
456 § 97 Abs 1 GuKG
457 § 95 Abs 1 GuKG
458 § 113a Abs 2 GuKG
459 § 92 Abs 1 GuKG

Besondere Berufsrechte der Gesundheitsberufe

Personen, die ihre berufliche Erstausbildung absolvieren, dürfen keine Ausbildung in der Pflegeassistenz beginnen, sondern müssen in eine Ausbildung zur Pflegefachassistenz aufgenommen werden.[460] Ausnahmen bestehen[461]
- im Rahmen der Ausbildung in einem Sozialbetreuungsberuf
- im Rahmen einer Ausbildung in der medizinischen Fachassistenz
- im Rahmen der Erwachsenenbildung
- in begründeten Ausnahmefällen

Unter Erstausbildung versteht man Personen, die vor Ausbildungsbeginn keinen erlernten Beruf nachweisen können. Zu erlernten Berufen zählen Lehrabschlüsse ebenso wie HTL-Abschlüsse, Studienabschlüsse oder der Abschluss einer Sanitäterausbildung.
All diese berechtigen zur Berufsausübung und sind sohin Erstausbildungen.

Die Ausbildung erfolgt an Schulen für Gesundheits- und Krankenpflege. Diese müssen in Verbindung mit
- Krankenanstalten
- Einrichtungen, die der stationären Betreuung pflegebedürftiger Menschen dienen
- Einrichtungen, die Hauskrankenpflege anbieten

stehen.[462] Schulen, für die Ausbildungen in der Gesundheits- und Krankenpflege bewilligt sind, können Ausbildungen für Pflegeassistenzberufe durchführen und müssen lediglich die Meldung an den Landeshauptmann tätigen, welche Ausbildungen durchgeführt werden.[463] Ein Entscheidungsrecht des Landeshauptmanns ist nicht vorgesehen.

Die Ausbildung zur Pflegeassistenz kann auch weiterhin in Lehrgängen erfolgen. Diese müssen jedoch vom Landeshauptmann vorab genehmigt werden.[464] Pflegehilfelehrgänge, die zum 1. September 2016 bewilligt wurden, gelten auch weiterhin als Lehrgänge für die Pflegeassistenz und bedürfen keiner neuerlichen Bewilligung.[465]

Schüler, die zwei Ausbildungsjahre in einem gehobenen Dienst für Gesundheits- und Krankenpflege oder ein Ausbildungsjahr in der Pflegefachassistenz erfolgreich absolviert haben, dürfen direkt zur kommissionellen Abschlussprüfung in der Pflegeassistenz antreten.[466]

---

460 § 97 Abs 1 GuKG
461 § 97 Abs 2 GuKG
462 § 95 Abs 1 GuKG
463 § 113a Abs 2 GuKG
464 § 96 Abs 1 GuKG
465 § 113a Abs 1 GuKG
466 § 100 GuKG

2.3 Spezialisierungen

Die Spezialisierungen gliedern sich in
- Sonderausbildungen
- spezielle Sonderausbildungen
- allgemeine Spezialisierungen

Der Begriff der Sonderausbildungen wirkt verwirrend, da Sonderausbildungen Teil der Spezialisierungen sind.[467] Jede Sonderausbildung ist daher eine besondere Spezialisierung (eine Spezialisierung jedoch nicht immer eine Sonderausbildung). Für alle Spezialisierungen wurde ein bestimmter Ausbildungsmindestumfang[468] festgelegt, ab dem eine Kompetenzerweiterung eintritt. Für Sonderausbildungen wurden jedoch eigene, gesonderte gesetzliche Regelung hinsichtlich ihres Ausbildungsmindestumfangs getroffen.[469]

> 📖 Vergleiche: XI. 2.6 Allgemeine Spezialisierungen und XI. 1.1 e) Spezialisierungen

2.4 Sonderausbildung

Voraussetzung für die Absolvierung einer Sonderausbildung ist der Abschluss der Basisausbildung in der Allgemeinen Gesundheits- und Krankenpflege. Die Fächer, in denen eine Sonderausbildung notwendig ist, sind abschließend festgelegt.[470] Für alle anderen Bereiche ist die Vertiefung des Wissens mittels Spezialisierung oder Weiterbildung möglich.[471]

Für die nach alter Rechtslage absolvierten Sonderausbildungen wurde keine Überleitung geschaffen. Damit fallen diese erneut unter die fünfjährige vorläufige Berechtigung. Die Betroffenen müssen bis dahin die volle Sonderausbildung nachholen.

Die Ausübung selbst ist nach dem klaren Wortlaut des Gesetzes vom Erlangen einer Spezialisierung auf Niveau 2 abhängig,[472] wobei die zu den jeweiligen Sonderausbildungen geregelten Mindeststunden bei Weitem nicht die notwendigen 90 ECTS-Punkte erreichen.[473] Wird daher die Sonderausbildung „nur" im Mindestumfang abgeschlossen, so haben die Absolventen erst Niveau 1 er-

---

467 § 17 Abs 2 GuKG
468 § 70a Abs 1 GuKG
469 §§ 66 bis 70 GuKG
470 § 17 Abs 2 GuKG
471 § 64 GuKG
472 § 17 Abs 3 GuKG
473 §§ 66 bis 70 GuKG

reicht. Die Ausübung der Tätigkeit lediglich nach Abschluss der Sonderausbildung im Mindestumfang ist daher verboten.[474]

Sonderausbildungen bedürfen der Bewilligung des Landeshauptmannes[475] und haben die für die Ausübung der entsprechenden Spezialisierung erforderlichen theoretischen und praktischen Kenntnisse und Fertigkeiten zu vermitteln.[476]

a) Kinder- und Jugendlichenpflege

Diese Sonderausbildung dauert mindestens ein Jahr und umfasst mindestens 1600 Stunden theoretische und praktische Ausbildung.[477] Damit handelt es sich bei der Ausbildung im Mindestumfang „nur" um eine Ausbildung auf Niveau 1 im Ausmaß von 64 ECTS-Punkten.

b) Psychiatrische Gesundheits- und Krankenpflege

Die Sonderausbildung in der psychiatrischen Gesundheits- und Krankenpflege dauert mindestens ein Jahr und umfasst mindestens 1600 Stunden theoretische und praktische Ausbildung.[478] Damit handelt es sich bei der Ausbildung im Mindestumfang „nur" um eine Ausbildung auf Niveau 1 im Ausmaß von 64 ECTS-Punkten.

c) Intensivpflege

Die Sonderausbildung in Intensivpflege dauert mindestens vier Monate und beinhaltet mindestens 1200 Stunden theoretische und praktische Basis- und spezielle Zusatzausbildung.[479] Die Basisausbildung im Umfang von 600 Stunden kann als gemeinsame Ausbildung mit der Anästhesiepflege und/oder Pflege bei Nierenersatztherapie abgehalten werden,[480] anschließend findet eine spezielle Zusatzausbildung in Intensivpflege statt.[481] Auch hier handelt es sich im Mindestumfang „nur" um eine Ausbildung auf Niveau 1 im Umfang von 48 ECTS-Punkten.

---

474 § 17 Abs 3 GuKG
475 § 65 Abs 5 GuKG
476 § 65 Abs 1 GuKG
477 § 66 Abs 1 GuKG
478 § 67 Abs 1 GuKG
479 § 68 Abs 2 und 3 GuKG
480 § 68 Abs 2 GuKG
481 § 68 Abs 3 GuKG

d) Anästhesiepflege

Die Sonderausbildung der Anästhesiepflege dauert mindestens drei Monate und umfasst mindestens 1000 Stunden theoretische und praktische Basis- und spezielle Zusatzausbildung.[482] Die Basisausbildung im Umfang von 600 Stunden kann als gemeinsame Ausbildung mit der Intensivpflege und/oder Pflege bei Nierenersatztherapie abgehalten werden,[483] anschließend findet eine spezielle Zusatzausbildung in Anästhesiepflege statt.[484] Damit handelt es sich im Mindestumfang „nur" um eine Ausbildung auf Niveau 1 im Umfang von 40 ECTS-Punkten.

Personen, die vor dem 1. August 2016 zur Ausübung der Anästhesiepflege berechtigt waren, sind auch danach zur Ausübung der Anästhesiepflege berechtigt. Ebenso sind Personen, die vor dem 1. März 2017 eine Sonderausbildung in der Intensivpflege begonnen haben, berechtigt, die Anästhesiepflege auszuüben, sobald sie die Sonderausbildung erfolgreich absolviert haben.[485] Damit sind Absolventen dieser beiden Sonderausbildungen, soweit sie die Ausbildung nach alter Rechtslage absolviert haben, streng genommen als Einzige berechtigt, eine Tätigkeit der Sonderfunktion nach Abschluss „nur" der gesetzlich vorgeschriebenen Mindestausbildung auszuüben.

e) Pflege bei Nierenersatztherapie

Die Sonderausbildung in der Pflege bei Nierenersatztherapie dauert mindestens drei Monate und umfasst mindestens 1000 Stunden theoretische und praktische Basis- und spezielle Zusatzausbildung.[486] Die Basisausbildung im Umfang von 600 Stunden kann als gemeinsame Ausbildung mit der Intensivpflege und/oder Anästhesiepflege abgehalten werden,[487] anschließend findet eine spezielle Zusatzausbildung in Nierenersatztherapie statt.[488] Damit handelt es sich im Mindestumfang „nur" um eine Ausbildung auf Niveau 1 im Umfang von 40 ECTS-Punkten.

f) Pflege im Operationsbereich

Die Sonderausbildung in der Pflege im Operationsbereich dauert mindestens sieben Monate und umfasst mindestens 1000 Stunden theoretische und prak-

---

482 § 68 Abs 2 und 4 GuKG
483 § 68 Abs 2 GuKG
484 § 68 Abs 4 GuKG
485 § 108 Abs 6 GuKG
486 § 68 Abs 2 und 5 GuKG
487 § 68 Abs 2 GuKG
488 § 68 Abs 5 GuKG

tische Ausbildung.[489] Damit handelt es sich im Mindestumfang „nur" um eine Ausbildung auf Niveau 1 im Umfang von 40 ECTS-Punkten.

> Vergleiche: XI. 4.3 f) Operationsassistenz

g) Krankenhaushygiene

Die Sonderausbildung in der Krankenhaushygiene dauert mindestens sechs Monate und umfasst mindestens 800 Stunden theoretische und praktische Ausbildung.[490] Damit handelt es sich im Mindestumfang „nur" um eine Ausbildung auf Niveau 1 im Umfang von 32 ECTS-Punkten.

2.5 Spezielle Sonderausbildung – Kinderintensivpflege

Eine gesonderte Form der Ausbildung stellt die „spezielle Sonderausbildung" dar. Diese ist derzeit nur für die Kinderintensivpflege eingerichtet. Da diese Sonderausbildung in der taxativen Aufzählung der setting- und zielgruppenspezifischen Spezialisierungen nicht aufscheint,[491] ist die Abhaltung einer solchen Sonderausbildung eigentlich nicht zulässig.

Die „spezielle Sonderausbildung Kinderintensivpflege" dauert drei Monate und umfasst insgesamt 1000 Stunden theoretische und praktische Basis- und spezielle Zusatzausbildung im Bereich der speziellen Pflege von Neu- und Frühgeborenen, Kindern und Jugendlichen sowie in den Grundlagen der Intensivtherapie dieser Patienten.[492] Damit handelt es sich bei der Ausbildung im Mindestumfang „nur" um eine Ausbildung auf Niveau 1 im Umfang von 40 ECTS-Punkten. Auch die Ausübung dieser Tätigkeit lediglich nach Abschluss der Sonderausbildung ist daher verboten.[493]

2.6 Allgemeine Spezialisierungen

Nach der Ausbildung in der allgemeinen Gesundheits- und Krankenpflege kann eine Spezialisierung erfolgen.[494] Die Fächer, in denen eine Spezialisierung notwendig ist, sind abschließend festgelegt.[495]

Spezialisierungen werden unterteilt in zwei Niveaustufen, die getrennt oder gemeinsam angeboten werden können. Sie umfassen insgesamt mindestens 90

---

489   § 69 GuKG
490   § 70 GuKG
491   § 68a Abs 1 GuKG
492   § 68a GuKG
493   § 17 Abs 3 GuKG
494   § 17 Abs 1 GuKG
495   § 17 Abs 2 GuKG

ECTS-Punkte theoretische und praktische Ausbildung.[496] Eine wirklich entscheidende Weiterentwicklung ist hier die klare Regelung der **Befugniserweiterung**. Mit den beiden Niveaustufen sind nämlich aufsteigende Kompetenzen verknüpft. Der Abschluss des Niveau 1 erfolgt ohne Befugniserweiterung und umfasst die medizinische, pflegerische und wissenschaftliche Vertiefung in den jeweiligen Fachbereichen im Umfang von mindestens 30 ECTS-Punkten.[497] Die Ausbildung auf Niveau 2 umfasst die medizinische, pflegerische und wissenschaftliche Erweiterung in den entsprechenden Fachbereichen im Umfang von weiteren mindestens 60 ECTS-Punkten.[498] Mit Abschluss des Niveau 2 ist nunmehr klargestellt, dass es auch zu einer Befugniserweiterung kommt.

> **Beispiel:**
> Fällt beispielsweise im Rahmen des Wundmanagements die selbstständige Versorgung und der selbstständige Verbandswechsel inkl. der Therapieplanung unter Anwendung gebräuchlicher Verbandsstoffe in die Kompetenz des gehobenen Dienstes, wird diese mit Niveau 1 vertieft. Damit erhält der Berufsgruppenangehörige z.B. die Befugnis, auch weniger in Verwendung stehende Methoden oder komplexere Wundversorgungssysteme anzuwenden. Diese fallen weiterhin unter die „normale" Kompetenz des gehobenen Dienstes, nur wird die Anwendung anderer Methoden ermöglicht.
> Mit Abschluss von Niveau 2 kommt es hingegen zu einer Befugniserweiterung, die die bisherige übersteigen muss. Daher wären (in Analogie zum Hebammenrecht) z.B. einfache Wunderöffnungen und einfacher Wundverschluss (Klammern, Kleben oder Vernähen) oder die erweiterte Wundreinigung und kleinere Wundkorrektur, die lokale medikamentöse Behandlung u. dgl. denkbar. Diese neuen Befugnisse können dann selbstständig ausgeübt werden.

📖 Vergleiche: XI. 2.3 Spezialisierungen

Spezialisierungen mit mehreren Fachbereichen können auf Niveau 1 auch getrennt voneinander angeboten und absolviert werden, sind jedoch auf Niveau 2 zusammenzuführen.[499]

a) Wundmanagement und Stomaversorgung

Ausbildungsinhalte und Ausbildungsumfang für diese Spezialisierung sind gesetzlich nicht festgelegt.

---

496 § 70a Abs 1 GuKG
497 § 70a Abs 2 GuKG
498 § 70a Abs 3 GuKG
499 § 70a Abs 4 GuKG

b) Hospiz- und Palliativversorgung

Ausbildungsinhalte und Ausbildungsumfang für diese Spezialisierung sind gesetzlich nicht festgelegt.

c) Psychogeriatrische Pflege

Ausbildungsinhalte und Ausbildungsumfang für diese Spezialisierung sind gesetzlich nicht festgelegt.

d) Lehraufgaben

Ausbildungen können nur an durch Verordnung des Bundesministers anerkannten[500]
- ordentlichen Studien
- Universitätslehrgängen
- Lehrgängen universitären Charakters
- Fachhochschul-Studiengängen oder Lehrgängen zur Weiterbildung
- Studien gemäß Privatuniversitätengesetz

absolviert werden.[501]

Die Sonderausbildung dient dem Erwerb wissenschaftlich fundierter Kenntnisse und Fertigkeiten, die für die Wahrnehmung von Lehraufgaben in der Gesundheits- und Krankenpflege erforderlich sind.[502]

Sonderausbildung umfassen 1600 Stunden,[503] dies entspricht 48 ECTS-Punkten. Damit wird auch hier Niveau 2 nicht erreicht.

e) Führungsaufgaben

Sofern die Ausbildung bis 1.1.2017 begonnen wurde, kann diese zu Ende gebracht werden.[504] Neu beginnende Ausbildungen können nur noch in durch Verordnung des Bundesministers anerkannten[505]
- ordentlichen Studien
- Universitätslehrgängen

---

500 Verordnung der Bundesministerin für Gesundheit und Frauen über Sonderausbildungen für Lehraufgaben und für Führungsaufgaben in der Gesundheits- und Krankenpflege (Gesundheits- und Krankenpflege-Lehr- und Führungsaufgaben-Verordnung – GuK-LFV)
501 § 65a GuKG
502 § 2 Abs 1 und 3 GuK-LFV
503 § 4 Abs 1 GuK-LFV
504 § 117 Abs 24 GuKG
505 Verordnung der Bundesministerin für Gesundheit und Frauen über Sonderausbildungen für Lehraufgaben und für Führungsaufgaben in der Gesundheits- und Krankenpflege (Gesundheits- und Krankenpflege-Lehr- und Führungsaufgaben-Verordnung – GuK-LFV)

- Lehrgängen universitären Charakters
- Fachhochschul-Studiengängen oder Lehrgängen zur Weiterbildung
- Studien gemäß Privatuniversitätengesetz

absolviert werden.[506]

Die Sonderausbildung dient dem Erwerb wissenschaftlich fundierter Kenntnisse und Fertigkeiten, die für die Wahrnehmung von Führungsaufgaben in der Gesundheits- und Krankenpflege erforderlich sind.[507]

Sonderausbildung umfassen 1600 Stunden,[508] dies entspricht 48 ECTS-Punkten. Damit wird Niveau 2 wiederum nicht erreicht.

2.7 Weiterbildung

Neben Spezialisierungen gibt es auch die Möglichkeit von Weiterbildungen, die allerdings nicht mit einer Befugniserweiterung verbunden sind, da dies den Spezialisierungen auf Niveau 2 vorbehalten ist.[509] Da jedoch die Weiterbildung die *„Erweiterung der in der Ausbildung erworbenen Kenntnisse und Fertigkeiten"* beabsichtigt, führt die Absolvierung einer solchen zwar zu keinen zusätzlichen Befugnissen, die bereits in der Grundausbildung (oder in der Sonderausbildung) erworbenen Kenntnisse dürfen jedoch in erweitertem Umfang ausgeübt werden.

📖 Vergleiche: XI. 2.6 Allgemeine Spezialisierungen

Angehörige des gehobenen Dienstes für Gesundheits- und Krankenpflege[510] sowie Pflegeassistenzberufe[511] sind berechtigt, Weiterbildungen zu absolvieren. Diese haben mindestens vier Wochen zu umfassen. Mittels Verordnung wurde konkretisiert, dass eine Weiterbildung mindestens 160 Stunden (= 5 ECTS-Punkte) zu umfassen hat, wobei eine Unterrichtsstunde mindestens 45 Minuten und höchstens 50 Minuten und eine Praktikumsstunde 60 Minuten dauert.[512]

---

506 § 65a GuKG
507 § 2 Abs 2 und 3 GuK-LFV
508 § 4 Abs 1 GuK-LFV
509 § 70a Abs 3 GuKG
510 § 64 Abs 1 GuKG
511 § 104a Abs 1 GuKG
512 § 12 GuK-WV

Die möglichen Weiterbildungen sind in der Weiterbildungsverordnung[513] (für den gehobenen Dienst nicht abschließend,[514] für die Pflegeassistenz abschließend[515]) geregelt.

Die Abhaltung von Weiterbildungen bedarf einer Bewilligung durch den Landeshauptmann.[516]

📖 Vergleiche: X. 4.3 Weiterbildung

2.8 Berufsausübung

Die in drei Berufsgruppen untergliederten Gesundheits- und Krankenpflegeberufe dürfen, ihrer Qualifikation entsprechend, ihren Beruf in unterschiedlicher Verantwortung und Selbstständigkeit ausüben.

a) Gehobener Dienst

Die Berufsausübung des gehobenen Dienstes für Gesundheits- und Krankenpflege besteht in der **selbstständigen und eigenverantwortlichen Ausübung** der im Berufsbild und Kompetenzbereich umschriebenen Tätigkeiten, unabhängig davon, ob diese Tätigkeiten freiberuflich oder im Rahmen eines Arbeitsverhältnisses ausgeführt werden.[517]

Die freiberufliche Ausübung hat persönlich und unmittelbar zu erfolgen, allenfalls in Zusammenarbeit mit Angehörigen anderer Gesundheitsberufe. Zur Unterstützung können Angehörige der Pflegeassistenzberufe herangezogen werden.[518]

Eine Berufsausübung ist auch im Wege der Arbeitskräfteüberlassung nach den Bestimmungen des Arbeitskräfteüberlassungsgesetzes unter der Voraussetzung zulässig,[519] dass
- der Beschäftiger nicht mehr als 15% des Pflegepersonals durch Arbeitskräfteüberlassung abdeckt
- die Pflegequalität und Pflegekontinuität nach Maßgabe der Struktur der Einrichtung und des Pflege- und Betreuungsbedarfs der Patienten, Klienten oder pflegebedürftigen Menschen gewährleistet ist

---

513 Verordnung der Bundesministerin für Gesundheit und Frauen über Weiterbildungen für Gesundheits- und Krankenpflegeberufe (Gesundheits- und Krankenpflege-Weiterbildungsverordnung – GuK-WV)
514 § 2 Abs 2 GuK-WV
515 § 2 Abs 3 GuK-WV
516 § 64 Abs 3 GuKG
517 § 35 Abs 1 GuKG
518 § 36 Abs 4 GuKG
519 § 35 Abs 2 GuKG

b) Pflegefachassistenz

Der Beruf der Pflegefachassistenz ist als **unselbstständiger, aber eigenverantwortlicher Beruf** eingerichtet und nähert sich sohin der Tätigkeit des gehobenen Dienstes an. Dies ist auch daran zu erkennen, dass diese Berufsgruppe auch zur Ausbildung von Gesundheitsberufen herangezogen werden kann. Gerade die eigenverantwortliche Berufsausübung qualifiziert diese Berufsgruppe für eine Tätigkeit in Pflegeheimen und vor allem in der Hauskrankenpflege. Hinkünftig wird die Entwicklung interessant sein, wie weit die Pflegefachassistenz den gehobenen Dienst im Bereich der praktischen Tätigkeit ersetzt.

Eine Berufsausübung kann erfolgen im Dienstverhältnis[520]
- zu einer Krankenanstalt
- zum Träger sonstiger unter ärztlicher oder pflegerischer Leitung oder Aufsicht stehender Einrichtungen
- zu freiberuflich tätigen Ärzten
- zu Gruppenpraxen
- zu freiberuflich tätigen Angehörigen des gehobenen Dienstes für Gesundheits- und Krankenpflege
- zu Einrichtungen oder Gebietskörperschaften, die Hauskrankenpflege anbieten
- zur Justizbetreuungsagentur

Eine Berufsausübung in der Pflegeassistenz bzw. Pflegefachassistenz ist auch im Wege der Arbeitskräfteüberlassung zulässig, wenn der Beschäftiger[521]
- nicht mehr als 15 % des Pflegepersonals durch Arbeitskräfteüberlassung einsetzt sowie
- die Pflegequalität und die Pflegekontinuität nach Maßgabe der Struktur der Einrichtung und des Pflege- und Betreuungsbedarfs der Patienten, Klienten oder pflegebedürftigen Menschen gewährleistet.

c) Pflegeassistenz

Die Berufsausübung ist in **unselbstständiger Form und ohne Eigenverantwortung** ausgestaltet. Pflegeassistenten stehen unter der Aufsicht des gehobenen Dienstes bzw. der Ärzte.

Die **Aufsicht** kann auch in Form einer begleitenden, lediglich in regelmäßigen Intervallen auszuübenden Kontrolle erfolgen, sofern[522]
- die Anordnung durch den Angehörigen des gehobenen Dienstes für Gesundheits- und Krankenpflege bzw. den Arzt schriftlich erfolgt

---
520 § 90 Abs 1 GuKG
521 § 90 Abs 2 GuKG
522 § 83 Abs 5 GuKG

- die Dokumentation der Anordnung gewährleistet ist
- die Möglichkeit der Rückfrage bei einem Angehörigen des gehobenen Dienstes für Gesundheits- und Krankenpflege bzw. Arzt gewährleistet ist
- die Kontrollintervalle durch den Angehörigen des gehobenen Dienstes für Gesundheits- und Krankenpflege bzw. durch den Arzt schriftlich festgelegt sind nach Maßgabe
  - pflegerischer Notwendigkeiten
  - ärztlicher Notwendigkeiten
  - qualitätssichernder Notwendigkeiten

Fällt auch nur eines dieser Kriterien weg, so ist die Kontrolle laufend auszuüben.

Eine Berufsausübung kann erfolgen im Dienstverhältnis[523]
- zu einer Krankenanstalt
- zum Träger sonstiger unter ärztlicher oder pflegerischer Leitung oder Aufsicht stehender Einrichtungen
- zu freiberuflich tätigen Ärzten
- zu Gruppenpraxen
- zu freiberuflich tätigen Angehörigen des gehobenen Dienstes für Gesundheits- und Krankenpflege
- zu Einrichtungen oder Gebietskörperschaften, die Hauskrankenpflege anbieten
- zur Justizbetreuungsagentur

Ab 1. Jänner 2025 ist die Berufsausübung der Pflegeassistenz in Krankenanstalten nur mehr möglich, soweit diese ihre Ausbildung bis 31. Dezember 2024 erfolgreich abgeschlossen haben.[524]

Eine Berufsausübung in der Pflegeassistenz bzw. Pflegefachassistenz ist auch im Wege der Arbeitskräfteüberlassung zulässig, wenn der Beschäftiger[525]
- nicht mehr als 15% des Pflegepersonals durch Arbeitskräfteüberlassung einsetzt sowie
- die Pflegequalität und die Pflegekontinuität nach Maßgabe der Struktur der Einrichtung und des Pflege- und Betreuungsbedarfs der Patienten, Klienten oder pflegebedürftigen Menschen gewährleistet.

---

523 § 90 Abs 1 GuKG
524 § 117 Abs 23 Satz 1 GuKG
525 § 90 Abs 2 GuKG

2.9 Aufgaben

Das Berufsbild der Gesundheits- und Krankenpflegeberufe wurde im Zuge der Novelle 2016 konkretisiert und modernisiert. Große Änderungen sind dabei nicht aufgenommen worden, es wurde vorrangig die gelebte Praxis verrechtlicht. Jedoch kam es zu einer Neubenennung der Aufgabengebiete, was mit der Absicht der Aufwertung erfolgte, seinen Zweck jedoch mehr als verfehlt hat.

a) Gehobener Dienst

Mit der Novelle 2016 wurde der Begriff der „Tätigkeitsbereiche" in „Kompetenzbereiche" geändert. Der gehobene Dienst für Gesundheits- und Krankenpflege trägt die **Verantwortung** für die
- unmittelbare
- mittelbare

Pflege von Menschen in allen
- Altersstufen
- Familien
- Bevölkerungsgruppen

Neben fachlichen Grundsätzen haben Angehörige des gehobenen Dienstes bei ihrer Tätigkeitsverrichtung ethische, rechtliche, interkulturelle, psychosoziale und systemische Perspektiven und Grundsätze zu beachten.[526]

Der gehobene Dienst trägt auf der Grundlage wissenschaftlicher Erkenntnisse durch gesundheitsfördernde Kompetenzen zur
- Förderung und Aufrechterhaltung der Gesundheit
- Unterstützung des Heilungsprozesses
- Linderung und Bewältigung von gesundheitlicher Beeinträchtigung
- Aufrechterhaltung der höchstmöglichen Lebensqualität

aus pflegerischer Sicht bei.[527] Dazu entwickelt, organisiert und implementiert er pflegerische Strategien, Konzepte und Programme zur Stärkung der Gesundheitskompetenz, insbesondere bei chronischen Erkrankungen, im Rahmen der Familiengesundheitspflege, der Schulgesundheitspflege sowie der gemeinde- und bevölkerungsorientierten Pflege.[528]

Das Gesundheits- und Krankenpflegegesetz unterscheidet drei große Kompetenzbereiche (früher Tätigkeitsbereiche).[529] Den drei Grundkompetenzen wurden weitere Kompetenzen beigefügt. Folgend werden diese Kompetenzen dargestellt.

---

526 § 12 Abs 1 GuKG
527 § 12 Abs 2 GuKG
528 § 12 Abs 5 GuKG
529 §§ 13 bis 15 GuKG

Pflegerische Kernkompetenzen
In die pflegerischen Kernkompetenzen fallen jene Aufgaben, die **naturgemäß der Krankenpflege übertragen** sind. Diese umfassen[530]
- die eigenverantwortliche Erhebung des Pflegebedarfes
- die eigenverantwortliche Beurteilung der Pflegeabhängigkeit
- den Pflegeprozess mit
  - Diagnostik
  - Planung
  - Organisation
  - Durchführung
  - Kontrolle
  - Evaluation
- die Prävention
- die Gesundheitsförderung und Gesundheitsberatung im Rahmen der Pflege
- die Pflegeforschung

Diese allgemeine Aufzählung wurde gesetzlich konkretisiert. So wurde eine demonstrative Liste von Tätigkeiten verankert, die jedenfalls unter diesen Begriffen zu verstehen sind.[531] Weitere Kompetenzen sind vom Stand und der Entwicklung der Wissenschaft und Ausbildung abhängig.[532] Daher sind weitere Tätigkeiten unter die Kernkompetenzen zu subsumieren.

Kompetenz bei Notfällen
Eigentlich handelt es sich bei dieser Kompetenz um eine Untergruppe zur Kernkompetenz, da diese jedenfalls von jedem Berufsgruppenangehörigen beherrscht sowie selbstständig und eigenverantwortlich ausgeübt werden muss. Die Kompetenz bei Notfällen umfasst[533]
- Erkennen und Einschätzen von Notfällen
- Setzen entsprechender Maßnahmen
- eigenverantwortliche Durchführung lebensrettender Sofortmaßnahmen, so lange und so weit ein Arzt nicht zur Verfügung steht
- Veranlassung der unverzüglichen Verständigung eines Arztes

Zu den lebensrettenden Sofortmaßnahmen zählen zumindest
- Herzdruckmassage und Beatmung
- Durchführung der Defibrillation mit halbautomatischen Geräten oder Geräten im halbautomatischen Modus
- Verabreichung von Sauerstoff

---

530 § 14 Abs 1 GuKG
531 § 14 Abs 2 GuKG
532 Schwamberger, Entwicklungen im Bereich des Gesundheits- und Krankenpflegerechts, Kap. B.4. Abs 2 ff.
533 § 14a GuKG

📖　Vergleiche: X. 6. Hilfeleistungspflicht

Kompetenzen bei medizinischer Diagnostik und Therapie
Im Rahmen der medizinischen Diagnostik und Therapie führen Angehörige des gehobenen Dienstes für Gesundheits- und Krankenpflege die ihnen von Ärzten übertragenen Maßnahmen und Tätigkeiten durch.[534]

Hier wurde der ehemalige mitverantwortliche Tätigkeitsbereich novelliert, das alte Problem blieb jedoch erhalten. Die im Gesetzestext gewählte Bezeichnung der „übertragenen Maßnahmen" bedeutet, dass der gehobene Dienst dem ärztlichen Dienst untergeordnet, ja sogar weisungsunterworfen. Wie es nämlich nachfolgend heißt, handelt es sich um *„die eigenverantwortliche Durchführung [...] nach ärztlicher Anordnung"*. Damit ist der gehobene Dienst der einzige selbstständige und eigenverantwortliche Gesundheitsberuf, bei dem eine unselbstständige Durchführung rechtlich verankert wurde.[535]

Da im Rahmen der medizinischen Diagnostik und Therapie Angehörige des gehobenen Dienstes die Anordnungen des Arztes durchzuführen haben, handelt es sich streng genommen um eine Auflistung von Tätigkeiten, die der Arzt dem gehobenen Dienst anordnen bzw. delegieren darf. Die Anordnungen haben schriftlich zu erfolgen. Eine Übermittlung der schriftlichen Anordnung per Telefax oder auf dem Wege automationsunterstützter Datenübertragung ist zulässig, sofern die Dokumentation gewährleistet ist. Die ärztliche Anordnung kann auch mündlich erfolgen, wenn
- die Dringlichkeit dies erfordert *oder*
- die Anordnung in Anwesenheit des anordnenden Arztes vorgenommen wird *und*
- Eindeutigkeit und Zweifelsfreiheit der Anordnung sichergestellt sind

Die schriftliche Dokumentation der ärztlichen Anordnung hat unverzüglich zu erfolgen.[536] Die erfolgte Durchführung ist durch den gehobenen Dienst zu dokumentieren.[537]

Zu den Aufgaben, die delegiert werden können, gehören insbesondere[538]
- Verabreichung von Arzneimitteln, einschließlich Zytostatika und Kontrastmittel
- Vorbereitung und Verabreichung von Injektionen und Infusionen
- Punktion und Blutentnahme aus

534　§ 12 Abs 3 GuKG i.V.m. § 15 Abs 1 GuKG
535　Ähnlich Stärker, Berufsrechte der Gesundheitsberufe: Radikale Vereinfachung notwendig, RdM 2014/1, Kap. B.2.
536　§ 15 Abs 3 GuKG
537　§ 15 Abs 2 GuKG
538　§ 15 Abs 4 GuKG

- den Kapillaren
- dem periphervenösen Gefäßsystem
- der Arterie Radialis
- der Arterie Dorsalis Pedis
- dem zentralvenösen Gefäßsystem bei liegendem Gefäßzugang
• Legen und Wechsel sowie Entfernung periphervenöser Verweilkanülen, einschließlich Aufrechterhaltung der Durchgängigkeit
• Wechsel der Dialyselösung im Rahmen der Peritonealdialyse
• Verabreichung von Vollblut und Blutbestandteilen, einschließlich der patientennahen Blutgruppenüberprüfung mittels Bedside-Test
• Setzen von transurethralen Kathetern zur Harnableitung bei beiden Geschlechtern, Instillation und Spülung sowie Restharnbestimmung mittels Einmalkatheter
• Messung der Restharnmenge mittels nichtinvasiver sonographischer Methoden einschließlich der Entscheidung zur und Durchführung der Einmalkatheterisierung
• Vorbereitung, Assistenz und Nachsorge bei endoskopischen Eingriffen
• Assistenztätigkeiten bei der chirurgischen Wundversorgung
• Entfernen von Drainagen, Nähten und Wundverschlussklammern sowie Anlegen und Wechsel von Verbänden und Bandagen
• Legen und Entfernen von transnasalen und transoralen Magensonden
• Durchführung von Klistieren, Darmeinläufen und -spülungen
• Absaugen aus den oberen Atemwegen sowie dem Tracheostoma
• Wechsel von suprapubischen Kathetern und perkutanen gastralen Austauschsystemen
• Anlegen von Miedern, Orthesen und elektrisch betriebenen Bewegungsschienen bei vorgegebener Einstellung des Bewegungsausmaßes
• Bedienung von zu- und ableitenden Systemen
• Durchführung des Monitorings mit medizintechnischen Überwachungsgeräten einschließlich Bedienung derselben
• Durchführung standardisierter diagnostischer Programme
• Durchführung medizinisch-therapeutischer Interventionen (z.B. Anpassung von Insulin-, Schmerz- und Antikoagulantientherapie), insbesondere nach Standard Operating Procedures (SOP)
• Anleitung und Unterweisung von Patienten sowie Personen, denen einzelne ärztliche Tätigkeiten übertragen wurden

Die Auflistung zeigt, dass quasi die gesamte Routine an den gehobenen Dienst delegiert werden kann. Dem wäre grundsätzlich nicht zu widersprechen, wenn es sich um eine Übertragung in den eigenverantwortlichen Tätigkeitsbereich handeln würde.

Der gehobene Dienst kann alle aufgezählten Tätigkeiten, soweit sie vom Umfang des Berufsbilds des Empfängers erfasst sind, weiterdelegieren an[539]
- Angehörige eines Pflegeassistenzberufs
- Desinfektionsassistenz
- Ordinationsassistenz
- Operationsassistenz
- in Ausbildung zu einem Gesundheitsberuf stehende Personen

Wenn es sich um
- Verabreichung von Arzneimitteln
- Anlegen von Bandagen und Verbänden
- Verabreichung von subkutanen Insulininjektionen und subkutanen Injektionen von blutgerinnungshemmenden Arzneimitteln
- Blutentnahme aus der Kapillare zur Bestimmung des Blutzuckerspiegels mittels Teststreifen
- einfache Wärme- und Lichtanwendungen

handelt, kann der gehobene Dienst **im Einzelfall** aus eigenem Ermessen die Aufgaben auch an Sozialbetreuungsberufe und Personenbetreuer übertragen.[540]

> Vergleiche: XII. Allgemeine und besondere Berufsrechte der Sozialbetreuungsberufe und XIV. 3. Personenbetreuung

Ebenso ist der gehobene Dienst berechtigt (nicht jedoch verpflichtet), einzelne ärztliche Tätigkeiten, die ihm übertragen wurden, an
- Angehörige des Patienten
- Personen, in deren Obhut der Patient steht
- Personen, die zum Patienten in einem örtlichen und persönlichen Naheverhältnis stehen

weiter zu übertragen.[541] Dazu haben sie in Eigenverantwortung die erforderliche Anleitung und Unterweisung zu erteilen.

> Vergleiche: X. 13.1 Delegation an Gesundheitsberufe

Weiterverordnung von Medizinprodukten
Angehörige des gehobenen Dienstes sind berechtigt, vom Arzt verordnete Medizinprodukte
- zur Nahrungsaufnahme
- zur Inkontinenzversorgung

---
539 § 15 Abs 5 GuKG
540 § 15 Abs 6 GuKG i.V.m. § 3b Abs. 3 bis 6 und § 3c Abs. 2 bis 5 GuKG
541 gemäß § 50a ÄrzteG

- für die Mobilisations- und Gehhilfe
- in Form von Verbandsmaterialien
- als prophylaktische Hilfsmittel
- in Form von Messgeräten
- zur Versorgung des Illeo-, Jejuno-, Colon- und Uro-Stomas

so lange weiter zu verordnen, bis die *„Patientensituation die Einstellung der Weiterverordnung oder die Rückmeldung an den Arzt erforderlich"* macht oder der Arzt die Anordnung ändert. Lehnt der gehobene Dienst die Weiterverordnung ab oder stellt er diese ein, hat er das dem anordnenden Arzt mitzuteilen.[542]

Kompetenzen im multiprofessionellen Versorgungsteam
Im Rahmen der interprofessionellen Zusammenarbeit (früher interdisziplinärer Tätigkeitsbereich) tragen Angehörige des gehobenen Dienstes für Gesundheits- und Krankenpflege zur Aufrechterhaltung der Behandlungskontinuität bei.[543]

Die Kompetenzen im multiprofessionellen Versorgungsteam umfassen die pflegerische **Expertise** als Teil eines multiprofessionellen Versorgungsteams bei der Zusammenarbeit mit Gesundheits- und Sozialberufen sowie anderen Berufen.[544] Angehörige des gehobenen Dienstes haben ein **Vorschlags- und Mitwirkungsrecht**. Sie haben jedoch **kein Entscheidungsrecht** (wie dies noch im interdisziplinären Tätigkeitsbereich vorgesehen war) mehr. Führt eine falsche Expertise des gehobenen Dienstes zu einer falschen Entscheidung der entscheidungstragenden Gesundheits- und Sozialbetreuungsberufe, so haftet der gehobene Dienst aus seiner Sachverständigenstellung. Die Durchführungsverantwortung für die gesetzten pflegerischen Maßnahmen, die aufgrund der Entscheidung der anderen Berufsgruppen zu setzen sind, bleibt natürlich ebenfalls beim gehobenen Dienst.[545]

Der multiprofessionelle Kompetenzbereich umfasst insbesondere[546]

- Maßnahmen zur Verhütung von Krankheiten und Unfällen sowie zur Erhaltung und Förderung der Gesundheit
- Aufnahme- und Entlassungsmanagement
- Gesundheitsberatung
- interprofessionelle Vernetzung
- Informationstransfer und Wissensmanagement
- Koordination des Behandlungs- und Betreuungsprozesses einschließlich der Sicherstellung der Behandlungskontinuität

---

542 § 15a Abs 1 GuKG
543 § 12 Abs 4 GuKG
544 § 16 Abs 1 GuKG
545 § 16 Abs 2 GuKG
546 § 16 Abs 3 GuKG

- Ersteinschätzung von Spontanpatienten mittels standardisierter Triage- und Einschätzungssysteme
- ethische Entscheidungsfindung
- Förderung der Gesundheitskompetenz

Kinder- und Jugendlichenpflege
Die Kinder- und Jugendlichenpflege umfasst die Betreuung und Pflege bei Erkrankungen im Kindes- und Jugendalter.[547] Dazu zählen insbesondere[548] die Pflege und Betreuung
- bei körperlichen und psychischen Erkrankungen im Kindes- und Jugendalter
- von Neugeborenen und Säuglingen
- behinderter, schwerkranker und sterbender Kinder und Jugendlicher

sowie die pflegerische Mitwirkung
- an der Förderung der Gesundheit und der Verhütung von Krankheiten im Kindes- und Jugendalter
- an der primären Gesundheitsversorgung und an der Rehabilitation bei Kindern und Jugendlichen

Psychiatrische Gesundheits- und Krankenpflege
Die psychiatrische Gesundheits- und Krankenpflege umfasst die Betreuung und Pflege von Menschen aller Alters- und Entwicklungsstufen, die unter psychischen Störungen und neurologischen Erkrankungen leiden, sowie die Förderung der psychischen Gesundheit.[549] Zu diesen Aufgaben zählen insbesondere[550]
- Beobachtung, Betreuung und Pflege sowie Assistenz bei medizinischen Maßnahmen
- Beobachtung, Betreuung und Pflege sowie Assistenz von Menschen
  - mit akuten psychischen Störungen
  - mit chronischen psychischen Störungen
  - mit Intelligenzminderungen
  - mit Abhängigkeitserkrankungen
  - die nach Unterbringungsgesetz untergebracht sind
  - die als geistig abnorme Rechtsbrecher untergebracht sind
- Beobachtung, Betreuung und Pflege von Menschen mit neurologischen Erkrankungen und den sich daraus ergebenden psychischen Begleiterkrankungen

---

547 § 18 Abs 1 GuKG
548 § 18 Abs 2 GuKG
549 § 19 Abs 1 GuKG
550 § 19 Abs 2 GuKG

- Beschäftigung mit Menschen mit psychischen Störungen und neurologischen Erkrankungen
- Gesprächsführung mit Menschen mit psychischen Störungen und neurologischen Erkrankungen sowie deren Angehörigen
- psychosoziale Betreuung,
- psychiatrische und neurologische Rehabilitation und Nachbetreuung
- Übergangspflege

Intensivpflege
Die Intensivpflege umfasst die
- Beobachtung
- Betreuung
- Überwachung
- Pflege

von Schwerstkranken sowie die Mitwirkung bei Anästhesie und Nierenersatztherapie.[551]

Anästhesiepflege
Die Anästhesiepflege umfasst die
- Beobachtung
- Betreuung
- Überwachung
- Pflege

von Patienten vor, während und nach der Narkose sowie die Mitwirkung bei Narkosen.[552]

Pflege bei Nierenersatztherapie
Die Pflege bei Nierenersatztherapie umfasst die
- Beobachtung
- Betreuung
- Überwachung
- Pflege
- Beratung
- Einschulung

von chronisch niereninsuffizienten Patienten vor, während und nach der Nierenersatztherapie sowie die Vorbereitung und Nachbetreuung bei Nierentransplantationen.[553]

---

551 § 20 Abs 1 GuKG
552 § 20 Abs 2 GuKG
553 § 20 Abs 3 GuKG

Pflege im Operationsbereich
Die Pflege im Operationsbereich umfasst die Vorbereitung, Mitwirkung und Nachbetreuung bei operativen Eingriffen.[554] Hiezu zählen insbesondere[555]
- Instrumentieren in allen operativen Fachrichtungen
- Mitwirkung bei der Planung und Organisation des Operationsbetriebes
- Desinfektion, Sterilisation und Wartung der bei der Operation benötigten Instrumente
- prä- und postoperative Betreuung der Patienten im Operationsbereich

Krankenhaushygiene
Die Krankenhaushygiene umfasst die Mitwirkung bei allen Maßnahmen, die der Erkennung, Verhütung und Bekämpfung von Krankenhausinfektionen und der Gesunderhaltung dienen.[556] Hiezu zählen insbesondere[557]
- Ermittlung des Hygienestatus in pflegerischen, diagnostischen, therapeutischen und versorgungstechnischen Bereichen
- Mitwirkung bei der Erstellung von Hygieneplänen, Hygienestandards und Hygienerichtlinien
- Mitwirkung bei der Beschaffung von Desinfektionsmitteln und bei der Beschaffung und Aufbereitung von Produkten, sofern durch diese eine Infektionsgefahr entstehen kann
- Beratung des Personals in allen für die Wahrung der Hygiene wichtigen Angelegenheiten
- Mitwirkung bei allen Planungen für Neu-, Zu- und Umbauten

Kinderintensivpflege
Die Aufgaben für die spezielle Sonderausbildung Kinderintensivpflege sind nicht gesetzlich definiert worden. Aus der Beschränkung der Tätigkeit auf Früh- und Neugeborenen-, Kinder- und Jugendlichen-Intensivpflege[558] kann jedoch darauf geschlossen werden, dass die Tätigkeiten, eingeschränkt auf Minderjährige, die gleichen sind wie jene der Intensivpflege.

Wundmanagement und Stomaversorgung
Das Wundmanagement umfasst[559] alle
- übertragenen medizinischen
- originär pflegerischen

---

554 § 21 Abs 1 GuKG
555 § 21 Abs 2 GuKG
556 § 22 Abs 1 GuKG
557 § 22 Abs 2 GuKG
558 § 68a Abs 4 GuKG
559 § 22a Abs 1 GuKG

Maßnahmen und Interventionen, die dazu dienen,
- die Entstehung einer chronischen Wunde zu verhindern
- eine Wunde zu erkennen
- den Wundheilungsprozess zu beschleunigen
- Rezidive zu vermeiden
- die Lebensqualität der Patienten zu erhöhen
- die Selbst- und Gesundheitskompetenz der Patienten zu erhöhen

Die Stomaversorgung und -beratung umfasst neben der Wundversorgung auch die individuelle Pflege von Patienten mit Stoma, Inkontinenzleiden, Fisteln und sekundär heilenden Wunden.[560]

Hospiz- und Palliativversorgung
Einen wichtigen Bereich deckt die Versorgung in der Hospiz- und der Palliativpflege ab. Die Hospiz- und Palliativversorgung beinhaltet die Pflege und Begleitung von Menschen
- mit einer fortschreitenden, unheilbaren
- und damit lebensbedrohlichen Erkrankung sowie
- die Betreuung von deren Angehörigen und sonstigen nahestehenden Personen

vor dem Hintergrund eines umfassenden Verständnisses von Krankheit unter Wahrung des Selbstbestimmungsrechts und Berücksichtigung des Patientenwillens. Ziel der Pflege ist es, die Lebensqualität zu verbessern. Dies hat zu erfolgen insbesondere durch[561]
- Identifikation des Bedarfs an spezialisierter Palliativpflege
- vorausschauende Planung zur Erfassung und Berücksichtigung der Wünsche und Bedürfnisse für die letzte Lebensphase (advance care planning)
- Erfassung und Beurteilung von Intensität und Verlauf der Symptome
- Mitwirkung beim
  - Einsatz medikamentöser und nicht-medikamentöser Therapien zur Symptomlinderung im gesamten Krankheitsverlauf einschließlich
  - der kontinuierlichen Evaluierung ihrer Wirkung
- Beratung und/oder Schulung der Palliativpatienten und -patientinnen sowie ihrer Angehörigen und sonstigen nahestehenden Personen im Umgang mit den Symptomen
- kontinuierliche und enge Zusammenarbeit und Kommunikation mit verschiedenen Professionen, Disziplinen sowie Einrichtungen
- Mitwirkung in der umfassenden multiprofessionellen Versorgungsplanung und Unterstützung im Zugang zu externen Ressourcen

---

560 § 22a Abs 2 GuKG
561 § 22b GuKG

- Beistand in der Auseinandersetzung mit Krankheit, Abschied, Sterben und Tod

Psychogeriatrische Pflege
Die psychogeriatrische Pflege umfasst die Pflege von alten und hochbetagten Menschen, die insbesondere unter
- Demenz
- Delir
- Depression
- Angst
- Sucht
- Suizidalität

leiden, mit dem Ziel, die geistigen und körperlichen Fähigkeiten, die Persönlichkeit bzw. Identität des Kranken und dessen soziale Bindungen möglichst lange aufrechtzuerhalten und zu fördern. Die pflegenden An- und Zugehörigen sind in die Versorgung einzubinden und in ihre Betreuungskompetenz ist nach Möglichkeit zu stärken.[562]

Lehraufgaben
Unter der Bezeichnung Lehraufgaben werden Tätigkeiten verstanden, die von den allgemeinen Tätigkeiten in Bezug auf die Ausbildung von Gesundheitsberufen abweichen. Lehraufgaben umfassen[563]
- Lehrtätigkeit in der Gesundheits- und Krankenpflege
- Lehrgänge für Pflegeassistenz

Die Lehrtätigkeit umfasst die
- Planung
- Durchführung
- Auswertung

des theoretischen und praktischen Unterrichts an Gesundheits- und Krankenpflegeschulen, an Pflegehilfelehrgängen, an sonstigen Ausbildungsgängen, in denen Gesundheits- und Krankenpflege gelehrt wird, sowie im Rahmen der Fort-, Weiter- und Sonderausbildung.[564]

Führungsaufgaben
Die Leitung des Pflegedienstes an einer Krankenanstalt und an Einrichtungen, die der Betreuung pflegebedürftiger Menschen dienen, umfasst die Verantwortung für die[565]

---

562 § 22c Abs 1 GuKG
563 § 23 GuKG
564 § 24 Abs 1 GuKG
565 § 26 Abs 1 GuKG

- Qualität der Pflege
- Organisation der pflegerischen Maßnahmen

Dazu zählen insbesondere[566]
- Überwachung, Sicherung und Verbesserung der Pflegequalität und der Pflegeorganisation
- Führung und Einsatz des Personals im Pflegebereich
- Organisation der Sachmittel und Überwachung des Sachmitteleinsatzes im Pflegebereich
- Zusammenarbeit mit anderen Einrichtungen, Organisationseinheiten und Berufsgruppen

b) Pflegefachassistenz

Die Pflegefachassistenz **unterstützt Angehörige des gehobenen Dienstes sowie Ärzte.**[567] **Sie hat die durch Angehörige des gehobenen Dienstes übertragenen Aufgaben und Tätigkeiten bei Menschen aller Altersstufen in mobilen, ambulanten, teilstationären und stationären Versorgungsformen sowie auf allen Versorgungsstufen eigenverantwortlich** durchzuführen.[568]

Im Rahmen der medizinischen Diagnostik und Therapie führen Pflegefachassistenten die ihnen von Ärzten übertragenen oder von Angehörigen des gehobenen Dienstes weiterübertragenen Maßnahmen eigenverantwortlich durch.[569]

Durchführung von Pflegemaßnahmen, Diagnostik und Therapie
Die eigenverantwortlich durchzuführenden Pflegemaßnahmen umfassen[570]
- Mitwirkung beim Pflegeassessment
- Beobachtung des Gesundheitszustands
- Durchführung der ihnen entsprechend ihrem Qualifikationsprofil von Angehörigen des gehobenen Dienstes für Gesundheits- und Krankenpflege übertragenen Pflegemaßnahmen
- Information, Kommunikation und Begleitung
- Mitwirkung an der praktischen Ausbildung in der Pflegeassistenz

Hinzu kommen Maßnahmen der Diagnostik und Therapie. Diese umfassen[571]
- Verabreichung von Arzneimitteln
  – lokal

---

566 § 26 Abs 2 GuKG
567 § 82 Abs 1 GuKG
568 § 82 Abs 2 GuKG
569 § 82 Abs 3 GuKG
570 §§ 83a Abs 1 Z 1 i.V.m. 83 Abs 2 GuKG
571 §§ 83a Abs 1 Z 1 i.V.m. 83 Abs 4 GuKG

- transdermal
- über Gastrointestinal- und/oder Respirationstrakt
• Verabreichung von subkutanen Insulininjektionen
• Verabreichung von subkutanen Injektionen blutgerinnungshemmender Arzneimittel
• standardisierte Blut-, Harn- und Stuhluntersuchungen
• Blutentnahme aus der Kapillare im Rahmen der patientennahen Labordiagnostik
• Durchführung von Schnelltestverfahren (Point-of-Care-Tests)
• Blutentnahme aus der Vene, ausgenommen bei Kindern
• Durchführung von Mikro- und Einmalklistieren
• Durchführung einfacher Wundversorgung einschließlich Anlegen von Verbänden, Wickeln und Bandagen
• Durchführung von Sondenernährung bei liegenden Magensonden
• Absaugen aus den oberen Atemwegen sowie dem Tracheostoma in stabilen Pflegesituationen
• Erhebung und Überwachung von medizinischen Basisdaten
  - Puls
  - Blutdruck
  - Atmung
  - Temperatur
  - Bewusstseinslage
  - Gewicht
  - Größe
  - Ausscheidungen
• einfache Wärme-, Kälte- und Lichtanwendungen

Handeln bei Notfällen
Das Handeln in Notfällen umfasst[572]
• Erkennen und Einschätzen von Notfällen und Setzen entsprechender Maßnahmen
• eigenverantwortliche Durchführung lebensrettender Sofortmaßnahmen, solange und soweit ein Arzt nicht zur Verfügung steht, insbesondere
  - Herzdruckmassage und Beatmung mit einfachen Beatmungshilfen
  - Durchführung der Defibrillation mit halbautomatischen Geräten oder Geräten im halbautomatischen Modus sowie
  - Verabreichung von Sauerstoff
• die Verständigung eines Arztes, die unverzüglich zu veranlassen ist

---

572 §§ 83a Abs 2 i.V.m. 83 Abs 3 GuKG

📖 Vergleiche: X. 6. Hilfeleistungspflicht

Mitwirkung bei Diagnostik und Therapie
Weitere Tätigkeiten im Rahmen der Mitwirkung bei Diagnostik und Therapie sind[573]
- Durchführung standardisierter diagnostischer Programme wie
  - EKG
  - EEG
  - BIA
  - Lungenfunktionstest
- Legen und Entfernen von transnasalen und transoralen Magensonden
- Setzen und Entfernen von transurethralen Kathetern bei der Frau, ausgenommen bei Kindern
- Ab- und Anschluss laufender Infusionen, ausgenommen Zytostatika und Transfusionen mit Vollblut und/oder Blutbestandteilen bei liegendem periphervenösem Gefäßzugang
- die Aufrechterhaltung der Durchgängigkeit eines liegenden periphervenösen Gefäßzugangs sowie ggf. die Entfernung desselben
- Anlegen von Miedern, Orthesen und elektrisch betriebenen Bewegungsschienen nach vorgegebener Einstellung

Die Durchführung der Tätigkeiten im Rahmen der Mitwirkung bei Diagnostik und Therapie hat im Einzelfall nach schriftlicher ärztlicher Anordnung zu erfolgen. Die Anordnung kann auch durch Angehörige des gehobenen Dienstes für Gesundheits- und Krankenpflege erfolgen.[574]

Anleitung und Unterweisung von Auszubildenden
Die Durchführung der Anleitung und Unterweisung von Auszubildenden der Pflegeassistenzberufe hat nach Anordnung des gehobenen Dienstes zu erfolgen. Im extramuralen Bereich haben Anordnungen schriftlich zu erfolgen.[575]

c) Pflegeassistenz

Die Pflegeassistenz **unterstützt Angehörige des gehobenen Dienstes sowie Ärzte.**[576] Ihre Aufgabe ist die Durchführung der ihr durch Angehörige des gehobenen Dienstes übertragenen Aufgaben und Tätigkeiten in verschiedenen Pflege- und Behandlungssituationen bei Menschen aller Altersstufen in mobi-

---
573 § 83a Abs 2 GuKG
574 § 83a Abs 4 GuKG
575 § 83a Abs 3 GuKG
576 § 82 Abs 1 GuKG

len, ambulanten, teilstationären und stationären Versorgungsformen sowie auf allen Versorgungsstufen.[577]

Personen die eine Ausbildung zum Pflegehelfer abgeschlossen haben, erfüllen die Qualifikation als Pflegeassistent.[578] Ihnen fallen daher dieselben Aufgaben zu wie den Pflegeassistenten.

Im Rahmen der medizinischen Diagnostik und Therapie führen Pflegeassistenten die ihnen von Ärzten übertragenen oder von Angehörigen des gehobenen Dienstes weiterübertragenen Maßnahmen durch.[579]

Mitwirkung und Durchführung von Pflegemaßnahmen
Pflegemaßnahmen umfassen die **unselbstständige und nicht eigenverantwortliche**[580]
- Mitwirkung beim Pflegeassessment
- Beobachtung des Gesundheitszustands
- Durchführung der ihnen entsprechend ihrem Qualifikationsprofil von Angehörigen des gehobenen Dienstes für Gesundheits- und Krankenpflege übertragenen Pflegemaßnahmen
- Information, Kommunikation und Begleitung
- Mitwirkung an der praktischen Ausbildung in der Pflegeassistenz

Die Durchführung von Pflegemaßnahmen darf daher nur nach Anordnung und unter Aufsicht von Angehörigen des gehobenen Dienstes für Gesundheits- und Krankenpflege erfolgen. Im extramuralen Bereich haben Anordnungen schriftlich zu erfolgen. Eine Übermittlung der schriftlichen Anordnung per Telefax oder im Wege automationsunterstützter Datenübertragung ist zulässig, sofern die Dokumentation gewährleistet ist.

Handeln bei Notfällen
Das Handeln in Notfällen umfasst[581]
- das Erkennen und Einschätzen von Notfällen und Setzen entsprechender Maßnahmen
- die eigenverantwortliche Durchführung lebensrettender Sofortmaßnahmen, solange und soweit ein Arzt nicht zur Verfügung steht, insbesondere
  – Herzdruckmassage und Beatmung mit einfachen Beatmungshilfen
  – Durchführung der Defibrillation mit halbautomatischen Geräten oder Geräten im halbautomatischen Modus sowie
  – Verabreichung von Sauerstoff
- die Verständigung eines Arztes, die unverzüglich zu veranlassen ist

---

577 § 82 Abs 2 GuKG
578 § 86 Abs 1 Z 2 und 3 GuKG
579 § 82 Abs 3 GuKG
580 § 83 Abs 2 GuKG
581 § 83 Abs 3 GuKG

Mitwirkung bei Diagnostik und Therapie
Die Mitwirkung bei Diagnostik und Therapie umfasst die **unselbstständige und nicht eigenverantwortliche**[582]
- Verabreichung von Arzneimitteln
  - lokal
  - transdermal
  - über Gastrointestinal- und/oder Respirationstrakt
- Verabreichung von subkutanen Insulininjektionen
- Verabreichung von subkutanen Injektionen blutgerinnungshemmender Arzneimittel
- standardisierte Blut-, Harn- und Stuhluntersuchungen
- Blutentnahme aus der Kapillare im Rahmen der patientennahen Labordiagnostik
- Durchführung von Schnelltestverfahren (Point-of-Care-Tests)
- Blutentnahme aus der Vene, ausgenommen bei Kindern
- Durchführung von Mikro- und Einmalklistieren
- Durchführung einfacher Wundversorgung, einschließlich Anlegen von Verbänden, Wickeln und Bandagen
- Durchführung von Sondenernährung bei liegenden Magensonden
- Absaugen aus den oberen Atemwegen sowie dem Tracheostoma in stabilen Pflegesituationen
- Erhebung und Überwachung von medizinischen Basisdaten
  - Puls
  - Blutdruck
  - Atmung
  - Temperatur
  - Bewusstseinslage
  - Gewicht
  - Größe
  - Ausscheidungen
- einfache Wärme-, Kälte- und Lichtanwendungen

Die Durchführung der Tätigkeiten hat im Einzelfall nach schriftlicher ärztlicher Anordnung und unter Aufsicht von Ärzten oder Angehörigen des gehobenen Dienstes zu erfolgen. Die Anordnung kann auch durch Angehörige des gehobenen Dienstes erfolgen. Eine Übermittlung der schriftlichen Anordnung per Telefax oder im Wege automationsunterstützter Datenübertragung ist zulässig, sofern die Dokumentation gewährleistet ist.

---

582 § 83 Abs 4 GuKG

2.10 Vorbehalt der Pflege

Der gehobene Dienst der Gesundheits- und Krankenpflege ist für alle Belange der Pflege des Patienten alleinverantwortlich. Zu den Vorbehalten zählen jene Tätigkeiten, die in die pflegerische Kernkompetenz übertragen wurde.

3 Medizinisch-technische Dienste

Die medizinisch-technischen Dienste sind, auch wenn der Name leicht irreführend ist und auf einen rein technischen Dienst hindeutet, Gesundheitsberufe, die zumeist direkt mit dem Patienten arbeiten.

3.1 Ausbildung

Die Ausbildung zum MTD erfolgt in Fachhochschul-Bakkalaureatsstudiengängen[583] und schließt mit einem Diplom ab.[584] Zusätzlich wird der akademische Grad B. Sc. – Bachelor of Science – verliehen.

Voraussetzung für den Beginn der Ausbildung ist eine Studienzulassung. Die Fachhochschulausbildung selbst dauert drei Jahre und umfasst 180 ECTS-Punkte, davon rund 45 ECTS-Punkte für Praktika.

3.2 Berufsausübung

Die Angehörigen der medizinisch-technischen Dienste üben ihren Beruf **selbstständig, freiberuflich und eigenverantwortlich** aus. Sie verrichten ihn in Zusammenarbeit mit anderen gehobenen medizinisch-technischen Diensten oder sonstigen Angehörigen von Gesundheitsberufen.[585] Die Berufsausübung besteht jedoch immer in der eigenverantwortlichen Ausübung der im eigenen Berufsbild erfassten Tätigkeiten.[586]

Die Berufsangehörigen haben ihre Tätigkeit persönlich und unmittelbar zu erbringen. Vor Aufnahme der freiberuflichen Ausübung ist diese der aufgrund des Berufssitzes zuständigen Bezirksverwaltungsbehörde zu melden.

3.3 Aufgaben

Angehörige der gehobenen medizinisch-technischen Dienste (MTDs) haben das Wohl und die Gesundheit der Patienten und Klienten unter Einhaltung der hiefür geltenden Vorschriften und nach Maßgabe der fachlichen und wissenschaftlichen Erkenntnisse und Erfahrungen zu wahren.

---

583 § 1 FH-MTD-AV
584 § 3 Abs 1 und 4 MTD-Gesetz
585 § 7a MTD-Gesetz
586 § 7 MTD-Gesetz

Besondere Berufsrechte der Gesundheitsberufe

a) Physiotherapeutische Dienst

Der Physiotherapeut[587] führt eigenverantwortlich **nach ärztlicher Anordnung** alle physiotherapeutischen Maßnahmen unter besonderer Berücksichtigung funktioneller Zusammenhänge auf den Gebieten der
- Gesundheitserziehung
- Prophylaxe
- Therapie und Rehabilitation im intra- und extramuralen Bereich

durch.

Der Physiotherapeut hat dabei berufsspezifische Befundungsverfahren anzuwenden und bei elektrodiagnostischen Untersuchungen mitzuwirken.

Eigenverantwortlich und selbstständig, **ohne ärztliche Anordnung**, führt der Physiotherapeut die
- Beratung und Erziehung Gesunder

in den oben genannten Bereichen durch.

📖 Vergleiche: XI. 4.3 i) Trainingstherapie durch Sportwissenschafter

b) Medizinisch-technischer Laboratoriumsdienst

Der biomedizinische Analytiker[588] führt eigenverantwortlich **nach ärztlicher Anordnung** alle Laboratoriumsmethoden aus, die im Rahmen des medizinischen Untersuchungs-, Behandlungs- und Forschungsbetriebes erforderlich sind. Er kann bei Untersuchungen auf dem Gebiet der Elektro-Neuro-Funktionsdiagnostik und der kardiopulmonalen-Funktionsdiagnostik mitwirken bzw. diese unter Aufsicht durchführen. Zudem ist er befugt, Blut aus der Vene abzunehmen, wenn ihn der verantwortliche Arzt hiezu ermächtigt hat.[589]

Ihm wurde auch die Befugnis übertragen, im Umfang der ärztlichen Anordnung die angeordneten Tätigkeiten an Angehörige der Laborassistenz oder in Ausbildung zur Laborassistenz stehende Personen weiterzudelegieren und die Aufsicht über deren Durchführung wahrzunehmen.[590]

📖 Vergleiche: XI. 4.3 d) Laborassistenz

---

587 § 2 Abs 1 MTD-Gesetz
588 § 2 Abs 2 MTD-Gesetz
589 § 4 Abs 2 MTD-Gesetz
590 § 4 Abs 3 MTD-Gesetz

c) Radiologisch-technischer Dienst

Der Radiologietechnologe[591] führt eigenverantwortlich **nach ärztlicher Anordnung** alle radiologisch-technischen Methoden aus, soweit diese zur Untersuchung und Behandlung von Menschen oder zur Forschung auf dem Gebiet des Gesundheitswesens zum Einsatz kommen.

Radiotechnologen sind weiters befugt, nach ärztlicher Anordnung Blut aus der Vene abzunehmen.[592] Um die Untersuchung und Behandlung in ausreichendem Umfang durchführen zu können, wurde Radiologietechnologen auch die Berechtigung übertragen, Radiopharmazeutika nach ärztlicher Anordnung, jedoch ausschließlich in Zusammenarbeit mit Ärzten anzuwenden. Ebenfalls wurde die Befugnis übertragen, nach Maßgabe der ärztlichen Anordnung die angeordneten Tätigkeiten an Angehörige der Röntgenassistenz oder in Ausbildung zur Röntgenassistenz stehende Personen weiterzudelegieren und die Aufsicht über deren Durchführung wahrzunehmen.[593]

📖 Vergleiche: XI. 4.3 h) Röntgenassistenz

d) Diätdienst und ernährungsmedizinischer Beratungsdienst

Diätologen[594] haben eigenverantwortlich **nach ärztlicher Anordnung** die
- Auswahl
- Zusammenstellung
- Berechnung
- Anleitung
- Überwachung

der Zubereitung besonderer Kostformen durchzuführen, die zur Ernährung Kranker oder krankheitsverdächtiger Personen dienen. Dazu gehört auch die Beratung der Kranken oder ihrer Angehörigen über die praktische Durchführung ärztlicher Diätverordnungen innerhalb und außerhalb einer Krankenanstalt.

Weiters können Diätologen eigenverantwortlich und selbstständig, also **ohne ärztliche Anordnung**, die
- Auswahl
- Zusammenstellung
- Berechnung

---

591 § 2 Abs 3 MTD-Gesetz
592 § 4 Abs 2 MTD-Gesetz
593 § 4 Abs 2 MTD-Gesetz
594 § 2 Abs 4 MTD-Gesetz

der Kost für gesunde Personen und Personengruppen oder für Personen und Personengruppen, die unter besonderen Belastungen (z. B. in der Schwangerschaft oder bei Sport) stehen, durchführen. Ebenso ist ihnen die Beratung dieser Personenkreise über Fragen der richtigen Ernährung übertragen worden.

e) Ergotherapeutischer Dienst

Der Ergotherapeut[595] führt eigenverantwortlich **nach ärztlicher Anordnung**
- die Behandlung von Kranken und Behinderten unter Anwendung handwerklicher und gestalterischer Tätigkeiten sowie
- das Training zur Selbsthilfe

durch.

Zudem hat er
- die Herstellung
- den Einsatz
- die Unterweisung im Gebrauch

von Hilfsmitteln durchzuführen. Dazu zählt auch das Schienen zum Zweck der Prophylaxe, Therapie und Rehabilitation.

Der Ergotherapeut kann zudem eigenverantwortlich und selbstständig **ohne ärztliche Anordnung** die Beratungs- und Schulungstätigkeit auf dem Gebiet der Ergonomie und des allgemeinen Gelenkschutzes bei Gesunden ausüben.

f) Logopädisch-phoniatrisch-audiologischer Dienst

Der Logopäde[596] behandelt eigenverantwortlich **nach ärztlicher Anordnung**
- Sprachstörungen
- Sprechstörungen
- Stimmstörungen
- Schluckstörungen
- Hörstörungen

und führt logopädische Befunderhebungen sowie audiometrische Untersuchungen durch.

g) Orthoptischer Dienst

Der Orthoptist[597] führt eigenverantwortlich **nach ärztlicher Anordnung**
- vorbeugende Maßnahmen
- Untersuchung

---

595   § 2 Abs 5 MTD-Gesetz
596   § 2 Abs 6 MTD-Gesetz
597   § 2 Abs 7 MTD-Gesetz

- Befunderhebung
- Behandlung

von Sehstörungen wie
- Schielen
- Schwachsichtigkeit
- Bewegungsstörungen der Augen

durch.

4 Medizinische Assistenzberufe

Um der technischen und beruflichen Entwicklung im Gesundheitswesen zu entsprechen, wurden medizinische Assistenzberufe eingeführt. Die im Folgenden dargestellten Berufe sind neu bzw. modern geregelt worden.

4.1 Ausbildung

Hat der Anwärter bereits eine berufliche Erstausbildung erworben, absolviert er eine Ausbildung zum Ordinationsassistenten[598] oder liegt ein begründeter Einzelfall[599] vor, so kann er eine Einzelausbildung abschließen. Als zuvor erlernte Berufe gelten u.a. *„Lehrabschlüsse, schulische Abschlüsse, die mit einer beruflichen Qualifikation verbunden sind (z.B. Handelsschule, HAK, HTL), Ausbildungen in Sozialberufen (z.B. Heimhilfe) und Gesundheitsberufen (z.B. Sanitäter/innen)"*[600]. Für die jeweilige Einzelausbildung sind folgende Stunden zu absolvieren, wobei mindestens die Hälfte der Stunden auf die praktische Ausbildung und mindestens ein Drittel auf die theoretische Ausbildung zu entfallen hat:

- Desinfektionsassistenz mind. 650 Stunden[601]
- Gipsassistenz mind. 650 Stunden[602]
- Laborassistenz mind. 1300 Stunden[603]
- Obduktionsassistenz mind. 650 Stunden[604]
- Operationsassistenz mind. 1100 Stunden[605]
- Ordinationsassistenz mind. 650 Stunden[606]
- Röntgenassistenz mind. 1300 Stunden[607]

---

598 §§ 24 Abs 2 i.V.m. 25 Abs 1 MABG
599 § 24 Abs 2 MABG
600 Zu §§ 22 bis 24 RV zum MABG
601 § 20 Abs 1 MABG
602 § 20 Abs 2 MABG
603 § 20 Abs 3 MABG
604 § 20 Abs 4 MABG
605 § 20 Abs 5 MABG
606 § 20 Abs 6 MABG
607 § 20 Abs 7 MABG

Soweit der Auszubildende seine berufliche Erstausbildung erhält, also zuvor noch keinen Beruf erlernt hat, muss er zwingend eine Fachassistenzausbildung abschließen.[608] Ausgenommen davon sind die Ausbildung zum Ordinationsassistenten[609] sowie begründete Einzelfälle.[610] Die Ausbildung zur medizinischen Fachassistenz umfasst mindestens 2500 Stunden sowie die Erstellung einer Fachbereichsarbeit.

Im Rahmen der praktischen Schulung dürfen Tätigkeiten des jeweilgen medizinischen Assistenzberufs nach Anordnung, unter Anleitung und unter Aufsicht durchgeführt werden.[611]

Eine eigene Ausbildung ist für Sportwissenschafter vorgesehen, die in der Trainingstherapie tätig werden wollen. Diese umfasst 61 ECTS-Punkte theoretische und 13 ECTS-Punkte praktische Ausbildung zusätzlich zum sportwissenschaftlichen Studium.[612] Hier scheint jedoch der Ausbildungsumfang recht hoch gegriffen, zumal unter Einberechnung des Studiums stundenmäßig das Ausbildungsniveau der Hebammen erreicht wird und diese nicht bloß ein Assistenzberuf, sondern ein selbstständiger und eigenverantwortlicher Gesundheitsberuf sind.

4.2 Berufsausübung

Die Ausübung der medizinischen Assistenzberufe darf nur erfolgen im Dienstverhältnis zu[613]
- dem Rechtsträger einer sonstigen unter ärztlicher oder pflegerischer Leitung oder Aufsicht stehenden Einrichtung
- einem freiberuflich tätigen Arzt oder einer ärztlichen Gruppenpraxis
- einem freiberuflichen tätigen biomedizinischen Analytiker
- einer Sanitätsbehörde
- einer Einrichtung der Forschung, Wissenschaft, Industrie und Veterinärmedizin

Die Ausübung der Trainingstherapie darf nur im Rahmen eines Dienstverhältnisses zu folgenden Dienstgebern erfolgen:
- dem Rechtsträger einer Krankenanstalt
- dem Rechtsträger einer sonstigen unter ärztlicher Leitung oder Aufsicht stehenden Einrichtung
- einem freiberuflich tätigen Arzt

---

608 § 24 Abs 1 MABG
609 §§ 24 Abs 2 i.V.m. 25 Abs 1 MABG
610 § 24 Abs 2 MABG
611 § 20 Abs 8 MABG
612 § 2 Abs 1 i.V.m. Anlage 1 Trainingstherapie-Ausbildungsverordnung
613 § 18 Abs 1 MABG

- einer ärztlichen Gruppenpraxis
- einem freiberuflich tätigen Physiotherapeuten

Die Berufsausübung erfolgt ausschließlich unter ärztlicher Aufsicht. Soweit dies ärztlich angeordnet wurde, kann die Aufsicht oder die Tätigkeit auch an den medizinisch-technischen Dienst delegiert werden, der diese im Einzelfall weiterdelegieren und die Aufsicht über die Durchführung wahrnehmen darf.

Folgende medizinisch-technische Dienste dürfen an die angeführten medizinischen Assistenzberufe weiterdelegieren:
- der biomedizinische Analytiker weiter an die Laborassistenz
- der gehobene Dienst an die Operationsassistenz
- der gehobene Dienst für Gesundheits- und Krankenpflege an die Ordinationsassistenz
- der Radiologietechnologe an die Röntgenassistenz
- der Physiotherapeut an den Sportwissenschafter

4.3 Aufgaben

Die medizinischen Assistenzberufe umfassen die Unterstützung von Ärzten bzw. Angehörigen von gehobenen medizinisch-technischen Diensten sowie des gehobenen Dienstes für Gesundheits- und Krankenpflege. Die Durchführung der Tätigkeiten der medizinischen Assistenzberufe darf nur **nach ärztlicher Anordnung** und **unter Aufsicht von Ärzten** erfolgen. Im Rahmen einer Team-Zusammenarbeit kann diese Aufsicht auch an Angehörige der gehobenen medizinisch-technischen Dienste oder des gehobenen Dienstes für Gesundheits- und Krankenpflege – im Umfang des jeweiligen Berufsbildes – delegiert werden.

a) Medizinische Fachassistenz

Das Berufsbild der **medizinischen Fachassistenz** umfasst die in den folgenden Punkten b bis h beschriebenen Berufsbilder sowie jenes der Pflegeassistenz gemäß GuKG und das des medizinischen Masseurs.[614] Dabei sind nicht alle Berufe zu beherrschen, sondern es sind[615]
- zumindest drei der unter den Punkten b bis h aufgezählten Berufe oder
- der Beruf des Pflegeassistenten und zumindest einer der unter den Punkten b bis h aufgezählten Berufe oder
- der Beruf des medizinischen Masseurs und zumindest einer der unter den Punkten b bis h aufgezählten Berufe

zu erlernen.

---

614 § 11 MABG
615 § 21 Abs 2 MABG

Die Regeln über die Anordnungs- und Aufsichtspflicht richten sich spezifisch nach den jeweiligen Berufsberechtigungen.

b) Desinfektionsassistenz

Die Desinfektionsassistenz[616] reduziert und beseitigt Mikroorganismen und parasitäre makroskopische Organismen **nach ärztlicher Anordnung** und unter **ärztlicher Aufsicht**. Es handelt sich daher um einen gänzlich unselbstständigen Beruf.

Zwar kann die Aufsicht derart reduziert werden, dass (bei entsprechenden Fähigkeiten) eine Einschränkung auf stichprobenartige Kontrolle möglich ist. Die ärztliche Anordnung muss jedoch immer einzelfallbezogen sein. Eine „Generalanordnung" würde den Schutzzweck der Norm unterlaufen und ist daher unzulässig.

Der Tätigkeitsbereich der Desinfektionsassistenz umfasst insbesondere die
- Übernahme von kontaminiertem Instrumentarium sowie die Vorbereitung und Durchführung der weiteren manuellen und maschinellen Reinigung
- Durchführung von Sicht- und Funktionskontrollen am gereinigten Instrumentarium
- Vorbereitung des gereinigten Instrumentariums und Durchführung der Desinfektion und Sterilisation mittels Dampfsterilisatoren
- Reinigen, Warten und Vorbereiten der im Rahmen der Desinfektion, Sterilisation und Entwesung eingesetzten Geräte sowie die Beseitigung einfacher Ablaufstörungen
- Überwachung, Kontrolle und Dokumentation des Desinfektions- und Sterilisationsprozesses
- Lagerung des Sterilguts und Kontrolle des Haltbarkeitsdatums sowie die Aufbereitung und Entsorgung von Ver- und Gebrauchsgütern
- Durchführung der Desinfektion von Medizinprodukten sowie der Flächendesinfektion
- Reduktion und Beseitigung (Entwesung, Entlausung) parasitärer makroskopischer Organismen von Menschen, Objekten und Räumen mittels chemischer Substanzen
- Einhaltung der Sicherheits- und Qualitätsstandards im Rahmen der Desinfektion, Sterilisation und Entwesung

---

616 § 4 MABG

c) Gipsassistenz

Die Gipsassistenz[617] umfasst die **Assistenz von Ärzten** beim Anlegen ruhigstellender und starrer Wundverbände, insbesondere von Gips-, Kunstharz- und thermoplastischen Verbänden aus therapeutischen Gründen **nach ärztlicher Anordnung** und **unter ärztlicher Aufsicht**. Auch hier kann die Aufsicht bei entsprechender Fähigkeit auf eine stichprobenartige Kontrolle reduziert werden. Hingegen wird die ärztliche Anordnung schon infolge der Natur der Sache durch die Zuweisung des Patienten immer im Einzelfall erfolgen.

Die Ausübung ist nur Ärzten und Gipsassistenten gestattet. Insbesondere umfasst die Tätigkeit des Gipsers

- die Assistenz beim Anlegen von Gips-, Kunstharz- und thermoplastischen Verbänden im Rahmen der Erstversorgung und Nachbehandlung von Frakturen sowie Muskel- und Bänderverletzungen
- die Assistenz bei Repositionen und anschließender Ruhigstellung
- das Anwenden einfacher Gipstechniken, insbesondere bei stabilen Frakturen in achsengerechter Stellung sowie Muskel- und Bandverletzungen
- die Korrektur von in der Stabilität beeinträchtigten starren Verbänden
- die Abnahme starrer Verbände
- die Auf- und Nachbereitung des Behandlungs- bzw. Gipsraums
- das Organisieren und Verwalten der erforderlichen Materialien

d) Laborassistenz

Die Laborassistenz[618] umfasst die **Assistenz von Ärzten und biomedizinischen Analytikern** bei der Durchführung manueller und automatisierter Routineparameter im Rahmen von standardisierten Laboruntersuchungen **nach ärztlicher Anordnung** und **unter Aufsicht**.

Der Tätigkeitsbereich der Laborassistenz umfasst insbesondere

- die Mitwirkung an der Gewinnung von Untersuchungsmaterialien einschließlich der Blutentnahme aus der Vene und den Kapillaren
- die Vorbereitung der Geräte, Reagenzien und Proben
- die Überprüfung der Geräte auf Funktionstüchtigkeit einschließlich ihrer Qualitätskontrolle
- die Durchführung einfacher automatisierter und einfacher manueller Analysen von Routineparametern
- Tätigkeiten in der Postanalytik

📖 Vergleiche: XI. 3.3 b) Medizinisch-technischer Laboratoriumsdienst

---

617 § 5 MABG
618 § 6 MABG

e) Obduktionsassistenz

Personen, die einen Qualifikationsnachweis in Obduktionsassistenz erworben haben, dürfen die Berufsbezeichnung „Obduktionsassistent" führen.[619] Die Obduktionsassistenz umfasst die **Assistenz von Ärzten** bei der Leichenöffnung im Rahmen der pathologischen Anatomie, der Histopathologie sowie der Zytopathologie **nach ärztlicher Anordnung** und **unter ärztlicher Aufsicht**. Der Tätigkeitsbereich der Obduktionsassistenz umfasst insbesondere
- die Wartung und Aufbereitung der für die Obduktion erforderlichen Instrumente sowie des Obduktionstisches
- die Assistenz bei der Leichenöffnung und bei der Organ- oder Probenentnahme
- die Mitwirkung bei anatomischen Präparationen
- die Durchführung von Konservierungsverfahren
- die Assistenz bei der Umsetzung der Hygienerichtlinien hinsichtlich des Obduktionsraums, der Gerätschaften und der Instrumente
- die Assistenz bei der Dokumentation der Leichenöffnung, insbesondere der Fotodokumentation
- die Versorgung und Vorbereitung der Verstorbenen für die Bestattung

f) Operationsassistenz

Die Operationsassistenz[620] umfasst die **unsterile Assistenz von Ärzten** bei der Durchführung operativer Eingriffe **nach ärztlicher Anordnung** und **unter Aufsicht**.

Der Tätigkeitsbereich der Operationsassistenz umfasst
- die Annahme, Identifikation und Vorbereitung der zu operierenden Patienten einschließlich des An- und Abtransports
- die Vorbereitung des Operationsraums hinsichtlich der erforderlichen unsterilen Geräte und Lagerungsbehelfe einschließlich ihrer Überprüfung auf Funktionstüchtigkeit sowie ihrer Wartung
- die Assistenz bei der Lagerung der Patienten
- die perioperative Bedienung der unsterilen Geräte
- die Assistenz bei der Sterilisation der Geräte und Instrumente
- die Aufbereitung und Funktionskontrolle der unsterilen Geräte
- die Assistenz bei der Umsetzung der Hygienerichtlinien hinsichtlich des Operationsraums, der Geräte und der Instrumente

📖 Vergleiche: XI. 2.4 f) Pflege im Operationsbereich

---
619 § 7 MABG
620 § 8 MABG

g) Ordinationsassistenz

Die Ordinationsassistenz[621] umfasst die **Assistenz von Ärzten** bei medizinischen Maßnahmen einschließlich der Durchführung von organisatorischen und Verwaltungstätigkeiten in ärztlichen Ordinationen, ärztlichen Gruppenpraxen, selbstständigen Ambulatorien, nicht bettenführenden Organisationseinheiten einer Krankenanstalt und Sanitätsbehörden **nach ärztlicher Anordnung** und **unter Aufsicht**.

Der Tätigkeitsbereich der Ordinationsassistenz umfasst insbesondere folgende Assistenztätigkeiten:
- die Durchführung einfacher Assistenztätigkeiten bei ärztlichen Maßnahmen
- die Durchführung von standardisierten diagnostischen Programmen und standardisierten Blut-, Harn- und Stuhluntersuchungen mittels Schnelltestverfahren (Point-of-Care-Testing) einschließlich der Blutentnahme aus den Kapillaren im Rahmen der patientennahen Labordiagnostik
- die Blutentnahme aus der Vene, ausgenommen bei Kindern
- die Betreuung der Patienten
- die Praxishygiene, Reinigung, Desinfektion, Sterilisation und Wartung der Medizinprodukte und sonstiger Geräte und Behelfe sowie die Abfallentsorgung

h) Röntgenassistenz

Die Röntgenassistenz umfasst die **Assistenz von Ärzten und Radiologietechnologen** bei der Durchführung einfacher, standardisierter bildgebender Verfahren **nach ärztlicher Anordnung** und **unter Aufsicht**.[622]

Der Tätigkeitsbereich der Röntgenassistenz umfasst insbesondere
- die Durchführung von standardisierten Thoraxröntgen
- die Durchführung von standardisierten Röntgenuntersuchungen des Skelettsystems
- die Durchführung von standardisierten Knochendichtemessungen
- die Durchführung von standardisierten Mammographien
- die Durchführung von standardisierten Schnittbilduntersuchungen mittels Computertomographie
- die Durchführung von standardisierten Schnittbilduntersuchungen mittels Magnetresonanztomographie
- die Assistenz bei Röntgenuntersuchungen des Respirations-, Gastrointestinal- und des Urogenitaltraktes

---

621 § 9 MABG
622 § 10 MABG

- die Transferierung und die Assistenz bei der Lagerung von Patienten bei Röntgenuntersuchungen und radiologischen Untersuchungen
- die Auf- und Nachbereitung der Geräte und Untersuchungsräume
- das Organisieren, Verwalten und Zureichen der erforderlichen Materialien

📖 Vergleiche: XI. 3.3 c) Radiologisch-technischer Dienst

i) Trainingstherapie durch Sportwissenschafter

Die Durchführung einer Trainingstherapie durch Sportwissenschafter ist nach Ablegen einer entsprechenden Schulung und Prüfung zulässig.[623]

Trainingstherapie umfasst die strukturelle Verbesserung von Bewegungsabläufen und Organsystemen mit dem Ziel, die Koordination, Kraft, Ausdauer und das Gleichgewicht durch systematisches Training aufbauend auf der Stabilisierung der Primärerkrankung und ergänzenden Behandlung von Sekundärerkrankungen zu stärken. Dabei ist das übergeordnete Ziel, den Wiedereintritt von Krankheiten sowie das Entstehen von Folgekrankheiten, Maladaptionen und Chronifizierungen zu vermeiden.

Die Trainingstherapie hat **nach ärztlicher Anordnung** und **unter Aufsicht** zu erfolgen.

Sportwissenschafter, die zur Ausübung der Trainingstherapie berechtigt sind, sind auch befugt, nach ärztlicher Anordnung zur Lactatmessung Blut aus der Kapillare abzunehmen.

Die Ausübung der Trainingstherapie darf nur im Dienstverhältnis zu
- dem Rechtsträger einer Krankenanstalt
- dem Rechtsträger einer sonstigen unter ärztlicher Leitung oder Aufsicht stehenden Einrichtung, die der Vorbeugung, Feststellung oder Heilung von Krankheiten dient
- einem freiberuflich tätigen Arzt oder einer ärztlichen Gruppenpraxis oder
- einem freiberuflich tätigen Physiotherapeuten

erfolgen.

📖 Vergleiche: XI. 3.3 a) Physiotherapeutischer Dienst und XI. 3.3 e) Ergotherapeutischer Dienst

5 Sanitätshilfsdienst

Zu den nicht mehr existenten medizinischen Fachdiensten und den auf drei Berufe reduzierten Sanitätshilfsdiensten zählten lange Zeit die Mehrzahl der

---

623 §§ 27 ff MABG

Gesundheitsberufe, die aus historischen Gründen zusammengefasst und als Hilfspersonal für Ärzte tätig sein sollten. Dass dies nicht mehr zeitgemäß war, ist leicht zu erkennen, und so wurden nach und nach nahezu alle diese Berufsgruppen in ein eigenes Berufsrecht übergeführt. Übrig geblieben sind drei SaniätshilfsdDienste.

5.1 Ausbildung

Die Ausbildungen und Überleitungen liefen mit 31.12.2016 aus.

5.2 Berufsausübung

Sanitätshilfsdienste haben den Anordnungen des verantwortlichen Arztes Folge zu leisten und jede eigenmächtige Heilbehandlung zu unterlassen.[624]

5.3 Aufgaben

Im Aufgabengebiet der Sanitätshilfsdienste verbleiben noch drei Hilfsdienste, nämlich[625]
- einfache Hilfsdienste in medizinischen Laboratorien durch **Laborgehilfen**
- einfache Hilfsdienste bei der Anwendung der Hydro- und Balneotherapie durch **Heilbadgehilfen**
- einfache Hilfsdienste bei der Behandlung von Menschen durch den Gebrauch von Handfertigkeiten und handwerklichen Tätigkeiten zu Zwecken der Heilung und Rehabilitation durch **Ergotherapiegehilfen**

> Vergleiche: XI. 3.3 b) Medizinisch-technische Laboratoriumsdienst, XI. 3.3 e) Ergotherapeutische Dienst, XI. 8.1 d) Hydro- und Balneotherapie und XI. 8.3 e) Hydro- und Balneotherapie

6 Kardiotechniker

Der Beruf des Kardiotechnikers dient der Aufrechterhaltung eines extrakorporalen Kreislaufs. Er passt systematisch gesehen in das Berufsbild der MTDs; dennoch wurde er in einem eigenen Berufsgesetz geregelt. Personen, die die Ausbildung abgeschlossen haben und in die Liste der Kardiotechniker eingetragen sind, sind berechtigt, die Berufsbezeichnung diplomierter Kardiotechniker zu führen.[626]

---

624 § 54 Abs 1 MTF-SHD
625 § 44 MTF-SHD-G
626 § 4 Abs 1 Kardiotechnikergesetz

6.1 Ausbildung

Die Ausbildung zum Kardiotechniker ist nur möglich, wenn der Auszubildende zuvor bereits eine Ausbildung
- zum gehobenen Dienst der Gesundheits- und Krankenpflege mit Sonderausbildung für **Anästhesie- oder Intensivpflege**
- im **radiologisch-technischen Dienst**
- im **medizinisch-technischen Laboratoriumsdienst**

abgeschlossen hat.[627]

> Vergleiche: XI. 2.4 c) Intensivpflege, XI. 2.4 d) Anästhesiepflege, XI. 3.3 b) Medizinisch-technische Laboratoriumsdienst und XI. 3.3 c) Radiologisch-technischer Dienst

Die Ausbildung dauert mindestens 18 Monate,[628] die im Rahmen einer Beschäftigung in einer Ausbildungsstätte zu absolvieren ist.[629] Abgeschlossen wird die Ausbildung mit einer Diplomarbeit und einer Diplomprüfung.[630]

Interessant ist die Regelung, dass die theoretische Ausbildung in einem angeleiteten Selbststudium erfolgt. Kardiotechniker in Ausbildung haben sich ihre theoretischen Kenntnisse daher (überwiegend) durch ein vom Ausbildungsverantwortlichen betreutes Selbststudium anzueignen.[631]

Die praktische Ausbildung wird an anerkannten Ausbildungsstätten durchgeführt. Im Zuge dieser Ausbildung können die Anwärter zur unselbstständigen Ausübung der Tätigkeiten herangezogen werden, sofern sie bereits über die entsprechenden Kenntnisse und Fertigkeiten verfügen.[632]

Aufgrund der rudimentären Regelung über die Ausbildung ist es schwer, eine exakte Mindeststundenzahl zu ermitteln. Die Österreichische Gesellschaft für Kardiotechnik geht jedoch von 2400 Praxisstunden und 700 Stunden theoretischer Ausbildung aus.[633]

6.2 Berufsausübung

Eine Berufsausübung im kardiotechnischen Dienst darf nur im Rahmen eines Dienstverhältnisses zu Trägern einer Krankenanstalt erfolgen.[634]

---

627 § 25 Kardiotechnikergesetz
628 § 16 Abs 1 Kardiotechniker-Ausbildungsverordnung
629 § 20 Kardiotechnikergesetz
630 § 10 Kardiotechniker-Ausbildungsverordnung
631 § 8 Abs 2 Kardiotechniker-Ausbildungsverordnung
632 § 24 Kardiotechnikergesetz
633 Österreichische Gesellschaft für Kardiotechnik, http://www.kardiotechnik.at/bildung.html, 23.12.2015
634 § 15 Kardiotechnikergesetz

6.3 Aufgaben

Der Beruf des diplomierten Kardiotechnikers umfasst die **eigenverantwortliche Durchführung der extrakorporalen Zirkulation** zur Herz-Kreislauf-Unterstützung sowie Perfusion und damit zusammenhängende Tätigkeiten. Dies sind insbesondere folgende Aufgaben:[635]

- Organisation, Vorbereitung und Durchführung der extrakorporalen Zirkulation
- Organisation, Vorbereitung und Durchführung von Perfusionen
- eigenverantwortliche Betreuung der berufsspezifischen Geräte
- Dokumentation
- Mitarbeit in der Forschung
- Unterweisung von Auszubildenden

Kardiotechniker sind verpflichtet, während der extrakorporalen Zirkulation und während der Perfusion die medizinischen und technischen Daten zu überwachen und sie den für die Operation und die Anästhesie verantwortlichen Ärzten laufend, bei allen regelwidrigen und gefahrdrohenden Zuständen unverzüglich zu melden.[636]

6.4 Berufsvorbehalte

Den Kardiotechnikern sind die unter Punkt 6.3 angeführten Tätigkeiten vorbehalten.[637]

Dieser Vorbehalt findet jedoch eine Einschränkung, indem Teilbereiche, nämlich die mechanische Kreislaufunterstützung und die extrakorporale Oxygenierung, insbesondere bei

- Anwendung außerhalb des Bereiches von Operationssälen
- Erstversorgungsmaßnahmen
- Langzeitanwendungen

auch von anderen fachkundigen Personen durchgeführt werden können.[638]

7 Hebammen

Die Hebammen sind jene Berufsgruppe, die eine Versorgung rund um die Schwangerschaft gewährleisten. Dies beginnt mit der Familienplanung und führt über die Betreuung, Beratung und Pflege der Schwangeren, Gebärenden und Wöchnerin bis hin zur Mutterschafts- und Säuglingsfürsorge.

---

635 § 3 Kardiotechnikergesetz
636 § 6 Kardiotechnikergesetz
637 § 3 Abs 1 und 2 Kardiotechnikergesetz
638 § 3 Abs 3 Kardiotechnikergesetz

Die Berufsbezeichnung Hebamme gilt für weibliche und männliche Berufsangehörige.[639] Die vereinzelt im Umlauf befindliche Bezeichnung „Geburtshelfer" gilt nur für die in Deutschland tätigen männlichen Berufsgruppenangehörigen. Da es sich um keine in Österreich geregelte gesetzliche Bezeichnung handelt und dem Bundesgesetzgeber die Schaffung neuer Berufsbezeichnungen vorbethalten ist, ist von der Verwendung der Bezeichnung Geburtshelfer abzusehen.

7.1 Ausbildung

Wer den Beruf der Hebamme anstrebt, muss über die Voraussetzungen zur Aufnahme eines Studiums, also über eine Matura oder eine Studienberechtigungsprüfung verfügen. Die Ausbildung selbst erfolgt im Rahmen eines sechssemestrigen Bachelor-Studium an einer Fachhochschule.

Das Studium umfasst mindestens 4.600 Stunden theoretischer und praktischer Ausbildung und hat mindestens drei Jahre zu dauern. Die praktische Ausbildung beträgt mindestens ein Drittel des Gesamtstundenausmaßes.[640] Nach dem Abschluss ist es der Hebamme gestattet, ihren Beruf auszuüben.

7.2 Berufsausübung

Hebammen können ihren Beruf freiberuflich, im Dienstverhältnis zu einer Krankenanstalt, im Dienstverhältnis zu Einrichtungen der Geburtsvorbereitung und Geburtsnachbetreuung, im Dienstverhältnis zu freiberuflich tätigen Ärzten oder in beliebiger Kombination der aufgezählten Möglichkeiten ausüben.[641]

7.3 Aufgaben

Hebammen haben das Wohl und die Gesundheit der Schwangeren, Gebärenden, Wöchnerinnen und Mütter sowie der Neugeborenen und Säuglinge zu wahren.[642]

a) Betreuung

Sie dürfen die werdende Mutter von Beginn der Familienplanung über die Schwangerschaft und Geburt bis hin zur Nachbetreuung und -beratung beglei-

---

639   § 1 Abs 1 HebG
640   § 1a FH-Heb-AV
641   § 18 HebG
642   § 2 HebG

ten. Zur Geburt hat die Schwangere eine Hebamme heranzuziehen.[643] Sollte dieser die Anwesenheit bei der Geburt nicht möglich sein, so ist sie jedenfalls zur Pflege des Säuglings nach der Geburt beizuziehen.

b) Gesundheitsbezogene Aufgaben

Die Hebammen sind für die Betreuung, Beratung und Pflege der Schwangeren, der Gebärenden und der Wöchnerin, für die Beistandsleistung bei der Geburt sowie für die Mitwirkung bei der Mutterschafts- und Säuglingsfürsorge zuständig.[644] Daneben sieht das Gesetz besondere Aufgaben für Hebammen vor:[645]

- Erteilung von Informationen über grundlegende Methoden der Familienplanung
- Feststellung der Schwangerschaft
- Beobachtung der normal verlaufenden Schwangerschaft
- Durchführung der zur Beobachtung des Verlaufs einer normalen Schwangerschaft notwendigen Untersuchungen
- Veranlassung von Untersuchungen, die für die möglichst frühzeitige Feststellung einer regelwidrigen Schwangerschaft notwendig sind, oder Aufklärung über diese Untersuchungen
- Vorbereitung auf die Elternschaft
- umfassende Vorbereitung auf die Geburt einschließlich Beratung in Fragen der Hygiene und Ernährung
- Betreuung der Gebärenden und Überwachung des Fötus in der Gebärmutter mithilfe geeigneter klinischer und technischer Mittel
- Durchführung von Spontangeburten einschließlich Dammschutz sowie im Dringlichkeitsfall Steißgeburten und, sofern erforderlich, Durchführung des Scheidendammschnittes
- Diagnose von Anzeichen von Regelwidrigkeiten bei der Mutter oder beim Kind, die eine Rücksprache mit einem Arzt oder ein ärztliches Eingreifen erforderlich machen
- Hilfeleistung bei ärztlichen Maßnahmen
- Ergreifen notwendiger Maßnahmen bei Abwesenheit des Arztes, insbesondere manuelle Ablösung der Plazenta, woran sich ggf. eine manuelle Nachuntersuchung der Gebärmutter anschließt
- Beurteilung der Vitalzeichen und -funktionen des Neugeborenen
- Einleitung und Durchführung der erforderlichen Maßnahmen und Hilfeleistung in Notfällen
- Durchführung der sofortigen Wiederbelebung des Neugeborenen

---

643 § 3 HebG
644 § 2 Abs 1 HebG
645 § 2 Abs 2 HebG

- Pflege des Neugeborenen
- Blutabnahme am Neugeborenen mittels Fersenstiches und Durchführung der erforderlichen Messungen
- Pflege der Wöchnerin
- Überwachung des Zustandes der Mutter nach der Geburt und Erteilung zweckdienlicher Ratschläge für die bestmögliche Pflege des Neugeborenen
- Durchführung der vom Arzt verordneten Maßnahmen
- Führung der erforderlichen schriftlichen Aufzeichnungen

Da Hebammen bei Gefährdung von Kind und/oder Mutter nicht mehr zur alleinigen Versorgung berechtigt sind, haben sie bei Auftreten von regelwidrigen und gefahrdrohenden Zuständen unverzüglich für die Inanspruchnahme ärztlicher Hilfe zu sorgen.[646]

c) Untersuchung der Schwangeren

Der Schwangerschaftsverlauf ist von der Hebamme zu untersuchen und zu kontrollieren.[647] Verläuft die Schwangerschaft normal, so sind diese Untersuchungen (für die Durchführung der Geburt) ausreichend und es muss kein Arzt hinzugezogen werden, bei Komplikationen ist jedoch ein solcher zu konsultieren.[648]

d) Mutter-Kind-Pass-Untersuchungen

Der Bundesminister für Gesundheit hat ein Mutter-Kind-Pass-Untersuchungsprogramm mittels Verordnung festzulegen und einen Mutter-Kind-Pass aufzulegen. Die Verordnung hat den Umfang, die Art und den Zeitpunkt der ärztlichen Untersuchungen sowie der Hebammenberatung zu bestimmen. In der Verordnung sind die Untersuchungen der Schwangeren und weitere Untersuchungen des Kindes bis zur Vollendung des 62. Lebensmonats sowie eine einstündige Beratung durch eine Hebamme innerhalb der 18. bis 22. Schwangerschaftswoche vorzusehen. Festgelegt wurde der Umfang der Beratung auf eine Stunde[649] und die Inhalte auf folgenden Mindestumfang:[650]
- Informationen über den Verlauf von Schwangerschaft, Geburt, Wochenbett und Stillen

---

646 § 6 Abs 3 HebG
647 § 2 Abs 2 Z 2, 3 und 5 sowie § 4 HebG
648 §§ 2 bis 6, insb. §§ 2 Abs 2 Z 7 i.V.m. 4 Abs 1 HebG
649 § 5 a Abs 1 1. Satz Mutter-Kind-Pass-Verordnung i.d.F Verordnung des Bundesministers für Gesundheit, mit der die Mutter-Kind-Pass-Verordnung 2002 geändert wird (MuKi-PassV-Novelle 2013)
650 § 5 a Abs 1 Z 1-3 Mutter-Kind-Pass-Verordnung i.d.F Verordnung des Bundesministers für Gesundheit, mit der die Mutter-Kind-Pass-Verordnung 2002 geändert wird (MuKi-PassV-Novelle 2013)

- Beratung über gesundheitsförderndes und präventives Verhalten in der Schwangerschaft, im Wochenbett und während der Stillzeit
- Eingehen auf das psychosoziale Umfeld der Schwangeren und erforderlichenfalls Information über diesbezügliche Unterstützungsmöglichkeiten

e) Leitung und Vorbereitung der Geburt

Die Durchführung der Spontangeburt einschließlich eines Dammschutzes und, sofern es erforderlich ist, auch eines Scheidendammschnittes hat von der Hebamme in eigenverantwortlicher Tätigkeit zu erfolgen.[651] Als logische Konsequenz dieser Befugnis ist die Hebamme ebenfalls ermächtigt, den durchgeführten Dammschnitt wieder zu vernähen.

> Vergleiche: XI. 1.5 Vorbehalt von invasiven Maßnahmen und operativen Eingriffen

f) Medikation

Hebammen ist es gestattet, Medikamente zu verabreichen.[652] Um ihre Aufgabe erfüllen zu können, darf die Hebamme die Medikamente selbst beziehen, d.h. sie darf diese ohne ärztliche Verschreibung in Apotheken einkaufen[653] und muss sie auch in ausreichendem Umfang vorrätig halten.[654] Zudem ist die Arzneimittelgebarung entsprechend zu dokumentieren.[655]

Dabei ist zwischen drei Arten von Arzneimitteln und zugehöriger Berechtigung zu unterscheiden:

Eigenverantwortliche Gabe
Die eigenverantwortliche Auswahl und Verabreichung umfasst in der **Eröffnungsperiode** der Geburt **krampflösende oder schmerzstillende Medikamente**, jedoch keine Suchtmittel.[656]

Bei **Gefahr im Verzug** und wenn kein Arzt in Rufnähe oder die rechtzeitige Verbringung in eine Krankenanstalt nicht möglich ist, **können wehenhemmende oder wehenfördernde Mittel** verabreicht werden.[657]

Zu beachten ist jedoch, dass beide „Ermächtigungen" als **Verpflichtung** zur Verabreichung bei Vorliegen der Indikationen zu verstehen sind.

---

651 § 2 Abs 2 Z 6 i.V.m. § 4 Abs 1 HebG
652 § 5 HebG
653 § 5 Abs 5 HebG
654 § 5 Abs 6 HebG
655 § 5 Abs 7 HebG
656 § 5 Abs 1 HebG
657 § 5 Abs 2 HebG

Empfehlungsliste

Unmittelbar nach der Geburt und ohne ärztliche Beiziehung hat die Hebamme jene Medikamente, die dem Anlassfall und dem Stand der Wissenschaft entsprechen, **prophylaktische Wirkung** haben und **von den Gesundheitsbehörden empfohlen** sind, anzuwenden.[658]

Ärztliche Anordnung

Nur **nach ärztlicher Freigabe**, also wenn und soweit die Notwendigkeit von einem Arzt festgestellt wurde, dürfen **resusprophylaktische Mittel intramuskulär** verabreicht werden.[659] Dabei handelt es sich nicht um eine ärztliche Anordnung, sondern um die Feststellung, dass eine solche indiziert ist. Die Eigenverantwortung der Hebamme wird daher nur um die Feststellung der Notwendigkeit reduziert, also um die Diagnostik.

> 📖 Vergleiche: XI. 1.6 Vorbehalt der Medikation

g) Personenstandsrechtliche Aufgaben

Der Gesetzgeber definiert, wann ein Mensch als lebendgeboren angesehen wird. Dies erfolgte im Rahmen des HebG.[660] Diese Definition wird unter dem Titel personenstandsrechtliche Pflichten geführt. Da es sich somit primär nicht um berufsrechtliche, sondern um personenstandsrechtliche Vorgaben handelt, gelten diese als Legaldefinitionen für alle Bereiche und wirken sich auch auf die Tätigkeit anderer Gesundheitsberufe aus.

- **Lebendgeburt**: Als lebendgeboren gilt eine Leibesfrucht unabhängig von der Schwangerschaftsdauer dann, wenn nach dem **vollständigen Austritt** aus dem Mutterleib entweder die Atmung eingesetzt hat oder irgendein anderes Lebenszeichen erkennbar ist wie Herzschlag, Pulsation der Nabelschnur oder deutliche Bewegung willkürlicher Muskeln, gleichgültig ob die Nabelschnur durchgeschnitten wurde oder die Plazenta ausgestoßen ist.
- **Totgeburt**: Als totgeboren oder in der Geburt verstorben gilt eine Leibesfrucht dann, wenn keines der unter Lebendgeburt angeführten Zeichen erkennbar ist und sie ein Geburtsgewicht von mindestens 500 Gramm aufweist.
- **Fehlgeburt**: Eine Fehlgeburt liegt vor, wenn bei einer Leibesfrucht keines der unter Lebendgeburt angeführten Zeichen vorhanden ist und die Leibesfrucht ein Geburtsgewicht von weniger als 500 Gramm aufweist.

> 📖 Vergleiche: V. 2.1 Rechtsfähigkeit

---

658 § 5 Abs 4 HebG
659 § 5 Abs 3 HebG
660 § 8 Abs 1 HebG

Hebammen haben jede Lebend- und Totgeburt innerhalb einer Woche der zuständigen Personenstandsbehörde anzuzeigen, Fehlgeburten sind nicht anzuzeigen. Die Anzeige hat neben den von der Personenstandsbehörde benötigten Daten auch die medizinischen und sozialmedizinischen Daten zu enthalten.[661] Diese Daten sind:[662]

- Gewicht, Körperlänge und, bei Lebendgeburt, APGAR-Werte des Kindes sowie, sofern möglich, Nabelschnur-pH (arteriell)
- Schwangerschaftsdauer in vollendeten Wochen und Tagen
- Körpergröße der Mutter sowie Körpergewicht der Mutter zu Beginn der Schwangerschaft und letztes vor der Geburt gemessenes Gewicht
- Rauchen im letzten Trimester der Schwangerschaft
- Gesamtgeburtenfolge, Lebendgeburtenfolge
- Datum der vorangegangenen Geburt
- Einleitung der Geburt medikamentös oder durch Amniotomie
- Geburtsbeendigung (spontan, Kaiserschnitt primär oder sekundär, Saugglocke, Zangengeburt, Manualhilfe)
- Lage des Kindes bei der Geburt (regelrechte Schädellage, regelwidrige Schädellage, Beckenendlage, Querlage, unbekannt/nicht bestimmbar)
- Ort der Geburt (Krankenanstalt – ambulant/stationär, Hausgeburt, Hebammenpraxis, am Transport, Sonstiges)

h) Nottaufe

Des Weiteren ist Hebammen die Durchführung der Nottaufe eines Neugeborenen übertragen, allerdings nur mit Einwilligung der Eltern erlaubt.[663]

i) Grenzen der freien Berufsausübung

Bei Verdacht oder Auftreten eines für die Frau oder das Kind regelwidrigen und gefahrdrohenden Zuständes während der Schwangerschaft, der Geburt oder des Wochenbetts darf die Hebamme in ihrem Beruf nur nach ärztlicher Anordnung und in Zusammenarbeit mit einem Arzt tätig werden.[664]

7.4 Berufsvorbehalte

Die Aufgabe der Betreuung der Schwangeren vom Moment der Familienplanung bis zur Versorgung des Neugeborenen und der Wöchnerin, insbesondere die Leitung von Einlingsgeburten, ist den Hebammen vorbehalten.

---

661 § 9 Personenstandsgesetz 2013 – PStG 2013, BGBl. I Nr. 16/2013
662 § 8 Abs 2 HebG
663 § 6 Abs 6 HebG
664 § 4 Abs 1 HebG

8 Medizinischer Masseur und Heilmasseur

Im Unterschied zum gewerblichen Masseur, der die Behandlung von gesunden Personen und nicht pathologischen Zuständen durchführt, sind der medizinische Masseur und der Heilmasseur Gesundheitsberufe, die auf die Behandlung Kranker ausgerichtet sind.

Personen, die zur Berufsausübung als medizinischer Masseur berechtigt sind, dürfen die Berufsbezeichnung „medizinischer Masseur" führen.[665] Auch MTFs dürfen sich als medizinischer Masseur bezeichnen und als solcher arbeiten.

Personen, die zur Berufsausübung als Heilmasseur berechtigt sind, dürfen die Berufsbezeichnung „Heilmasseur", jene mit Berechtigung zur Durchführung von Lehraufgaben dürfen außerdem die Zusatzbezeichnung „Lehrberechtigter Heilmasseur" führen.[666]

Masseure, die zur Durchführung einer Spezialqualifikation berechtigt sind, dürfen nach ihrer Berufsbezeichnung in Klammer die Zusatzbezeichnung „Elektrotherapie", „medizinischer Bademeister" bzw. „Basismobilisation" anfügen.[667]

8.1 Ausbildung

Die Ausbildungen zum medizinischen Masseur und zum Heilmasseur sind aufbauend gestaltet. Daher ist die Ausbildung zum medizinischen Masseur Voraussetzung für die Ausbildung zum Heilmasseur.

a) Medizinischer Masseur

Die Ausbildung umfasst insgesamt 1690 Stunden und ist längstens innerhalb von drei Jahren abzuschließen.[668] Sie gliedert sich in[669] einen theoretischen Unterricht einschließlich praktischer Übungen in der Dauer von insgesamt 815 Stunden und in eine praktische Ausbildung in der Dauer von 875 Stunden.

Voraussetzungen für die Aufnahme zur Ausbildung sind[670]
- ein Lebensalter von mindestens 17 Jahren
- die zur Erfüllung der Berufspflichten notwendige gesundheitliche Eignung
- die zur Erfüllung der Berufspflichten erforderliche Vertrauenswürdigkeit
- die positive Absolvierung der 9. Schulstufe

---

665 § 6 Abs 1 MMHmG
666 § 31 Abs 1 und 2 MMHmG
667 § 61 Abs 1 bis 2a MMHmG
668 § 17 Abs 3 MMHmG
669 § 17 Abs 1 MMHmG
670 § 18 MMHmG

Gewerbliche Masseure, die auch die gesundheitsberufliche Tätigkeit des medizinischen Masseurs ausüben wollen, können eine verkürzte Ausbildung ablegen.[671] Diese besteht aus einer praktischen Ausbildung im Gesamtumfang von 580 Stunden.[672]

b) Heilmasseur

Voraussetzungen für die Aufnahme zur Ausbildung ist eine Berufsberechtigung als medizinischer Masseur.[673] Die Ausbildung besteht aus einem Aufschulungsmodul, das eine theoretische Ausbildung einschließlich praktischer Übungen im Gesamtumfang von 800 Stunden umfasst.[674] Die theoretische Ausbildung umfasst eine Dauer von 720 Stunden,[675] die praktische Ausbildung ohne Patientenkontakt 80 Stunden.[676]

c) Elektrotherapie

Die Spezialqualifikationsausbildung in Elektrotherapie umfasst eine theoretische und praktische Ausbildung von insgesamt 140 Stunden. Die theoretische Ausbildung hat dabei 80 Unterrichtsstunden, die praktische Ausbildung 60 Stunden Pflichtpraktika an Patienten zu betragen.[677]

d) Hydro- und Balneotherapie

Die Spezialqualifikationsausbildung in Hydro- und Balneotherapie umfasst eine theoretische und praktische Ausbildung von insgesamt 120 Stunden. Die theoretische Ausbildung beträgt dabei 55 Unterrichtsstunden, die praktische Ausbildung 65 Stunden Pflichtpraktika an Patienten.[678]

> Vergleiche: XI. 5. Sanitätshilfsdienst

e) Basismobilisation

Die Spezialqualifikationsausbildung in Basismobilisation umfasst eine theoretische und praktische Ausbildung von insgesamt 80 Stunden, je zur Hälfte als Unterrichtsstunden und Pflichtpraktika an Patienten.[679]

---

671 § 26 Abs 1 MMHmG
672 § 26 Abs 2 MMHmG
673 § 50 MMHmG
674 § 52 Abs 1 MMHmG
675 § 52 Abs 2 MMHmG
676 § 52 Abs 3 MMHmG
677 § 69 MMHmG
678 § 70 MMHmG
679 § 70a MMHmG

8.2 Berufsausübung

Die Ausübung des Berufs hängt von der Grundausbildung ab, also davon, ob jemand seinen Beruf als medizinischer Masseur oder als Heilmasseur ausübt.

a) Medizinischer Masseur

Der Beruf als medizinischer Masseur darf im Rahmen eines Dienstverhältnisses zu
- einem Rechtsträger einer Krankenanstalt oder Kuranstalt
- einem Rechtsträger einer sonstigen unter ärztlicher Leitung oder Aufsicht stehenden Einrichtung, die der Vorbeugung, Feststellung oder Heilung von Krankheiten oder der Betreuung pflegebedürftiger Menschen dient
- einem freiberuflich tätigen Arzt oder einer Gruppenpraxis
- einem freiberuflich tätigen diplomierten Physiotherapeuten

erfolgen.[680] Eine freiberufliche Tätigkeit ist dem medizinischen Masseur untersagt! Jede eigenmächtige Heilbehandlung ist zu unterlassen.

b) Heilmasseur

Heilmasseure dürfen ihren Beruf ausüben:[681]
- freiberuflich
- im Rahmen des Dienstverhältnisses zum Rechtsträger einer Krankenanstalt oder Kuranstalt
- im Rahmen eines Dienstverhältnisses zum Rechtsträger einer sonstigen unter ärztlicher Leitung oder Aufsicht stehenden Einrichtung, die der Vorbeugung, Feststellung oder Heilung von Krankheiten oder der Betreuung pflegebedürftiger Menschen dient
- im Rahmen eines Dienstverhältnisses zu einem freiberuflich tätigen Arzt oder einer Gruppenpraxis
- im Rahmen eines Dienstverhältnisses zu einem freiberuflich tätigen diplomierten Physiotherapeuten

8.3 Aufgaben

Die Aufgaben von medizinischem Masseur und Heilmasseur überschneiden sich naturgemäß. Zudem wurden eigenständige Aufgaben dem Heilmasseur übertragen.

---

680 § 14 MMHmG
681 § 45 MMHmG

a) Gemeinsame Aufgaben

Der Beruf des medizinischen Masseurs und des Heilmasseurs umfasst die Durchführung von[682]
- klassischer Massage
- Packungsanwendungen
- Thermotherapien
- Ultraschalltherapien
- Spezialmassagen

zu Heilzwecken nach ärztlicher Anordnung.

Medizinische Masseure und Heilmasseure können zudem die Berechtigung zur berufsmäßigen Durchführung folgender **Spezialqualifikationen** nach ärztlicher Anordnung erwerben:[683]
- Elektrotherapie
- Hydro- und Balneotherapie
- Basismobilisation

b) Medizinischer Masseur

Der medizinische Masseur hat diese Aufgaben unter Anleitung und Aufsicht eines Arztes oder eines Angehörigen des physiotherapeutischen Dienstes durchzuführen.

c) Heilmasseur

Dem Heilmasseur obliegt die eigenverantwortliche Durchführung der Aufgaben. Der anordnende Arzt trägt nur die Verantwortung für die Anordnung (Anordnungsverantwortung), der Heilmasseur jene für die Durchführung der angeordneten Tätigkeit (Durchführungsverantwortung).[684] Die ärztliche Anordnung hat schriftlich zu erfolgen und ist im Patientenakt aufzunehmen. Die Durchführung ist durch den Heilmasseur mit Datum und Unterschrift zu bestätigen. Eine Übermittlung der schriftlichen Anordnung per Telefax oder im Wege automationsunterstützter Datenübertragung ist zulässig, sofern die Dokumentation gewährleistet ist.

---

682 § 5 Abs 1 MMHmG, § 29 Abs 1 MMHmG
683 § 60 Abs 1 bis 4 MMHmG
684 § 29 Abs 3 MMHmG

d) Lehraufgaben

Heilmasseure können die Berechtigung zur Ausübung von **Lehraufgaben** erwerben.[685] Diese umfassen
- Lehrtätigkeiten im Rahmen der Ausbildung zum medizinischen Masseur, des Aufschulungsmoduls zum Heilmasseur, der Spezialqualifikationsausbildungen und der Ausbildungen für Lehraufgaben
- Leitung von Ausbildungen zum medizinischen Masseur, von Aufschulungsmodulen zum Heilmasseur, von Spezialqualifikationsausbildungen und von Ausbildungen für Lehraufgaben
- Planung, Durchführung und Auswertung des theoretischen und praktischen Unterrichts
- fachliche, pädagogische und organisatorische Leitung und die Dienstaufsicht im Rahmen der theoretischen und praktischen Ausbildung

e) Hydro- und Balneotherapie

Die **Hydro- und Balneotherapie** umfasst
- Anwendung natürlicher Heilvorkommen, wie insbesondere Heilwässer und Peloide
- Medizinalbäder
- Unterwassermassagen
- Unterwasserdruckstrahlmassagen

> Vergleiche: XI. 5. Sanitätshilfsdienst

9 Sanitäter

Sanitäter sind jener Gesundheitsberuf, der neben Notärzten die extramurale Erstversorgung und Notfallversogung gewährleistet. Beim Berufsgesetz des Sanitäters handelt es sich um ein modernes und flexibles Berufsrecht. Es gewährleistet den einfachen Zugang zum Beruf bzw. zur Tätigkeit des Sanitäters und ermöglicht dennoch einen zukunftsorientierten Ausbau des Berufsbildes.

Der Beruf des Sanitäters wird eingeteilt in[686]
- Rettungssanitäter und
- Notfallsanitäter

---

685 § 30 Abs 1 bis 4 MMHmG
686 § 1 Abs 1 SanG

9.1 Ausbildung

Personen, die sich um eine Ausbildung als Sanitäter bewerben, müssen[687]
- mindestens das 17. Lebensjahr vollendet haben
- aufweisen die zur Erfüllung der Berufs- und Tätigkeitspflichten notwendige gesundheitliche
  - Eignung
  - Vertrauenswürdigkeit
- die allgemeine Schulpflicht erfolgreich absolviert haben

a) Rettungssanitäter

Die Ausbildung zum Rettungssanitäter umfasst eine[688]
- theoretische Ausbildung von 100 Stunden
- eine praktische Ausbildung von 160 Stunden

b) Notfallsanitäter

Die Ausbildung zum Notfallsanitäter[689] kann erst nach jener zum Rettungssanitäter sowie nach mindestens 160 Stunden Einsatz im Rettungs- und Krankentransportwesen und Vorlage einer Bestätigung über die Eignung für die Ausbildung zum Notfallsanitäter abgelegt werden und umfasst
- eine theoretische Ausbildung von 160 Stunden
- ein Praktikum in einer fachlich geeigneten Krankenanstalt von 40 Stunden
- eine praktische Ausbildung in Notarztsystemen von 280 Stunden, dabei können 120 Stunden in einer fachlich geeigneten Krankenanstalt absolviert werden

c) Notfallkompetenzen

Die Ausbildung zur allgemeinen Notfallkompetenz **Arzneimittellehre** umfasst eine vertiefende theoretische Ausbildung im Umfang von 40 Stunden.[690]

Die Ausbildung zur allgemeinen Notfallkompetenz **Venenzugang** und Infusion umfasst[691]
- eine theoretische Ausbildung von zehn Stunden
- ein Praktikum in einer fachlich geeigneten Krankenanstalt von 40 Stunden

---

687 § 27 Abs 1 SanG
688 § 32 SanG
689 § 36 SanG
690 § 39 Abs 1 SanG
691 § 40 Abs 1 SanG

Zugangsvoraussetzung zur Ausbildung in den besonderen Notfallkompetenzen ist neben der abgelegten Ausbildung in den allgemeinen Notfallkompetenzen der Nachweis von 500 Stunden Einsatz im Notarztsystem.[692]

Die Ausbildung zur besonderen Notfallkompetenz Beatmung und **Intubation** umfasst
- eine theoretische Ausbildung von 30 Stunden
- ein Intensivpraktikum in einer fachlich geeigneten Krankenanstalt von 80 Stunden

9.2 Berufsausübung

Die Ausübung des Berufs bzw. der Tätigkeit ist an ein Arbeits- oder ein Freiwilligendienstverhältnis zu einer Rettungsorganisation, als Soldat im Bundesheer, als Organ des öffentlichen Sicherheitsdienstes, als Zollorgan, als Strafvollzugsbediensteter, als Angehöriger eines sonstigen Wachkörpers oder als Zivildienstleistender gebunden.[693] Innerhalb ihres Wirkungskreises sind Sanitäter selbstständig und eigenverantwortlich tätig.

Die berufsmäßige Ausübung von Tätigkeiten des Sanitäters setzt die erfolgreiche Absolvierung der Ausbildung zum Rettungssanitäter oder zum Notfallsanitäter sowie des Berufsmoduls voraus.[694] Auch die Berufsausübung darf nur im Rahmen eines Dienstverhältnisses erfolgen.[695]

9.3 Aufgaben

Generell umfasst die Aufgabe der Sanitäter[696]
- die qualifizierte Erste Hilfe
- die Sanitätshilfe
- die Beherrschung von Rettungstechniken
- das Bergen und die Betreuung des Patienten[697]
- die sanitätsdienstliche Betreuung von Veranstaltungen
- den situationsgerechten Transport von Patienten

Im Verhältnis zum Notarzt besteht eine Unterstützungspflicht bei ärztlichen Maßnahmen; ein Weisungsrecht zwischen Notärzten und Sanitätern besteht grundsätzlich nicht. Nur der leitende Notarzt hat im Katastrophen- und Groß-

---

692 § 41 Abs 2 SanG
693 § 14 Abs 1 SanG
694 § 43 Abs 1 SanG
695 § 23 Abs 2 SanG
696 § 8 SanG
697 EBRV zu SanG, Besonderer Teil, zu Art I § 8

schadensfall ein Weisungsrecht über alle Sanitäter und Notärzte, die am Einsatz beteiligt sind.[698]

Das Gesetz führt als Teil der Aufgaben von Sanitätern die Durchführung von diagnostischen Maßnahmen an. Somit ist klargestellt, dass es zu einem Durchbrechen des ärztlichen Vorbehalts kommt und die Diagnostik bei Notfallpatienten Sanitätern übertragen wurde. In der Praxis sind die bei sanitätsdienstlicher Verrichtung gebrauchten Zusätze wie „*Notfall*"-Diagnose, „*Erst*"-Diagnose oder „*Rettungs*"-Diagnose daher entbehrlich.

a) Rettungssanitäter

Der Tätigkeitsbereich[699] des Rettungssanitäters umfasst
- die selbstständige und eigenverantwortliche Versorgung und Betreuung kranker, verletzter und sonstiger hilfsbedürftiger Personen, die medizinisch indizierter Betreuung bedürfen, vor und während des Transports
- die fachgerechte Aufrechterhaltung und Beendigung liegender Infusionen nach ärztlicher Anordnung
- die Blutentnahme aus der Kapillare zur Notfalldiagnostik
- die Übernahme sowie die Übergabe des Patienten oder der betreuten Person im Zusammenhang mit einem Transport
- die Hilfestellung bei auftretenden Akutsituationen einschließlich der Verabreichung von Sauerstoff
- eine qualifizierte Durchführung von lebensrettenden Sofortmaßnahmen, solange und soweit ein zur selbstständigen Berufsausübung berechtigter Arzt nicht zur Verfügung steht.
- die sanitätsdienstliche Durchführung von Sondertransporten

b) Notfallsanitäter

Der Tätigkeitsbereich[700] des Notfallsanitäters umfasst
- jene Tätigkeiten, die den Rettungssanitätern übertragen wurden
- die Unterstützung des Arztes bei allen notfall- und katastrophenmedizinischen Maßnahmen, einschließlich der Betreuung und des sanitätsdienstlichen Transports von Notfallpatienten
- die Verabreichung von erforderlichen Arzneimitteln, soweit diese zuvor durch den für die ärztliche Versorgung zuständigen Vertreter der jeweiligen Einrichtung schriftlich zur Anwendung freigegeben wurden (Arzneimittelliste 1)

---

698 § 40 Abs 9 ÄrzteG
699 § 9 Abs 1 und 2 SanG
700 § 10. Abs 1 und 2 SanG

- die eigenverantwortliche Betreuung der berufsspezifischen Geräte, Materialien und Arzneimittel
- die Mitarbeit in der Forschung

📖 Vergleiche: XI. 1.6 Vorbehalt der Medikation

c) Allgemeine Notfallkompetenzen

Notfallsanitäter, die eine Berechtigung zur Durchführung der folgenden allgemeinen Notfallkompetenzen erworben haben, erfahren auch eine Erweiterung ihrer Kompetenzen.[701]

Arzneimittellehre
Arzneimittellehre ist die Ermächtigung zur eigenverantwortlichen Verabreichung spezieller Arzneimittel, soweit diese zuvor durch den für die ärztliche Versorgung zuständigen Vertreter der jeweiligen Einrichtung schriftlich zur Anwendung freigegeben wurden (Arzneimittelliste 2).

📖 Vergleiche: XI. 1.6 Vorbehalt der Medikation

Venenzugang und Infusion
Venenzugang und Infusion ist die Ermächtigung zur eigenverantwortlichen Punktion peripherer Venen und zur Infusion kristalloider Lösungen jeweils im Rahmen von Maßnahmen zur unmittelbaren Abwehr von Gefahren für das Leben oder die Gesundheit eines Notfallpatienten und soweit das gleiche Ziel nicht durch weniger eingreifende Maßnahmen erreicht werden kann. Die Wahl der Punktionsstelle obliegt dem Sanitäter, solange es sich um periphere Venen handelt.

Voraussetzungen für die Durchführung der beiden allgemeinen Notfallkompetenzen sind[702]
- die Anweisung eines anwesenden Arztes
- sofern ein Arzt nicht anwesend ist, die vorangehende Verständigung des Notarztes oder die Veranlassung der Verständigung

📖 Vergleiche: XI. 1.6 Vorbehalt der Medikation

---

701 § 11 Abs 1 SanG
702 § 11 Abs 2 SanG

d) Besondere Notfallkompetenzen

Der Notfallsanitäter kann, entsprechend dem Stand der medizinischen Wissenschaft, die Berechtigung zu weiteren Tätigkeiten, insbesondere zur Durchführung der endotrachealen Intubation ohne Prämedikation und der endotrachealen Vasokonstriktorapplikation (Beatmung und Intubation), erwerben.[703]

Die Berechtigung zur Ausübung der erweiterten Kompetenzen ist vom erfolgreichen Abschluss der Ausbildung an mit zwei Jahren befristet und darf erst nach Überprüfung der Kenntnisse (Rezertifizierung) neuerlich erteilt werden.

Voraussetzung für die Durchführung der Intubation[704] ist
- eine schriftliche Ermächtigung durch den für die ärztliche Versorgung zuständigen Vertreter der jeweiligen Einrichtung
- die entsprechende Anweisung eines anwesenden Arztes
- oder, sofern ein Arzt nicht anwesend ist, die vorangehende Verständigung des Notarztes oder die Veranlassung der Verständigung

e) Notfallkompetenzverordnung

Der Bundesminister für soziale Sicherheit und Generationen (heute Bundesministerium für Arbeit, Soziales und Konsumentenschutz) kann, entsprechend dem Stand der medizinischen Wissenschaft, weitere Notfallkompetenzen sowie Zusatzbezeichnungen festlegen und bestimmen, welche Ausbildung für die jeweilige Anwendung erforderlich ist.[705] Zwar machte die Entwicklung in der Rettungswissenschaft rasante Fortschritte, dennoch hat der Bundesminister noch keine diesbezügliche Verordnung erlassen.

9.4 Vorbehalt der sanitätstechnischen Maßnahmen

Die Durchführung typischer sanitätstechnischer Maßnahmen wie beispielsweise
- die Bergung von Verletzten
- die Durchführung des Krankentransportes
- die Betreuung von Veranstaltungen

ist alleinig den Sanitäter vorbehalten.[706]

---

703 § 12 Abs 1 SanG
704 § 12 Abs 3 SanG
705 § 13 SanG
706 EBRV zu SanG, Besonderer Teil, zu Art I § 8

10 Zahnärzte

Als ehemals ärztlicher Beruf wurden Zahnärzte als jener Teil der Gesundheitsversorgung gesondert geregelt, der der Erhaltung und Behandlung der Zähne und der damit verbundenen Erkrankungen und Schäden dient. Im zahnärztlichen Berufsgesetz wurde nicht nur der Beruf des Zahnarztes, sondern auch jener der Dentisten und der zahnärztlichen Assistenzberufe geregelt.

10.1 Ausbildung

Im Unterschied zur ärztlichen Ausbildung ist die Ausbildung des Zahnarztes mit Abschluss des Diplomstudiums der Zahnmedizin abgeschlossen.[707]

10.2 Berufsausübung

Die Ausübung des zahnärztlichen Berufs kann freiberuflich oder im Rahmen eines Dienstverhältnisses erfolgen.[708] Zahnärzte haben ihren Beruf persönlich und unmittelbar, allenfalls in Zusammenarbeit mit anderen Angehörigen des zahnärztlichen Berufs oder Angehörigen anderer Gesundheitsberufe, insbesondere in Ordinations- und Apparategemeinschaften oder Gruppenpraxen, auszuüben.[709]

Sie dürfen sich Hilfspersonen bedienen, wenn diese nach ihren genauen Anordnungen und unter ihrer ständigen Aufsicht handeln.[710] Sie dürfen zudem an Angehörige anderer Gesundheitsberufe oder an in Ausbildung zu einem Gesundheitsberuf stehende Personen zahnärztliche Tätigkeiten übertragen, sofern diese vom Tätigkeitsbereich des entsprechenden Gesundheitsberufs umfasst sind.[711]

Um eine umfassende Versorgung von Patienten zu ermöglichen, sind Zahnärzte verpflichtet, die zur Ausübung ihres Berufs notwendigen Arzneimittel vorrätig zu halten.[712]

10.3 Aufgaben

Anders als beim Arzt ist beim Zahnarzt keine Unterteilung in allgemeine Zahnmedizin und Sonderfächer vorgesehen. Vielmehr wird das gesamte Tätigkeitsfeld durch den Zahnarzt abgedeckt.

---

707 §§ 6 und 7 ZÄG
708 § 23 ZÄG
709 § 24 Abs 1 ZÄG
710 § 24 Abs 2 ZÄG
711 § 37 ZÄG
712 § 37 ZÄG

a) Zahnärzte

Der zahnärztliche Beruf umfasst jede auf zahnmedizinisch-wissenschaftlichen Erkenntnissen begründete Tätigkeit,[713] auch komplementär- und alternativmedizinische Heilverfahren.[714] Dazu gehören insbesondere[715]

- die Untersuchung auf das Vorliegen oder Nichtvorliegen von Krankheiten und Anomalien der Zähne, des Mundes und der Kiefer einschließlich der dazugehörigen Gewebe
- die Beurteilung von Krankheiten und Anomalien der Zähne, des Mundes und der Kiefer einschließlich der dazugehörigen Gewebe bei Verwendung zahnmedizinisch-diagnostischer Hilfsmittel
- die Vornahme operativer Eingriffe (eingeschränkt auf den Bereich Zahn, Mund und Kiefer)
- die Vornahme von kosmetischen und ästhetischen Eingriffen an den Zähnen, sofern diese eine zahnärztliche Untersuchung und Diagnose erfordern
- die Verordnung von Heilmitteln, Heilbehelfen und zahnmedizinisch-diagnostischen Hilfsmitteln
- die Vorbeugung von Erkrankungen der Zähne, des Mundes und der Kiefer einschließlich der dazugehörigen Gewebe

die Ausstellung von zahnärztlichen Bestätigungen [716]

Darüber hinaus umfasst der Tätigkeitsbereich des zahnärztlichen Berufs[717]
- die Herstellung von Zahnersatzstücken für den Gebrauch im Mund
- die Durchführung von technisch-mechanischen Arbeiten zwecks Ausbesserung von Zahnersatzstücken
- die Herstellung von künstlichen Zähnen und sonstigen Bestandteilen von Zahnersatzstücken

b) Facharzt für Zahn-, Mund- und Kieferheilkunde

Ärzte, die eine Ausbildung vor Inkrafttreten des ZÄG begonnen haben, sind Fachärzte für Zahn-, Mund- und Kieferheilkunde. Den Fachärzten wurden jedoch einige Sonderstellungen, aufgrund ihrer geänderten Ausbildung zuerkannt.

---

713   § 4 Abs 1 ZÄG
714   § 4 Abs 2 ZÄG
715   § 4 Abs 3 ZÄG
716   § 39 ZÄG
717   § 4 Abs 3 ZÄG

Besondere Berufsrechte der Gesundheitsberufe

Als Qualifikationsnachweis haben Fachärzte neben dem Abschluss des Studiums der Humanmedizin auch die zahnärztliche Fachprüfung[718] nachzuweisen.[719] Sie dürfen die Bezeichnung als Facharzt oder Zahnarzt führen.[720]

Für Fachärzte der Zahn-, Mund- und Kieferheilkunde gilt keine Einschränkung hinsichtlich der Ausübung von Tätigkeiten als Arzt für Allgemeinmedizin, Facharzt, Turnusarzt, Arbeitsmediziner und Notarzt, bei deren Ausübung sie dem Ärztegesetz unterworfen sind.[721]

c) Studenten

Studierende der Zahnmedizin sind zur unselbstständigen Ausübung zahnärztlicher Tätigkeiten unter Anleitung und Aufsicht der ausbildenden Angehörigen des zahnärztlichen Berufs berechtigt.[722] Damit ist es Studenten der Zahnmedizin möglich, die notwendige Praxis bereits zu Zeiten ihres Studiums zumindest teilweise zu erwerben.

📖 Vergleiche: XI. 1.3 h) Studenten

d) Amtszahnärzte

Auch eine Tätigkeit als Amtszahnarzt[723] ist vorgesehen. Dies sind bei den Sanitätsbehörden hauptberuflich tätige Angehörige des zahnärztlichen Berufs, die behördliche Aufgaben zu vollziehen haben.

📖 Vergleiche: XI. 1.3 e) Amtsärzte

e) Weitere Tätigkeitsfelder

Zahnärzte haben die Möglichkeit, im Rahmen von Weiterbildungen eine Erweiterung, Vertiefung oder Spezialisierung der berufsspezifischen Kenntnisse und Fertigkeiten zu erhalten.[724] Dies erweitert die Befugnisse jedoch nur marginal, da die Weiterbildung nur im Umfang der Berufsberechtigung erfolgen kann.

📖 Vergleiche: X. 4. Aus-, Fort- und Weiterbildung

---

718 Verordnung betreffend die Ausbildung zum Zahnarzt, BGBl. Nr. 381/1925
719 § 53 ZÄG
720 § 54 ZÄG
721 § 56 ZÄG
722 § 33 ZÄG
723 § 32 ZÄG
724 § 42 ZÄG

f) Mund- Kiefer und Gesichtschirurgie

Eine Tätigkeit im Bereich der Mund-, Kiefer- und Gesichtschirurgie ist für Zahnärzte nicht zulässig. Dies stellt ein Sonderfach der Humanmedizin dar und ist somit nur nach Ablegung eines Studiums der Humanmedizin und der Ablegung der Facharztprüfung möglich.

> Vergleiche: XI. 1.3 b) Fachärzte

10.4 Vorbehalt der Untersuchung und Beurteilung von Krankheiten und Anomalien

Zahnärzten ist es vorbehalten, Patienten auf das Vorliegen von Krankheiten und Anomalien der Zähne, des Mundes und der Kiefer einschließlich der dazugehörigen Gewebe zu untersuchen und diese Zustände zu beurteilen.[725]

10.5 Vorbehalt von invasiven Maßnahmen und operativen Eingriffen

Den Zahnärzten wurden operative Eingriffe der Zähne, des Mundes und der Kiefer einschließlich der dazugehörigen Gewebe übertragen.[726] Hinzuweisen ist hier auf die Beschränkung der operativen Eingriffe auf zahnmedizinische Maßnahmen; mund-, kiefer- und gesichtschirurgische Operationen sind dem entsprechenden Fach der Humanmedizin vorbehalten.

> Vergleiche: XI. 10.3 b) Facharzt für Zahn-, Mund- und Kieferheilkunde

10.6 Vorbehalt der Verordnung von Heilmitteln, Heilbehelfen und zahnmedizinisch-diagnostischen Hilfsmitteln

Die Verordnung von Heilmitteln, Heilbehelfen und zahnmedizinisch-diagnostischen Hilfsmitteln wird, anders als im ÄrzteG, den Zahnärzten durch eine taxative Aufzählung übertragen.[727]

> Vergleiche: XI. 1.6 Vorbehalt der Medikation

---

725 § 4 Abs 3 ZÄG
726 § 4 Abs 3 ZÄG
727 § 4 Abs 5 ZÄG

a) Qualitätssicherung

Das ZÄG regelt auch die Qualitätssicherung bei Zahnärzten, allerdings in einer eher rudimentären Weise.[728] Demnach haben Angehörige des zahnärztlichen Berufs regelmäßig eine umfassende Evaluierung der Qualität ihrer Tätigkeit durchzuführen und die Ergebnisse der Österreichischen Zahnärztekammer zu übermitteln. Wie diese Evaluierung stattzufinden hat, regelt das Gesetz nicht. Dies zu regeln, wurde der Zahnärztekammer übertragen.

Wenn die Evaluierung unterbleibt oder die Evaluierung oder Kontrolle eine unmittelbare Gefährdung der Gesundheit ergibt, stellt dies eine schwerwiegende Berufspflichtverletzung dar, die einen Kündigungsgrund des Kassenvertrages[729] nach sich ziehen kann.

11 Dentisten

Die Berufsgruppe der Dentisten wird gemeinsam mit den Zahnärzten geregelt. Auf sie sind die allgemeinen Bestimmungen, nämlich jene über die Führung der Zahnärzteliste, die Berufspflichten, die Berufsausübung, die Beendigung der Berufsausübung und die Strafbestimmungen (mit einigen Ausnahmen) anzuwenden, soweit sich aus den besonderen Bestimmungen über die Dentisten nichts anderes ergibt.[730] Die zu den Zahnärzten beschriebenen gesetzlichen Regelungen sind daher anzuwenden.

Personen, die diesen Beruf ausüben, führen die Berufsbezeichnung Dentist.[731]

11.1 Ausbildung

Seit 2010 ist die Ablegung der staatlichen Dentistenprüfung sowie eine Tätigkeit als Dentistenassistent nicht mehr zulässig.[732] Damit kommt es de facto zu einem Aussterben dieses Berufs in Österreich.

11.2 Berufsausübung

Die Berufsausübung kann freiberuflich oder im Rahmen eines Dienstverhältnisses erfolgen.[733] Dentisten haben ihren Beruf persönlich und unmittelbar, allenfalls in Zusammenarbeit mit anderen Angehörigen des zahnärztlichen

---

728 § 22 ZÄG
729 § 343 Abs 4 ASVG)
730 §§ 57 ff. ZÄG
731 § 59 ZÄG
732 § 62 ZÄG
733 § 57 i.V.m. § 23 ZÄG

Berufs oder Angehörigen anderer Gesundheitsberufe, insbesondere in Ordinations- und Apparategemeinschaften oder Gruppenpraxen, auszuüben.[734]

Um eine umfassende Versorgung von Patienten zu ermöglichen, sind auch Dentisten verpflichtet, die zur Ausübung ihres Berufs notwendigen Arzneimittel vorrätig zu halten.[735]

11.3 Aufgaben

Dentisten dürfen alle Tätigkeiten ausüben, die auch den Zahnärzten übertragen wurden. Ausgenommen sind zahnmedizinische Behandlungen, wenn für diese eine Vollnarkose durchgeführt wird oder erforderlich ist.[736]

> Vergleiche: XI. 10.3 a) Zahnärzte

12 Zahnärztliche Assistenzberufe

Die zahnärztlichen Assistenzberufe sind zur Hilfeleistung der Zahnärzte sowie der Dentisten eingerichtet.[737]

12.1 Ausbildung

Die Ausbildung zu einem zahnärztlichen Assistenzberuf kann in zwei Ausbildungsrichtungen eingeteilt werden, nämlich in die Ausbildung im Rahmen eines Dienstverhältnisses zur zahnärztlichen Assistenz und in die Absolvierung der Lehre zum Fachassistenzdienst.

a) Zahnärztliche Assistenz

Die Ausbildung in der zahnärztlichen Assistenz erfolgt im Rahmen eines Dienstverhältnisses und dauert drei Jahre.[738] Die Ausbildung erfolgt in Form einer

- zumindest 600 Stunden umfassenden theoretischen Ausbildung an einem Lehrgang für zahnärztliche Assistenz und
- zumindest 3.000 Stunden umfassenden praktischen Ausbildung im Rahmen eines Arbeitsverhältnisses

Personen, die zur Ausübung der zahnärztlichen Assistenz berechtigt sind, führen die Berufsbezeichnung „Zahnarztassistent".

---

734 § 57 i.V.m. § 24 Abs 1 ZÄG
735 § 37 ZÄG
736 § 58 ZÄG
737 § 72 ZÄG
738 § 81 ZÄG

b) Prophylaxeassistenz

Beim Prophylaxeassistenten handelt es sich um eine Weiterbildung, zu der Angehörige der zahnärztlichen Assistenz zugelassen sind. Zudem hat der zahnärztliche Assistent eine mindestens zweijährige Berufsausübung in der zahnärztlichen Assistenz nachzuweisen.[739]

Die Weiterbildung umfasst eine
- mindestens 64 Stunden umfassende theoretische und
- mindestens 80 Stunden umfassende praktische Ausbildung

Personen, die zur Ausübung der Prophylaxeassistenz berechtigt sind, führen die Berufsbezeichnung „Prophylaxeassistent".[740]

c) Zahnärztliche Fachassistenz

Die Ausbildung zur zahnärztlichen Fachassistenz erfolgt als Lehrberuf und besteht als „Ausbildungsversuch".[741]

Die Ausbildung ist an ein Lehrverhältnis gebunden. Sie umfasst drei Lehrjahre, die teilweise in der Mitarbeit in der Lehrstelle, teilweise in einer theoretischen Ausbildung im Rahmen der Berufsschule zu absolvieren sind. Abgeschlossen wird die Ausbildung mit einem Lehrabschluss.

12.2 Berufsausübung

Die Berufsausübung der zahnärztlichen Assistenzberufe darf nur in einem Dienstverhältnis
- zu einem freiberuflich tätigen Angehörigen des zahnärztlichen Berufs oder Dentistenberufs
- zu einer zahnärztlichen Gruppenpraxis
- zum Träger einer Universitätsklinik für Zahn-, Mund- und Kieferheilkunde oder
- zum Träger eines Zahnambulatoriums oder einer sonstigen Krankenanstalt im Rahmen der Abteilung oder sonstigen Organisationseinheit für Zahnheilkunde

nach Anordnung und unter Aufsicht erfolgen. Eine freiberufliche Ausübung ist nicht zulässig. Jede eigenmächtige Heilbehandlung ist zu unterlassen.[742]

---

739 § 84 ZÄG
740 § 84 ZÄG
741 Verordnung des Bundesministers für Wissenschaft, Forschung und Wirtschaft, mit der die Zahnärztliche Fachassistenz-Ausbildungsordnung geändert wird (Zahnärztliche Fachassistenz-Ausbildungsordnung), BGBl. II Nr. 136/2014
742 § 74 ZÄG

12.3 Aufgaben

Das Aufgabenfeld ist geteilt in jenes der zahnärztlichen Assistenz, der Prophylaxeassistenz und der zahnärztlichen Fachassistenz.

a) Zahnärztliche Assistenz

Der Tätigkeitsbereich[743] der zahnärztlichen Assistenz im Rahmen der Behandlung und Betreuung der Patienten umfasst insbesondere die
- Assistenz bei der konservierenden Behandlung
- Assistenz bei der chirurgischen Behandlung
- Assistenz bei der prothetischen Behandlung
- Assistenz bei der parodontologischen Behandlung
- Assistenz bei der kieferorthopädischen Behandlung
- Assistenz bei prophylaktischen Maßnahmen
- Anfertigung, Entwicklung und Archivierung von Röntgenaufnahmen
- Praxishygiene, Desinfektion, Sterilisation und Wartung der Geräte und Behelfe sowie Abfallentsorgung

Der Tätigkeitsbereich der zahnärztlichen Assistenz im Rahmen der Organisation und Verwaltung der Ordination umfasst dabei insbesondere die
- Aufnahme und Dokumentation der Patientendaten
- Praxisadministration
- Warenbestellung und Lagerhaltung

b) Prophylaxeassistenz

Der Beruf der Prophylaxeassistenz umfasst die Unterstützung von Angehörigen des zahnärztlichen Berufs und des Dentistenberufs in den Bereichen Gingivitis, Parodontitis, Periimplantitis und Karies.

Der Tätigkeitsbereich der Prophylaxeassistenz umfasst
- Beschaffung und Übernahme von Befunden
- Erheben von Plaque- und Zahnsteinbefall
- Plaqueindizes, Blutungsindizes
- Beurteilung und Dokumentation der gingivalen Entzündung
- Durchführung von Speicheltests
- Erheben eines Parodontalstatus
- Mund- und Gesichtsfotografie
- Beurteilung und Dokumentation des parodontalen Entzündungsgrades
- Sensibilitätstest im Recall

---

743 § 73 ZÄG

- Abnahme und Durchführung von mikrobiologischen Untersuchungen und Risikotests
- Aufzeichnen von Veränderungen an der Zahnhartsubstanz und den parodontalen Geweben
- Untersuchung der Mundschleimhaut

Im Rahmen der Motivierung zur Verhaltensänderung durch Aufklärung, Anleitung und Überwachung:
- Aufklärung über Ursachen, Verlauf und Folgen von Karies, Gingivitis und parodontalen Erkrankungen
- patientenspezifische Motivation zur Verhaltensänderung
- bedarfsorientierte Instruktion von karies- und parodontalprophylaktischen Maßnahmen
- oralprophylaktische Ernährungsberatung
- Planung, Durchführung und Kontrolle des bedarfsorientierten individuellen Prophylaxeprogramms
- Information für die Durchführung von lokaler dentaler Softchemo- und Chemoprävention und über präventive zahnmedizinische Möglichkeiten

Im Rahmen der Durchführung präventiver und therapeutischer Maßnahmen:
- professionelle Zahnreinigung
- Herstellen von sauberen Verhältnissen in der Mundhöhle bei gesunden Menschen und bei Menschen mit unkomplizierten Parodontalerkrankungen
- prophylaktische Maßnahmen an Zähnen wie chemische Beeinflussung des Plaquewachstums
- lokale Anwendung von zahnhalsdesensibilisierenden Mitteln

Im Rahmen des Sicherstellens der Arbeitsabläufe im Praxisteam und am eigenen Arbeitsplatz:
- fachgerechte Wartung und Entsorgung von Apparaten und Materialien
- Organisation und Durchführung des individuellen Recallsystems
- Korrespondenz
- Beschaffung und Lagerhaltung von Prophylaxehilfsmitteln

c) Zahnärztliche Fachassistenz

Der Tätigkeitsbereich der zahnärztlichen Fachassistenz umfasst
- Betreuen der Patienten vor, während und nach der zahnärztlichen Behandlung
- Erläutern der Mundhygiene und der Maßnahmen zur Prophylaxe
- Assistieren des Zahnarztes bei konservierenden, chirurgischen, prothetischen, parodontologischen und kieferorthopädischen Behandlungen

- Anfertigen von Röntgenaufnahmen
- Abrechnen der erbrachten zahnärztlichen Leistungen mit den Patienten, privaten Versicherungen und Sozialversicherungsträgern
- Anwenden von Hygienemaßnahmen
- Organisieren des täglichen Praxisablaufes und der Terminplanung
- Durchführen von administrativen Aufgaben wie Patientenverwaltung, Schriftverkehr und Zahlungsverkehr

13 Pharmazeutische Fachkräfte

Pharmazeutische Fachkräfte versorgen die Bevölkerung und Angehörige von Gesundheitsberufen mit Arzneimitteln und Medizinprodukten. Bekannter ist diese Berufskategorie sicherlich unter dem Begriff „Apotheker". Jedoch werden unter den pharmazeutischen Fachkräften darüber hinaus alle

- allgemein berufsberechtigten Apotheker
- Magister der Pharmazie, die die einjährige fachliche Ausbildung zum Apotheker absolvieren (Aspirantin/Aspirant)
- Personen, die als Ausgleichsmaßnahme eine einjährige fachliche Ausbildung in einer öffentlichen Apotheke oder Anstaltsapotheke wählen
- Apotheker, die ohne vorherige Erteilung der allgemeinen Berufsberechtigung vorübergehend und gelegentlich als Erbringer von Dienstleistungen tätig werden
- Apotheker, die vorübergehend und gelegentlich als Erbringer von Dienstleistungen tätig werden

zusammengefasst.[744]

13.1 Ausbildung

Personen, die die allgemeine Berechtigung zur Berufsausübung erlangen wollen, haben zunächst das Diplomstudium der Pharmazie (270 ECTS-Punkte) abzuschließen. Anschließend ist eine einjährige fachliche Ausbildung in einer öffentlichen Apotheke oder Anstaltsapotheke zu absolvieren.[745] Nach Ablauf dieser Ausbildung kann die Prüfung für den Apothekerberuf abgelegt werden, bei deren Bestehen das staatliche Apothekerdiplom verliehen wird.[746] Danach darf die Berufsbezeichnung Apotheker geführt werden.[747]

Um eine Apotheke auch selbstständig leiten zu dürfen, ist eine fünfjährige pharmazeutische Tätigkeit in einer Apotheke abzuleisten.[748] Diese Berechti-

---

744 §§ 1 i.V.m. 1a Pharmazeutische Fachkräfteverordnung
745 § 5 Pharmazeutische Fachkräfteverordnung i.V.m. § 3a Apothekengesetz
746 § 3a Apothekengesetz
747 § 3f Apothekengesetz
748 § 17 Abs 1 Pharmazeutische Fachkräfteverordnung

gung verliert, wer mehr als drei Jahre in keiner Anstaltsapotheke oder öffentlichen Apotheke tätig war.[749] Zur Wiedererlangung ist die sechsmonatige Tätigkeit in einer solchen Apotheke nachzuweisen[750].

13.2 Aufgaben

Den Apothekern ist die Erbringung von Dienstleistungen vorbehalten, soweit dadurch nicht in den Vorbehaltsbereich gesetzlich geregelter Gesundheitsberufe eingegriffen wird. Ausschließlich den pharmazeutischen Fachkräften vorbehalten sind[751]
- die Entwicklung, Herstellung und Prüfung von Arzneimitteln
- die Abgabe von den Apotheken vorbehaltenen Arzneimitteln
- die Beratungs- und Informationstätigkeit über Arzneimittel
- die Überprüfung von Arzneimittelvorräten in Krankenanstalten
- das Medikationsmanagement

wobei Aspiranten diese Tätigkeiten unter Aufsicht eines allgemein berufsberechtigten Apothekers durchführen dürfen.[752]

Ebenfalls den Apothekern übertragen wurde die Versorgung der Bevölkerung mit Medizinprodukten, die nach den Verbrauchererwartungen in Apotheken vertrieben werden.[753]

Apotheker haben nicht nur Kunden, sondern auch Ärzte, Zahnärzte, Tierärzte und andere Anwender über die Arzneimittel zu informieren und zu beraten.[754]

Apotheker sind auch berechtigt, in der Apotheke apothekenübliche Waren herzustellen und abzugeben. Darunter fallen u.a. typische Waren einer Drogerie (wobei zumeist die Apotheken ohnehin das Gewerbe der Drogisten mit angemeldet haben) sowie Sport- und Diätwaren.

Zur Ausübung ihrer Tätigkeit können sich Apotheker (eingeschränkt) Hilfspersonen bedienen.[755]

13.3 Vorbehalt der Versorgung der Bevölkerung

Die Versorgung der Bevölkerung und Abgabe von Arzneimitteln ist „nur" indirekt den Apothekern vorbehalten und erschließt sich aus der Übertragung der

---

749 § 17 Abs 2 Pharmazeutische Fachkräfteverordnung
750 § 17 Abs 3 Pharmazeutische Fachkräfteverordnung
751 § 2 Abs 1 Pharmazeutische Fachkräfteverordnung
752 § 2 Abs 2 Pharmazeutische Fachkräfteverordnung
753 § 1 Abs 5 ABO 2005
754 § 10 ABO 2005
755 § 3 Abs 4 ABO 2005

grundsätzlichen Aufgaben, die Versorgung der Bevölkerung mit Arzneimitteln zu gewährleisten.[756]

13.4 Vorbehalt der Medikation

Apotheker dürfen Kunden im Rahmen der Selbstmedikation sowie in Gesundheits- und Ernährungsfragen beraten.[757] Gerade bei letzterer Aufgabe wird ein Querschnittsbereich aus Arzneimittel, Medizinprodukten und Nahrungsergänzung berührt.

> Vergleiche: XI. 1.6 Vorbehalt der Medikation

13.5 Vorbehalt der Zubereitung von Arzneimitteln

Die Anfertigung von Arzneimitteln nach ärztlicher, zahnärztlicher oder tierärztlicher Verschreibung sowie das Herstellen und In-Verkehr-Bringen von Arzneispezialitäten nach Maßgabe der rechtlichen Bestimmungen ist ausschließlich den Apotheken übertragen.

Bei der „Anmischung" von Arzneimitteln wird zwischen der magistralen und der offizinalen Zubereitung unterschieden. Gemeinsam ist ihnen, dass sie nach den Vorschriften des Arzneibuches herzustellen sind. Soweit dieses keine Vorschriften über die Herstellung enthält, sind sie nach dem Stand der Wissenschaften herzustellen.[758] Auf den Verpackungen sind eine deutlich lesbare Aufschrift, die eine Verwechslungssicherheit gewährleistet, sowie die ggf. vom Arzt, Zahnarzt bzw. Tierarzt angeordnete Gebrauchsanweisung und Hinweise, die aus Gründen der Sicherheit erforderlich sind und auf besondere Gefahren hinweisen, anzubringen.[759]

13.6 Arzneimittelvorrat

In Krankenanstalten sind Arzneimittel, Medizinprodukte und sonstige krankenhausspezifische Waren in ausreichender Menge zu beschaffen und vorrätig zu halten.[760] Diese haben für eine Zeitspanne von mindestens 14 Tagen vorrätig zu sein.

In jeder öffentlichen Apotheke muss ein zur ordnungsgemäßen Versorgung der Bevölkerung entsprechender Arzneimittelvorrat bereitgehalten werden,[761] insbesondere von erstattungsfähigen Arzneimitteln.

---

756 § 1 Abs 1 bis 3 ABO 2005 i.V.m. § 2 Abs 1 lit b Pharmazeutische Fachkräfteverordnung
757 § 1 Abs 2 Z 5 und Abs 4 Z 1 ABO 2005
758 § 22 ABO 2005
759 § 20 Abs 1 ABO 2005 i.V.m. § 6 ABO
760 § 47 Abs 1 ABO 2005
761 § 4 Abs 1 ABO 2005

13.7 Prüfung von Arzneimitteln

Arzneimittel müssen den Anforderungen des Arzneimittelgesetzes entsprechen. Daher sind sie vom Apotheker auf Identität und Qualität zu prüfen.[762]

14 Psychologen

Die Versorgung des psychisch-emotionalen Teils der Gesundheit – teilweise wird nach wie vor von der Erkrankung der Seele gesprochen – ist den Fachrichtungen der Psychologen vorbehalten. Jedem anderen ist die Führung des Titels „Psychologe", „Gesundheitspsychologe" bzw. „klinischer Psychologe" sowie die Führung einer Bezeichnung, die geeignet ist, den Abschluss dieses Studiums vorzutäuschen, untersagt.[763]

Im Bereich der Psychologie wird zwischen drei Berufsgruppen unterschieden[764], nämlich den
- Psychologen
- klinischen Psychologen
- Gesundheitspsychologen

Die Gesundheitspsychologie und die klinische Psychologie umfasst die Anwendung von gesundheitspsychologischen und klinisch-psychologischen Erkenntnissen und Methoden bei der Untersuchung, Behandlung, Auslegung, Änderung und Vorhersage des Erlebens und Verhaltens von Menschen und ihrer Lebensbedingungen einschließlich der Prävention, Gesundheitsförderung, Rehabilitation und Evaluation.[765]

14.1 Ausbildung

Die Ausbildung ist entsprechend den drei Berufsgruppen aufsteigend gegliedert, wobei die Basisausbildung jene des Psychologen darstellt. Die Ausbildung zum Gesundheits- bzw. klinischen Psychologen erfolgt postgraduell.

a) Psychologe

Zur Führung der Bezeichnung „Psychologe" ist berechtigt, wer das Studium der Psychologie erfolgreich absolviert hat[766] oder nostrifiziert ist[767].

---

762   § 7 Abs 1 ABO 2005
763   §§ 4, 20, 29 Psychologengesetz 2013
764   § 3 Psychologengesetz 2013
765   § 6 Abs 2 Psychologengesetz 2013
766   § 4 Abs 1 und 2 Psychologengesetz 2013
767   § 4 Abs 3 Psychologengesetz 2013

b) Gesundheitspsychologie und klinische Psychologie

Zur Ausübung der Gesundheitspsychologie und der klinischen Psychologie ist berechtigt,[768] wer
- zur Führung der Bezeichnung „Psychologe" berechtigt ist
- die Ausbildung und die Berufsausübungsvoraussetzungen im Bereich der Gesundheitspsychologie und der klinischen Psychologie absolviert hat

Die Ausbildung erfolgt durch eine postgraduelle Bildung in
- Gesundheitspsychologie im Gesamtausmaß von 1.940 Stunden
- klinischer Psychologie im Gesamtausmaß von 2.500 Stunden

im Rahmen von jeweils längstens fünf Jahren ab Aufnahme der Ausbildung.

14.2 Berufsausübung

Die Ausübung erfolgt eigenverantwortlich, unabhängig davon, ob diese Tätigkeiten freiberuflich oder im Rahmen eines Arbeitsverhältnisses ausgeführt werden.[769]

Berufsangehörige haben ihren Beruf persönlich und unmittelbar, allenfalls in Zusammenarbeit mit Vertretern ihrer oder einer anderen Wissenschaft auszuüben. Zur Mithilfe können sie sich jedoch Hilfspersonen bedienen, wenn diese unter ihrer Anordnung und Aufsicht handeln.[770]

14.3 Aufgaben

Entsprechend ihrer Qualifikationen unterscheiden sich auch die Aufgabenbereiche der Psychologen. Psychologen haben sich bei der Ausübung ihres Berufes auf jene psychologischen Arbeitsgebiete und Behandlungsmethoden zu beschränken, auf denen sie nachweislich ausreichende Kenntnisse und Fertigkeiten erworben haben.[771]

a) Gesundheitspsychologie

Die Gesundheitspsychologie umfasst die Entwicklung gesundheitsfördernder Maßnahmen und Projekte auf Grundlage der psychologischen Wissenschaft, ihrer Erkenntnisse, Theorien, Methoden und Techniken zur Förderung und Erhaltung von Gesundheit. Berücksichtigt werden dabei die verschiedenen Aspekte gesundheitsbezogenen Verhaltens einzelner Personen und Gruppen und Maßnahmen, die der Verbesserung der Rahmenbedingungen von Gesund-

---

768 § 3 Psychologengesetz 2013
769 § 6 Abs 3 Psychologengesetz 2013
770 § 32 Abs 2 Psychologengesetz 2013
771 § 32 Abs 4 Psychologengesetz 2013

heitsförderung und Krankheitsverhütung und der Verbesserung des Systems gesundheitlicher Versorgung dienen.[772]

Der Tätigkeitsbereich der Gesundheitspsychologen umfasst[773]
- die Analyse von Personen aller Altersstufen und von Gruppen, insbesondere in Bezug auf die verschiedenen Aspekte des Gesundheitsverhaltens und seiner Ursachen
- die Erstellung von gesundheitspsychologischen Befunden und Gutachten, insbesondere in Bezug auf gesundheitsbezogenes Risikoverhalten und seiner Ursachen
- gesundheitspsychologische Maßnahmen bei Personen aller Altersstufen und Gruppen in Bezug auf Gesundheitsverhalten, insbesondere im Hinblick auf gesundheitsbezogenes Risikoverhalten wie Ernährung, Bewegung, Rauchen
- Beratung von Personen aller Altersstufen und Gruppen in Bezug auf die Förderung und Aufrechterhaltung der Gesundheit sowie die Vermeidung von Gesundheitsrisiken unter Berücksichtigung der Lebens-, Freizeit- und Arbeitswelt
- gesundheitspsychologische Analyse und Beratung von Organisationen, Institutionen und Systemen in Bezug auf gesundheitsbezogene Rahmenbedingungen und Maßnahmen der Gesundheitsförderung, Gesundheitsvorsorge und Rehabilitation sowie
- die gesundheitspsychologische Entwicklung, Durchführung und Evaluation von Maßnahmen und Projekten, insbesondere im Bereich der Gesundheitsförderung.

b) Klinischer Psychologe

Die Berufsausübung der klinischen Psychologie umfasst die Untersuchung, Auslegung und Prognose des menschlichen Erlebens und Verhaltens sowie die gesundheitsbezogenen und störungsbedingten sowie störungsbedingenden Einflüsse, weiters die klinisch-psychologische Behandlung von Verhaltensstörungen, psychischen Veränderungen und Leidenszuständen.[774]

Der Tätigkeitsbereich umfasst insbesondere[775]
- die klinisch-psychologische Diagnostik in Bezug auf gesundheitsbezogenes und gesundheitsbedingtes Verhalten und Erleben sowie in Bezug auf Krankheitsbilder und deren Einfluss auf das menschliche Erleben und Verhalten

---

772 § 13 Abs 1 Psychologengesetz 2013
773 § 13 Abs 2 Psychologengesetz 2013
774 § 22 Abs 1 Psychologengesetz 2013
775 § 22 Abs 2 Psychologengesetz 2013

- die Erstellung von klinisch-psychologischen Befunden und Gutachten hinsichtlich der Leistungsfähigkeit, Persönlichkeitsmerkmale oder Verhaltensformen in Bezug auf psychische Störungen sowie in Bezug auf Krankheitsbilder, die das menschliche Erleben und Verhalten beeinflussen, und in Bezug auf Krankheitsbilder, die durch menschliches Erleben und Verhalten beeinflusst werden
- die Anwendung klinisch-psychologischer Behandlungsmethoden bei Personen aller Altersstufen und Gruppen, die aufbauend auf klinisch-psychologische Diagnostik fokussiert und ziel- und lösungsorientiert ist
- klinisch-psychologische Begleitung von Betroffenen und Angehörigen in Krisensituationen
- klinisch-psychologische Beratung in Bezug auf verschiedene Aspekte gesundheitlicher Beeinträchtigungen, ihre Bedingungen und Veränderungsmöglichkeiten
- die klinisch-psychologische Evaluation

14.4 Vorbehalt der psychologischen Betreuung

Die berufsmäßige Ausübung der Gesundheitspsychologie ist den Gesundheitspsychologen vorbehalten. Anderen Personen ist die berufsmäßige Ausübung der Gesundheitspsychologie verboten.[776]

Die berufsmäßige Ausübung der klinischen Psychologie ist den klinischen Psychologen vorbehalten. Anderen Personen ist die berufsmäßige Ausübung der Gesundheitspsychologie verboten.[777]

15 Psychotherapeuten

Psychotherapie befasst sich, ähnlich wie der Bereich der Psychologie, mit der Einheit von Körper und Psyche. Die Psychotherapie ist eine umfassende, bewusste und geplante Behandlung von psychosozial oder auch psychosomatisch bedingten Verhaltensstörungen und Leidenszuständen mit wissenschaftlich-psychotherapeutischen Methoden. Diese erfolgt durch Interaktion zwischen einem oder mehreren Behandelten und einem oder mehreren Psychotherapeuten. Es sollen bestehende Symptome gemildert oder beseitigt, gestörte Verhaltensweisen und Einstellungen geändern und die Reifung, Entwicklung und Gesundheit des Behandelten gefördert werden.[778] Psychotherapeuten werden damit in der Psychotherapie tätig. Sie führen die Berufsbezeichnung „Psy-

---

776 § 13 Abs 3 Psychologengesetz 2013
777 § 22 Abs 4 Psychologengesetz 2013
778 § 1 Abs 1 Psychotherapiegesetz

chotherapeut".[779] Psychotherapeuten können ihre Berufsbezeichnung führen oder der Berufsbezeichnung einen Hinweis auf die jeweilige methodenspezifische Ausrichtung der psychotherapeutischen Ausbildungseinrichtung, bei der die Psychotherapieausbildung absolviert wurde, anfügen. Sofern mehrere Psychotherapieausbildungen absolviert worden sind, können alle entsprechenden Hinweise als Zusatzbezeichnungen angefügt werden.[780]

15.1 Ausbildung

Die Ausbildung ist in eine allgemeine und eine besondere Ausbildung geteilt. Sowohl der allgemeine Teil – das psychotherapeutische Propädeutikum – als auch der besondere Teil – das psychotherapeutische Fachspezifikum – werden durch eine theoretische und eine praktische Ausbildung vermittelt.[781]

Der theoretische Teil des psychotherapeutischen Propädeutikums hat eine Gesamtdauer von zumindest 765 Stunden.[782]

Der praktische Teil des psychotherapeutischen Propädeutikums hat in einer Gesamtdauer von zumindest 550 Stunden jedenfalls folgende Inhalte zu umfassen:[783]
- Einzel- oder Gruppenselbsterfahrung
- Praktikum im Umgang mit verhaltensgestörten oder leidenden Personen in einer im psychosozialen Feld bestehenden Einrichtung des Gesundheits- oder Sozialwesens unter fachlicher Anleitung und Aufsicht des Leiters dieser Einrichtung oder eines Stellvertreters
- begleitende Teilnahme an einer Praktikumssupervision

Der theoretische Teil des psychotherapeutischen Fachspezifikums hat in einer Gesamtdauer von zumindest 300 Stunden, wobei zumindest 50 Stunden für eine Schwerpunktbildung vorzusehen sind, jedenfalls folgende Inhalte zu umfassen:[784]
- Theorie der gesunden und der psychopathologischen Persönlichkeitsentwicklung
- Methodik und Technik
- Persönlichkeits- und Interaktionstheorien
- psychotherapeutische Literatur

---

779 § 13 Psychotherapiegesetz
780 § 13 Abs 1 Psychotherapiegesetz
781 § 2 Psychotherapiegesetz
782 § 3 Abs 1 Psychotherapiegesetz
783 § 3 Abs 2 Psychotherapiegesetz
784 § 6 Abs 1 Psychotherapiegesetz

Der praktische Teil des psychotherapeutischen Fachspezifikums hat in einer Gesamtdauer von zumindest 1600 Stunden, wobei zumindest 100 Stunden für eine Schwerpunktbildung vorzusehen sind, jedenfalls folgende Inhalte zu umfassen:[785]

- Lehrtherapie, Lehranalyse, Einzel- oder Gruppenselbsterfahrung
- Erwerb praktischer psychotherapeutischer Kenntnisse und Erfahrungen im Umgang sowohl mit verhaltensgestörten als auch leidenden Personen durch ein Praktikum in einer im psychotherapeutisch-psychosozialen Feld bestehenden Einrichtung des Gesundheits- oder Sozialwesens
- begleitende Teilnahme an einer Praktikumssupervision in einer im psychotherapeutisch-psychosozialen Feld bestehenden Einrichtung des Gesundheits- oder Sozialwesens
- psychotherapeutische Tätigkeit mit verhaltensgestörten oder leidenden Personen in einer im psychotherapeutisch-psychosozialen Feld bestehenden Einrichtung des Gesundheits- oder Sozialwesens

15.2 Berufsausübung

Die Ausübung der Psychotherapie ist die umfassende, bewusste und geplante Behandlung von psychosozial oder auch psychosomatisch bedingten Verhaltensstörungen und Leidenszuständen mit wissenschaftlich-psychotherapeutischen Methoden. Dies erfolgt durch Interaktion zwischen einem oder mehreren Behandelten und einem oder mehreren Psychotherapeuten mit dem Ziel, bestehende Symptome zu mildern oder zu beseitigen, gestörte Verhaltensweisen und Einstellungen zu ändern und die Reifung, Entwicklung und Gesundheit des Behandelten zu fördern.[786]

Der Psychotherapeut hat sich bei der Ausübung seines Berufes auf jene psychotherapeutischen Arbeitsgebiete und Behandlungsmethoden zu beschränken, auf denen er nachweislich ausreichende Kenntnisse und Erfahrungen erworben hat.[787] Der Psychotherapeut hat seinen Beruf persönlich und unmittelbar, allenfalls in Zusammenarbeit mit Vertretern seiner oder einer anderen Wissenschaft auszuüben. Zur Mithilfe kann er sich jedoch Hilfspersonen bedienen, wenn diese nach seinen genauen Anordnungen und unter seiner ständigen Aufsicht handeln.[788]

Die selbstständige Ausübung der Psychotherapie besteht in einer eigenverantwortlichen Tätigkeit, unabhängig davon, ob diese Tätigkeit freiberuflich oder im Rahmen eines Arbeitsverhältnisses ausgeübt wird.[789]

---

785 § 6 Abs 2 Psychotherapiegesetz
786 § 1 Abs 1 Psychotherapiegesetz
787 § 14 Abs 5 Psychotherapiegesetz
788 § 14 Abs 2 Psychotherapiegesetz
789 § 1 Abs 2 Psychotherapiegesetz

16 Musiktherapeuten

Unter Musiktherapie versteht man eine Therapieform, die auf wissenschaftlich-künstlerischer Kreativität basiert. Sie umfasst insbesondere die Behandlung emotional, somatisch, intellektuell oder sozial bedingter Verhaltensstörungen und Leidenszuständen, die durch den Einsatz musikalischer Mittel durch den Behandelten gemeinsam mit dem Behandelnden[790] therapiert werden.

Wer zur Berufsausübung der Musiktherapie berechtigt ist, hat im Zusammenhang mit der Berufsausübung[791]
- die Berufsbezeichnung „Musiktherapeut"
- als Zusatzbezeichnung jenen akademischen Grad in abgekürzter Form, der aufgrund der Absolvierung der Ausbildung für die eigenverantwortliche Berufsausübung der Musiktherapie erworben wurde

zu führen.

16.1 Ausbildung

Die Ausbildung zum Musiktherapeuten ist als akademische Ausbildung konzipiert. Voraussetzung ist daher die Erlangung der Universitätsreife.

Die Ausbildung[792] selbst erfolgt als primäre Ausbildung in Form eines
- Diplomstudiums an einer Universität
- Fachhochschul-Diplomstudiengangs an einer Fachhochschule

oder als Sekundärausbildung nach Erlangung der Ausbildungsvoraussetzungen für die mitverantwortliche Berufsausübung in Form eines
- Masterstudiums an einer Universität
- Fachhochschul-Masterstudiengangs an einer Fachhochschule

Die Ausbildung hat die erforderlichen theoretischen und praktischen Ausbildungsinhalte einschließlich des Erwerbs von klinischer Krankenbehandlungserfahrung unter besonderer Berücksichtigung der klinisch-psychologischen, medizinischen und psychotherapeutisch-wissenschaftlichen Grundlagen zu umfassen.[793] Im Rahmen der Ausbildung[794] sind jedenfalls vorzusehen:
- Selbsterfahrung im Umfang von zumindest 200 Einheiten
- Rahmenbedingungen für die Berufsausübung, insbesondere eine Einführung in die institutionellen, gesundheitsrechtlichen und psychosozialen Rahmenbedingungen, von zumindest 60 Einheiten

---

790 § 6 Abs 1 und 2 MuthG
791 § 26 Abs 1 und 2 MuthG
792 § 10 Abs 1 MuthG
793 § 10 Abs 2 MuthG
794 § 10 Abs 3 MuthG

- Fragen der Ethik im Umfang von zumindest 60 Einheiten
bzw. im Rahmen der Ausbildung nach Erlangung der Ausbildungsvoraussetzungen für die mitverantwortliche Berufsausübung:[795]
  - Rahmenbedingungen für die Berufsausübung der Musiktherapie, insbesondere eine Einführung in die institutionellen, gesundheitsrechtlichen und psychosozialen Rahmenbedingungen, von zumindest 30 Einheiten
  - Fragen der Ethik im Umfang von zumindest 30 Einheiten

Ansonsten ist das Studium als „normales" philosophisches Studium aufgebaut. Es umfasst im Diplomstudium etwa 195 Semesterwochenstunden (2194 Stunden bzw. 88 ECTS-Punkte). Eine verpflichtende Praxis ist nicht vorgesehen.

16.2 Berufsausübung

Die berufsmäßige Ausübung der Musiktherapie ist nur im Rahmen eines Arbeitsverhältnisses zu einem Träger einer Krankenanstalt, einem Pflegeheim, einer Behinderteneinrichtung oder einer vergleichbaren Einrichtung zulässig.[796]

Musiktherapeuten haben sich bei der Berufsausübung auf jene musiktherapeutischen Arbeitsgebiete und Behandlungsmethoden zu beschränken, in denen sie nachweislich ausreichende Kenntnisse und Erfahrungen erworben haben.[797]

Die Berufsausübung erfolgt in eigenverantwortlicher Tätigkeit, unabhängig davon, ob diese freiberuflich oder im Rahmen eines Arbeitsverhältnisses ausgeübt wird.[798] Zudem besteht die Möglichkeit einer mitverantwortlichen Berufsausübung im Rahmen eines Arbeitsverhältnisses unter regelmäßiger Supervision durch einen eigenverantwortlich berufsberechtigten Musiktherapeuten und nach Anordnung[799] durch einen

- Arzt
- klinischen Psychologen
- eigenverantwortlich berufsberechtigten Musiktherapeuten
- Psychotherapeuten
- Zahnarzt

Sofern die Berufsausübung der Musiktherapie zum Zweck der Behandlung von akuten und chronischen Erkrankungen oder der Rehabilitation erfolgt, hat nachweislich vor oder nach der ersten sowie vor jeder zweiten musiktherapeutischen Behandlung eine Zuweisung[800] durch einen

---

795 § 10 Abs 4 MuthG
796 § 6 Abs 4 MuthG
797 § 27 Abs 3 MuthG
798 § 7 Abs 1 MuthG
799 § 8 MuthG
800 § 7 Abs 2 MuthG

- Arzt
- klinischen Psychologen
- Psychotherapeuten
- Zahnarzt

zu erfolgen.

16.3 Aufgaben

Ziele der Musiktherapie[801] sind,
- Symptomen vorzubeugen, sie zu mildern oder zu beseitigen
- behandlungsbedürftige Verhaltensweisen und Einstellungen zu ändern
- Prävention solcher Zustände einschließlich Gesundheitsförderung
- die Entwicklung, Reifung und Gesundheit des Behandelten zu fördern und zu erhalten oder wiederherzustellen
- Behandlung von akuten und chronischen Erkrankungen
- Rehabilitation
- Förderung von sozialen Kompetenzen einschließlich einer Supervision
- Lehre und Forschung

16.4 Vorbehalt der Musiktherapie

Die berufsmäßige Ausübung der Musiktherapie ist den Musiktherapeuten vorbehalten. Musiktherapeuten sind somit alle Tätigkeiten vorbehalten, die zur Therapie auf Basis wissenschaftlich-künstlerischer Kreativität durch den Einsatz musikalischer Mittel zwischen dem Behandelten und dem Behandelnden basieren.[802]

17 Tierärzte

Tierärzte gehören ebenfalls zu den Gesundheitsberufen und sollen, auch wenn sich dieses Buch vorrangig mit der Humangesundheit beschäftigt, Erwähnung finden. Tierärzte sind im Sinne der menschlichen Gesundheit insbesondere im Bereich des Epidemieschutzes und der Lebensmittelhygiene tätig.[803]

17.1 Ausbildung

Die Ausbildung erfolgt durch Abschluss des Studiums der Veterinärmedizin. Dieses dauert zwölf Semester und ist in drei Studienabschnitte gegliedert. Zu-

---

801 § 6 Abs 1 und 2 MuthG
802 § 6 Abs 1 bis 3 MuthG
803 § 20 Tierärztegesetz

sätzlich kann auch eine Spezialisierung zum Fachtierarzt abgeschlossen werden, die jedoch nichts am Umfang der Tätigkeitsberechtigung ändert.

17.2 Aufgaben

Tierärzte haben ihren Beruf gewissenhaft und fachlich eigenverantwortlich auszuüben.[804] Jeder Tierarzt ist in seiner beruflichen Tätigkeit verpflichtet, die Berufspflichten einzuhalten und insbesondere auf die Sicherung der menschlichen Gesundheit zu achten.[805]

Tierärzte haben ihren Beruf persönlich und unmittelbar, allenfalls in Zusammenarbeit mit anderen Tierärzten auszuüben.[806] Zur Mithilfe darf ein Tierarzt Hilfspersonen heranziehen, wenn diese nach seinen genauen Anordnungen sowie unter seiner ständigen Aufsicht und Anleitung handeln.

Sie dürfen in Ausübung ihres Berufes auch Arzneimittel für die Anwendung im Rahmen ihrer beruflichen Tätigkeit besitzen, lagern und mit sich führen. Zur Führung einer Hausapotheke für den Bedarf der eigenen tierärztlichen Praxis sind nur freiberuflich tätige Tierärzte, die eine Zusatzqualifikation nachweisen können, berechtigt.[807]

Ein Tierarzt darf Zeugnisse und Gutachten nur nach gewissenhafter Erhebung und Untersuchung und unter genauer Beachtung der Regeln, Erkenntnisse und Erfahrungen der Veterinärmedizin nach seinem besten Wissen und Gewissen abgeben.[808] Abschriften von diesen Zeugnissen und Gutachten sind drei Jahre lang aufzubewahren.[809]

17.3 Hilfeleistungspflicht

Der Tierarzt darf die Leistung der Ersten Hilfe bei einem Tier nicht verweigern, wenn ihm die Hilfeleistung im Hinblick auf die damit verbundene Gefahr und ohne Verletzung anderer überwiegender Interessen zumutbar ist.[810]

---

804 § 1 Tierärztegesetz
805 § 21 Tierärztegesetz
806 § 24 Tierärztegesetz
807 § 13 Tierärztegesetz
808 § 20 Tierärztegesetz
809 § 20 Tierärztegesetz
810 § 21 Tierärztegesetz

17.4 Berufsvorbehalte

Den Tierärzten vorbehaltene Tätigkeiten und Befugnisse sind:[811]
- Untersuchung und Behandlung von Tieren
- Vorbeugungsmaßnahmen medizinischer Art gegen Erkrankungen von Tieren
- operative Eingriffe an Tieren
- Impfung, Injektion, Transfusion, Infusion, Instillation und Blutabnahme bei Tieren
- Verordnung und Verschreibung von Arzneimitteln für Tiere
- Schlachttier- und Fleischuntersuchung
- Ausstellung von tierärztlichen Zeugnissen und Gutachten
- künstliche Besamung von Haustieren

Jedoch sind Tätigkeiten nicht erfasst, welche für die übliche Tierhaltung und Tierpflege notwendig sind.

---

811 § 12 Tierärztegesetz

XII. Allgemeine und besondere Berufsrechte der Sozialbetreuungsberufe

Oftmals treffen soziale Defizite und pflegerische Notwendigkeiten zusammen. Dabei können Pflegenotwendigkeiten in den Hintergrund treten, in vielen Fällen sogar nur gelegentlich auftreten. Diese Lücke schließen die Sozialbetreuungsberufe.

1 Einteilung

Zu den Sozialbetreuungsberufen zählen[812]
- Helfer
- Heimhelfer
- Fach-Sozialbetreuer
- Altenarbeiter
- Behindertenarbeiter
- Behindertenbegleiter
- Diplom-Sozialbetreuer
- Altenarbeiter
- Familienarbeiter
- Behindertenarbeiter
- Behindertenbegleiter

2 Aufgaben

Die Sozialbetreuungsberufe haben die Aufgabe, Patienten (die als Klienten bezeichnet werden), die nicht mehr in der Lage sind, eigenständig ihr Leben in der gewohnten Umgebung zu bewältigen, zu betreuen und zu unterstützen, um so deren Genesung bzw. Versorgung zu gewährleisten. Zudem besteht die Möglichkeit, dass Angehörige dieser Berufe, soweit sie nicht ohnehin aufgrund ihrer Ausbildung zum Pflegeassistenten hiezu ermächtigt sind, vom gehobenen Dienst der Gesundheits- und Krankenpflege zu bestimmten Tätigkeiten der Basisversorgung herangezogen werden können.[813]

> Vergleiche: X. 13.2 Delegation an Nicht-Gesundheitsberufe

---

[812] Art 1 Vereinbarung gemäß Art. 15a B-VG zwischen dem Bund und den Ländern über Sozialbetreuungsberufe; Anlage 1 Punkt 1 Vereinbarung gemäß Art. 15a B-VG zwischen dem Bund und den Ländern über Sozialbetreuungsberufe
[813] § 3a GuKG

Allgemeine und besondere Berufsrechte der Sozialbetreuungsberufe

Im Vordergrund steht jedoch die Versorgung und Hilfestellung bei der Bewältigung des täglichen Lebens.[814] So sollen Sozialbetreuungsberufe bei der Hausarbeit helfen und diese alleine oder gemeinsam mit dem Kranken durchführen, kochen und bei täglichen Aufgaben den Patienten unterstützen.

Sozialbetreuungsberufe dürfen auch in Heimen und Krankenanstalten tätig werden. Ansonsten ist der Beruf auf eine Versorgung innerhalb der Unterkunft der Patienten oder auf Sozialstützpunkte ausgerichtet.

2.1 Heimhelfer

Der Heimhelfer[815] unterstützt betreuungsbedürftige Menschen bei der Haushaltsführung und den Aktivitäten des täglichen Lebens. Hilfsbedürftig sind Personen aller Altersstufen, die durch Alter, gesundheitliche Beeinträchtigung oder schwierige soziale Umstände nicht (mehr) in der Lage sind, sich selbst zu versorgen. Heimhelfer unterstützen die Eigenaktivität und leisten Hilfe zur Selbsthilfe. Die Patienten wohnen weiter in ihrer Wohnung bzw. in betreuten Wohneinheiten oder Wohngemeinschaften. Als wichtiges Bindeglied zwischen dem Klienten, dessen sozialem Umfeld und allen anderen Bezugspersonen arbeitet der Heimhelfer im Team mit der Hauskrankenpflege und den Angehörigen der mobilen Betreuungsdienste.

Im Rahmen eines Betreuungsplans führen Heimhelfer den Haushalt auf Anordnung des Klienten und Angehöriger der Sozial- und Gesundheitsberufe eigenverantwortlich. Eine Hilfestellung bei der Basisversorgung erfolgt ausschließlich unter Anleitung und Aufsicht von Angehörigen der Gesundheitsberufe.

Der Beruf der Heimhelfer darf nur im Beschäftigungsverhältnis zu einer Einrichtung ausgeübt werden, deren Rechtsträger der Verantwortung des Berufes entsprechende Qualitätssicherungsmaßnahmen gewährleistet. Eine freiberufliche Ausübung der Heimhilfe ist nicht vorgesehen.

Das Mindestalter für die Tätigkeit als Heimhelfer beträgt 18 Jahre.

a) Aufgaben

Die Aufgaben der Heimhelfer umfassen[816]
- hauswirtschaftliche Tätigkeiten (insbesondere Sauberkeit und Ordnung in der unmittelbaren Umgebung des Klienten)

---

814 Art 2 Vereinbarung gemäß Art. 15a B-VG zwischen dem Bund und den Ländern über Sozialbetreuungsberufe
815 Anlage 1 Punkt 2 Vereinbarung gemäß Art. 15a B-VG zwischen dem Bund und den Ländern über Sozialbetreuungsberufe
816 Anlage 1 Punkt 2.1 Vereinbarung gemäß Art. 15a B-VG zwischen dem Bund und den Ländern über Sozialbetreuungsberufe

- Beheizen der Wohnung und Beschaffen des Brennmaterials
- Unterstützung bei Besorgungen außerhalb des Wohnbereiches (Einkauf, Post, Behörden, Apotheke u.a.)
- Unterstützung bei der Zubereitung und Einnahme von Mahlzeiten
- einfache Aktivierung (z.B. Anregung zur Beschäftigung)
- Förderung von Kontakten im sozialen Umfeld
- hygienische Maßnahmen (z.B. Wäschegebarung)
- Beobachtung des Allgemeinzustandes und rechtzeitiges Herbeiholen von Unterstützung durch andere Berufsgruppen
- Unterstützung der Tätigkeit von Pflegepersonen
- Dokumentation
- Unterstützung bei der Basisversorgung einschließlich der Unterstützung bei der Einnahme und Anwendung von Arzneimitteln gemäß den diesbezüglich erweiternden Aufgaben und Ausbildungen

b) Ausbildung

Die Ausbildung[817] zum Heimhelfer erfolgt in Kursen und umfasst mindestens 200 Unterrichtseinheiten und 200 Stunden Praktikum. Mindestens 120 Stunden des Praktikums sind im ambulanten Bereich zu absolvieren, weitere 80 Stunden können (müssen jedoch nicht) im stationären Bereich abgeleistet werden. In diesen Praktika ist der Inhalt des Ausbildungsmoduls *„Unterstützung bei der Basisversorgung"* praktisch zu erlernen.

Zu den Inhalten der Ausbildung zählen zwingend Dokumentation, Ethik und Berufskunde, Erste Hilfe, Grundzüge der angewandten Hygiene, Grundpflege und Beobachtung, Grundzüge der Pharmakologie, Grundzüge der angewandten Ernährungslehre und Diätkunde, Grundzüge der Ergonomie und Mobilisation, Haushaltsführung, Grundzüge der Gerontologie, Grundzüge der Kommunikation und Konfliktbewältigung, Grundzüge der sozialen Sicherheit.

c) Fortbildung

Heimhelfer sind verpflichtet, in einem Zeitraum von zwei Jahren mindestens 16 Stunden an Fortbildung zu absolvieren, um ihre Berufsberechtigung zu erhalten.[818]

---

817 Anlage 1 Punkt 2.2 Vereinbarung gemäß Art. 15a B-VG zwischen dem Bund und den Ländern über Sozialbetreuungsberufe
818 Anlage 1 Punkt 2.3 Vereinbarung gemäß Art. 15a B-VG zwischen dem Bund und den Ländern über Sozialbetreuungsberufe

2.2 Fach-Sozialbetreuer

Fach-Sozialbetreuer verfügen neben einer breiten, spartenübergreifenden Grundausbildung über eine der folgenden Schwerpunktausbildungen:[819]
- Altenarbeit („A")
- Behindertenarbeit („BA")
- Behindertenbegleitung („BB")

Fach-Sozialbetreuer mit den **Spezialisierungen A und BA verfügen auch über eine Ausbildung zum Pflegeassistenten**.[820]

> Vergleiche: XI. 2.9 c) Pflegeassistenz

Fach-Sozialbetreuer mit der **Spezialisierung BB verfügen über die Berechtigung zur Ausübung von Unterstützung bei der Basisversorgung einschließlich** der Unterstützung bei der **Einnahme von Medikamenten**.

Das Mindestalter für die Tätigkeit als Fach-Sozialbetreuer beträgt 19 Jahre.

a) Aufgaben

Fach-Sozialbetreuer sind Fachkräfte für die Mitgestaltung der Lebenswelt von Menschen, die aufgrund von Alter, Behinderung oder einer anderen schwierigen Lebenslage in ihrer Lebensgestaltung benachteiligt sind. Sie verfügen über umfangreiches Wissen zu allen Aspekten des Lebens mit Benachteiligung (Behinderung). Zudem bieten sie die Möglichkeit der Begleitung, Unterstützung und Hilfe zur Bewältigung der Behinderung, der Daseinsgestaltung, der Alltagsbewältigung und der Sinnfindung und leisten sohin psychosoziale Betreuung.[821]

Fach-Sozialbetreuer erfassen die Lebenssituation älterer oder behinderter Menschen ganzheitlich und fördern diese durch gezielte Maßnahmen. Sie leisten dadurch einen Beitrag zur Erhaltung und Erhöhung der Lebensqualität und unterstützen die Gestaltung eines sozialen Umfeldes. Ziel ist ein Leben in Würde.

Fach-Sozialbetreuer arbeiten mit allen Bezugspersonen der unterstützungsbedürftigen Menschen und mit allen betreuenden Stellen zusammen, besonders aber mit Experten aus den Bereichen Therapie, Medizin, Recht sowie Gesundheits- und Krankenpflege.

---

819 Anlage 1 Punkt 3 Vereinbarung gemäß Art. 15a B-VG zwischen dem Bund und den Ländern über Sozialbetreuungsberufe
820 Art. 3 Abs 2 Vereinbarung gemäß Art. 15a B-VG zwischen dem Bund und den Ländern über Sozialbetreuungsberufe
821 Anlage 1 Punkt 3.1 Vereinbarung gemäß Art. 15a B-VG zwischen dem Bund und den Ländern über Sozialbetreuungsberufe

b) Ausbildung

Die Ausbildung[822] zum Fach-Sozialbetreuer erfolgt durch Absolvierung eines Ausbildungsganges an einer Bildungseinrichtung oder durch die Absolvierung einzelner Module in verschiedenen Ausbildungsangeboten. Die Ausbildung der Pflegeassistenz bildet dabei einen integralen Bestandteil, ausgenommen bei der Behindertenbegleitung.

Die Ausbildung umfasst in Summe 1.200 Stunden Theorie, in der die Heimhilfe-Ausbildung bereits berücksichtigt ist. Innerhalb der Ausbildung ist ein Praktikum im Ausmaß von 1.200 Stunden abzuleisten.

c) Fortbildung

Fach-Sozialbetreuer sind verpflichtet, alle zwei Jahre Fortbildungen im Umfang von zumindest 32 Stunden nachzuweisen.[823]

2.3 Diplom-Sozialbetreuer

Diplom-Sozialbetreuer verfügen über eine der folgenden Spezialisierungen:[824]
- Altenarbeit („A")
- Familienarbeit („F")
- Behindertenarbeit („BA")
- Behindertenbegleitung („BB")

Diplom-Sozialbetreuer mit den **Spezialisierungen A, F und BA verfügen auch über eine Ausbildung zum Pflegeassistent**.[825]

> 📖 Vergleiche: XI. 2.9 c) Pflegeassistenz

Diplom-Sozialbetreuer mit der **Spezialisierung BB verfügen über die Berechtigung zur Ausübung von Unterstützung bei der Basisversorgung einschließlich** der Unterstützung bei der **Einnahme von Medikamenten**.

Der Abschluss der Ausbildung zum Diplom-Sozialbetreuer ist per Gesetz einer **Berufsreifeprüfung** gleichzusetzen.

Das Mindestalter für die Tätigkeit als Diplom-Sozialbetreuer beträgt 20 Jahre.

---

822 Anlage 1 Punkt 3.2 Vereinbarung gemäß Art. 15a B-VG zwischen dem Bund und den Ländern über Sozialbetreuungsberufe
823 Anlage 1 Punkt 3.3 Vereinbarung gemäß Art. 15a B-VG zwischen dem Bund und den Ländern über Sozialbetreuungsberufe
824 Anlage 1 Punkt 4 Vereinbarung gemäß Art. 15a B-VG zwischen dem Bund und den Ländern über Sozialbetreuungsberufe
825 Art. 3 Abs 2 Vereinbarung gemäß Art. 15a B-VG zwischen dem Bund und den Ländern über Sozialbetreuungsberufe

a) Aufgaben

Diplom-Sozialbetreuer üben sämtliche Tätigkeiten aus, die auch Fach-Sozialbetreuer ausüben, dies jedoch in vertiefender Weise, mit wissenschaftlich fundierter Ausbildung und – aufgrund ihrer mit dem Diplom erworbenen Kompetenzen – auch mit höherer Selbstständigkeit und Eigenverantwortlichkeit.[826]

Diplom-Sozialbetreuer übernehmen über die Betreuungsaufgaben hinausgehende konzeptive und planerische Aufgaben[827] betreffend die Gestaltung der Betreuungsarbeit. Sie verfügen über Kompetenzen zur Koordination und fachlichen Anleitung von Mitarbeitern und Helfern in Fragen der Sozialbetreuung.

Diplom-Sozialbetreuer wirken an der fachlichen Weiterentwicklung des Dienstleistungsangebotes der eigenen Organisation oder Einrichtung mit und führen Maßnahmen und Prozesse der Qualitätsentwicklung durch.

b) Ausbildung

Die Ausbildung[828] zum Diplom-Sozialbetreuer erfolgt durch Absolvierung eines Ausbildungsganges an einer Bildungseinrichtung oder durch die Absolvierung einzelner Module in verschiedenen Ausbildungsangeboten. Die Ausbildung umfasst im Hinblick auf die Pflegeassistenz und die Unterstützung bei der Basisversorgung alle Bereiche der Ausbildung zum Fach-Sozialbetreuer.

Die Ausbildung beinhaltet 1.800 Stunden Theorie und ist auf mindestens drei Ausbildungsjahre aufzuteilen. Zudem ist ein Praktikum im Ausmaß von 1.800 Stunden zu absolvieren.

c) Fortbildung

Diplom-Sozialbetreuer sind verpflichtet, im Abstand von zwei Jahren zu mindestens 32 Stunden an Fortbildung nachzuweisen.[829]

3 Meldepflicht

Im Fall von Zwischenfällen mit Medizinprodukten, die im Rahmen der beruflichen Tätigkeit bekannt wurden, sind die darüber relevanten Informationen, Beobachtungen und Daten unverzüglich dem Bundesamt für Sicherheit im Ge-

---

826 Anlage 1 Punkt 4.1 Vereinbarung gemäß Art. 15a B-VG zwischen dem Bund und den Ländern über Sozialbetreuungsberufe
827 Anlage 1 Punkt 4.2 Vereinbarung gemäß Art. 15a B-VG zwischen dem Bund und den Ländern über Sozialbetreuungsberufe
828 Anlage 1 Punkt 4.2 Vereinbarung gemäß Art. 15a B-VG zwischen dem Bund und den Ländern über Sozialbetreuungsberufe
829 Anlage 1 Punkt 4.4 Vereinbarung gemäß Art. 15a B-VG zwischen dem Bund und den Ländern über Sozialbetreuungsberufe

sundheitswesen zu melden.[830] In Krankenanstalten, außer bei sonstiger Gefahr im Verzug, haben diese im Wege des ärztlichen Leiters zu erfolgen.[831]

> 📖 Vergleiche: XXI. Medizinproduktegesetz

Hinzu kommen jene Meldepflichten, die sich aus dem ggf. ebenfalls erlernten Beruf des Pflegeassistenten ergeben, sofern dieser Beruf zumindest teilweise ausgeübt wird. Findet hingegen eine ausschließlich sozialbetreuende Tätigkeit – also gänzlich ohne pflegende Tätigkeiten – statt, wird es zu keiner solchen Meldepflicht kommen.

> 📖 Vergleiche: X. 12. Meldepflicht

4 Anzeigepflicht

Aufgrund der Pflegeassistentenausbildung trifft die jeweiligen Berufsgruppenangehörigen auch eine sich aus dem Berufsrecht der Pflegeassistenten abzuleitende Anzeigepflicht. Dies nur so weit, als dieser Beruf zumindest teilweise ausgeübt wird. Findet hingegen eine ausschließlich sozialbetreuende Tätigkeit statt, so wird es zu keiner solchen Anzeigepflicht kommen.

> 📖 Vergleiche: X. 11. Anzeigepflicht

---

830 §70 Abs 1 MPG
831 §70 Abs 2 MPG

Teil 4 – Der Patient

XIII. Patientenrechte

Wichtig im Umgang mit Patienten ist die Wahrung ihrer Rechte. Diese sind in unterschiedlichen Gesetzen ausgeführt und unterscheiden sich in ihrer Ausformung nach dem jeweiligen Anwendungsbereich, also beispielsweise danach, ob es sich bei der Behandlungseinrichtung um ein Spital, ein Pflegeheim oder eine ähnliche Einrichtung handelt.

Im Folgenden wird beispielhaft die Ausgestaltung von Patientenrechten anhand der Patientencharta dargestellt. Weitere Patientenrechte ergeben sich unter anderem aus dem Krankenanstalten- und Kuranstaltengesetz, den Bundesverfassungsgesetzen (Grundrechtskatalog und europäische Menschenrechtskonvention), den Berufsgesetzen der Gesundheitsberufe, dem ABGB oder dem Strafgesetzbuch.

Der wohl wichtigste Bereich, in dem sich Patientenrechte finden bzw. ableiten lassen, ist der Behandlungsvertrag. Ohne diesen kann es kaum zu einer Behandlung kommen. Zudem ist er zumeist Basis für Schadenersatzansprüche. Da einzelvertraglich ein großer Spielraum für Vereinbarungen besteht, wird der Behandlungsvertrag oftmals zum wichtigsten Instrument zur Wahrung der Patientenrechte.

> 📖 Vergleiche: IX. Behandlungsvertrag

Die Patientencharta sieht eine Auflistung jener Patientenrechte vor, die landesgesetzlich zu verankern sind:
- die Diagnostik, Behandlung und Pflege haben entsprechend dem jeweiligen Stand der Wissenschaften bzw. nach anerkannten Methoden zu erfolgen. Dabei ist der Gesichtspunkt der bestmöglichen Schmerztherapie besonders zu beachten
- Leistungen im Bereich des Gesundheitswesens werden einer Qualitätskontrolle unterzogen, und es sind dem Stand der Wissenschaft entsprechend Qualitätssicherungsmaßnahmen zu setzen
- die Privatsphäre der Patienten ist zu wahren
- bei der Aufnahme oder Behandlung mehrerer Patienten in einem Raum ist durch angemessene bauliche oder organisatorische Maßnahmen sicherzustellen, dass die Intim- und die Privatsphäre gewahrt werden
- insbesondere bei stationärer Aufnahme von Langzeitpatienten ist dafür zu sorgen, dass eine vertraute Umgebung geschaffen werden kann

- die Organisations-, Behandlungs- und Pflegeabläufe in Kranken- und Kuranstalten sind so weit wie möglich dem allgemein üblichen Lebensrhythmus anzupassen
- die religiöse Betreuung stationär aufgenommener Patienten ist auf Wunsch zu ermöglichen
- gesundheitsbezogene Daten sowie sonstige Umstände, die aus Anlass der Erbringung von Leistungen im Bereich des Gesundheitswesens bekannt werden und an denen Patienten ein Geheimhaltungsinteresse haben, unterliegen dem Datenschutzgesetz
- es ist sicherzustellen, dass im Rahmen der stationären Versorgung Besuche empfangen und sonstige Kontakte gepflogen werden können. Weiters ist der Wunsch eines Patienten zu respektieren, keinen Besuch oder bestimmte Personen nicht empfangen zu wollen
- es ist dafür zu sorgen, dass die Patienten Vertrauenspersonen nennen können, die insbesondere im Fall einer nachhaltigen Verschlechterung des Gesundheitszustandes zu verständigen sind und denen in solchen Fällen auch außerhalb der Besuchszeit ein Kontakt mit den Patienten zu ermöglichen ist
- in stationären Einrichtungen ist ein Sterben in Würde zu ermöglichen. Auch dabei ist dem Gebot der bestmöglichen Schmerztherapie Rechnung zu tragen
- den Vertrauenspersonen der Patienten ist Gelegenheit zum Kontakt mit Sterbenden zu geben. Hingegen sind Personen vom Kontakt auszuschließen, wenn der Sterbende dies wünscht
- Patienten haben das Recht, im Vorhinein über mögliche Diagnose- und Behandlungsarten sowie deren Risiken und Folgen aufgeklärt zu werden
- Patienten haben das Recht auf Aufklärung über ihren Gesundheitszustand, weiters sind sie über ihre erforderliche Mitwirkung bei der Behandlung sowie eine therapieunterstützende Lebensführung aufzuklären
- die Art der Aufklärung hat der Persönlichkeitsstruktur und dem Bildungsstand der Patienten angepasst und den Umständen des Falles entsprechend zu erfolgen
- ist eine Behandlung dringend geboten und würde nach den besonderen Umständen des Einzelfalles durch eine umfassende Aufklärung das Wohl des Patienten gefährdet werden, so hat sich der Umfang der Aufklärung am Wohl des Patienten zu orientieren
- Patienten dürfen nur mit ihrer Zustimmung behandelt werden
- ohne Zustimmung darf eine Behandlung nur vorgenommen werden, wenn eine Willensbildungsfähigkeit der Patienten nicht gegeben ist und durch den Aufschub der Behandlung das Leben oder die Gesundheit der Patienten ernstlich gefährdet würde
- Patienten haben das Recht, im Vorhinein Willensäußerungen abzugeben,

durch die sie für den Fall des Verlustes ihrer Handlungsfähigkeit das Unterbleiben einer Behandlung oder bestimmte Behandlungsmethoden wünschen, damit bei künftigen medizinischen Entscheidungen so weit wie möglich darauf Bedacht genommen werden kann
- das Recht der Patienten auf Einsichtnahme in die über sie geführte Dokumentation der diagnostischen, therapeutischen und pflegerischen Maßnahmen einschließlich allfälliger Beilagen wie Röntgenbilder ist sicherzustellen
- die notwendige Dokumentation der diagnostischen, therapeutischen und pflegerischen Maßnahmen ist sicherzustellen. Weiters ist die Aufklärung der Patienten und ihre Zustimmung zur Behandlung oder die Ablehnung einer Behandlung zu dokumentieren

Diese Aufzählung ist nicht abschließend. So hat z.B. ein gehörloser oder schwerhöriger Patient bei der Aufklärung das Recht auf eine apparative Hilfestellung oder ein fremdsprachiger Patient auf einen Dolmetsch.[832]

---

[832] Aigner, RdM 2004/23, Risiko und Recht der Gesundheitsberufe, Kap. B. Abs 3

Teil 5 – Versorgungseinrichtungen

XIV. Versorgung in der häuslichen Pflege

Die zunehmende Zahl an Pfleglingen und die Tendenz zur Versorgung innerhalb der eigenen vier Wände machen es nötig, die Angebote der Versorgung auszubauen und das Versorgungsnetz umzustrukturieren. Bereits jetzt steht eine Vielzahl an Versorgungsmöglichkeiten zur Verfügung, die nachfolgend kurz umrissen werden soll.

1 Hauskrankenpflege

Die Hauskrankenpflege ist einer der am stärksten wachsenden Bereiche des Gesundheitswesens. In diesem kommen unterschiedliche Berufsgruppen zum Einsatz; neben den Pflegeberufen sind auch Angehörige der Sozialbetreuungsberufe, und hier vor allem Heimhelfer, tätig. Aber auch gewerbliche Berufe unterstützen die Versorgung.

2 Sozialbetreuung

Im Zuge der häuslichen Versorgung werden auch Angehörige der Sozialbetreuungsberufe herangezogen. Angehörige der Sozialbetreuungsberufe können dabei in ihrer Funktion als Pflegeassistenten tätig werden oder Tätigkeiten der Basisversorgung durchführen.[833]

Tätigkeiten bei der Basisversorgung dürfen nur nach schriftlicher Anordnung des gehobenen Dienstes oder eines Arztes ausgeübt werden.[834] Darüber hinaus sind Angehörige der Sozialbetreuungsberufe, die
- im Rahmen eines Dienstverhältnisses zu Einrichtungen der Behindertenbetreuung
- behinderte Menschen in multiprofessionellen Teams betreuen
- deren Aufgabe die ganzheitliche Begleitung und Betreuung der behinderten Menschen ist

generell zur Durchführung unterstützender Tätigkeiten bei der Basisversorgung berechtigt.[835] Der Personenkreis der betreuten Personen darf jedoch zwölf Behinderte nicht überschreiten.

---

833 § 3a Abs 4 GuKG
834 § 3a Abs 5 GuKG
835 § 3a Abs 3 GuKG

Angehörige der Sozialbetreuungsberufe sind verpflichtet[836]
- die Durchführung der angeordneten Tätigkeiten ausreichend und regelmäßig zu dokumentieren und die Dokumentation den Angehörigen der Gesundheitsberufe, die die betreute Person pflegen und behandeln, zugänglich zu machen
- der anordnenden Person unverzüglich alle Informationen zu erteilen, die für die Anordnung von Bedeutung sein könnten, insbesondere über eine Veränderung des Zustandsbildes der betreuten Person oder über die Unterbrechung oder Beendigung der Betreuungstätigkeit

3 Personenbetreuung

Oftmals liegt der Schwerpunkt der notwendigen Unterstützung in der Haushaltsführung und persönlichen Unterstützung. Hiezu ist neben den Sozialbetreuungsberufen auch der gewerbliche Beruf der Personenbetreuer eingerichtet worden.

3.1 Vermittlung von Personenbetreuung

Um eine Personenbetreuung zu erhalten, kann sich der zu Betreuende entweder direkt an einen Personenbetreuer wenden oder einen Vermittler einschalten. Die Vermittlungstätigkeit von Personenbetreuern ist ein Gewerbe. Gewerbetreibende haben dafür eine Gewerbeberechtigung zu erlangen.[837] Die Tätigkeit umfasst sowohl die Beratung als auch die Betreuung.[838]

3.2 Personenbetreuer

Personenbetreuer ist ein gewerblicher Beruf.[839] Dieser unterstützt den Bedürftigen, ohne dabei – mit Ausnahme einzelner Tätigkeiten – medizinisch-pflegerische Hilfe zu leisten.

a) Ausbildung

Trotz des patientennahen Arbeitens und der Möglichkeit, ärztliche und pflegerische Maßnahmen delegiert zu bekommen, ist keine besondere Ausbildung vorgesehen.

---

836 § 3a Abs 6 GuKG
837 § 161 Abs 1 GewO
838 § 161 Abs 2 GewO
839 § 159 GewO

b) Berufsausübung

Personenbetreuer haben bei ihrer Tätigkeit nach den Grundsätzen der Sparsamkeit, Wirtschaftlichkeit und Zweckmäßigkeit vorzugehen.[840] Die erbrachten Leistungen sind ausreichend und regelmäßig zu dokumentieren und den Vertragsteilen sowie den Angehörigen der Gesundheitsberufe, die die betreute Person pflegen und behandeln, zugänglich zu machen.[841]

Personenbetreuer haben für die Vermeidung einer Gefährdung von Gesundheit und Leben der zu betreuenden Person zu sorgen.[842] Diese Verpflichtung umfasst insbesondere[843]

- die Setzung von Maßnahmen zur Unfallverhütung bei der Erbringung haushaltsnaher Dienstleistungen
- die Rücksichtnahme bei der Zubereitung von Mahlzeiten
- die Berücksichtigung der körperlichen Mobilität des zu Betreuenden

📖 Vergleiche: X. 13.2 Delegation an Nicht-Gesundheitsberufe

4 Hausbetreuung

Die Betreuung von Personen in deren Privathaushalten wird im Hausbetreuungsgesetz geregelt, wobei die Betreuung im Rahmen einer selbstständigen oder unselbstständigen Erwerbstätigkeit erfolgen kann.[844]

Neben der Haushaltsführung und der Unterstützung bei Bedürftigkeit zählen zum Aufgabengebiet die

- Unterstützung bei der oralen Nahrungs- und Flüssigkeitsaufnahme sowie bei der Arzneimittelaufnahme
- Unterstützung bei der Körperpflege
- Unterstützung beim An- und Auskleiden
- Unterstützung bei der Benützung von Toilette oder Leibstuhl einschließlich Hilfestellung beim Wechsel von Inkontinenzprodukten
- Unterstützung beim Aufstehen, Niederlegen, Niedersetzen und Gehen

solange keine Umstände vorliegen, die eine Anordnung durch einen Angehörigen des gehobenen Dienstes für Gesundheits- und Krankenpflege erforderlich machen.[845] Solange diese Umstände nicht vorliegen, bedarf es keiner gesonderten Übertragung.

---

840 § 1 Abs 2 Standes- und Ausübungsregeln für Leistungen der Personenbetreuung
841 § 1 Abs 4 Standes- und Ausübungsregeln für Leistungen der Personenbetreuung
842 § 1 Abs 1 Maßnahmen für Gewerbetreibende in der Personenbetreuung zur Vermeidung einer Gefährdung von Leben oder Gesundheit
843 § 1 Abs 2 Maßnahmen für Gewerbetreibende in der Personenbetreuung zur Vermeidung einer Gefährdung von Leben oder Gesundheit
844 § 1 Abs 1 HBeG
845 § 1 Abs 4 HBeG

Weiters gelten Tätigkeiten, die der Betreuungskraft nach Ärztegesetz übertragen werden, dann als Betreuung, solange sie von der Betreuungskraft an der betreuten Person nicht überwiegend erbracht werden.[846]

> 📖 Vergleiche: X. 13.2 Delegation an Nicht-Gesundheitsberufe

Für Betreuungskräfte, die in einem **Arbeitsverhältnis zu der zu betreuenden Person** oder einem ihrer Angehörigen stehen, sind nicht die allgemeinen arbeitsrechtlichen Bestimmungen anwendbar, sondern das Hausgehilfen- und Hausangestelltengesetz enthält Sonderbestimmungen.[847]

Für Betreuungskräfte, die in einem **Arbeitsverhältnis zu einem gemeinnützigen Anbieter sozialer und gesundheitlicher Dienste** stehen, gilt das Arbeitszeitgesetz nur eingeschränkt und das Arbeitsruhegesetz nicht, sondern es gelten die Bestimmungen des Hausbetreuungsgesetzes.[848]

5 Persönliche Assistenz

Behinderte Menschen in die Gesellschaft bestmöglich zu integrieren, ist eines der vorrangigen Ziele. Dabei wird oftmals nicht nur eine Unterstützung im Sinne einer Ergänzung jener Körperfunktionen durch Assistenten nötig, die durch die Behinderung nicht (vollständig) funktionsfähig sind. Oft sind auch Assistenzleistungen notwendig, die teilweise oder vollständig in den Bereich der Pflege fallen. Um diesen Assistenten die Möglichkeit der weitergehenden Unterstützung zu gewähren, können Angehörige des gehobenen Dienstes Tätigkeiten übertragen.

> 📖 Vergleiche: X. 13.2 Delegation an Nicht-Gesundheitsberufe

6 Versorgung durch Laien

Wie dargestellt, besteht die Möglichkeit der Übertragung von Rechten und Pflichten durch den gehobenen Dienst der Gesundheits- und Krankenpflege an Laien.[849] Diese Kompetenzübertragung wird durch das Recht der Ärzte zur Delegation von ärztlichen Aufgaben ergänzt. Damit soll es nahestehenden Personen ermöglicht werden, Kranke und Hilfsbedürftige auch daheim zu versorgen.

> 📖 Vergleiche: X. 13.2 Delegation an Nicht-Gesundheitsberufe

---

846 § 1 Abs 5 HBeG
847 § 3 Abs 1 HBeG
848 § 4 Abs 1 HBeG
849 § 50a ÄrzteG

XV. Krankenanstalten

Der Staat hat sich nicht nur bundes- und landesrechtlich verpflichtet, ein entsprechendes Spitalswesen einzurichten, schon aus den staatlichen Fürsorgepflichten und den Grund- und Menschenrechten ergibt sich die Verpflichtung zur ausreichenden Schaffung von Spitalsplätzen.[850]

Krankenanstalten sind Einrichtungen, die
- zur Feststellung und Überwachung des Gesundheitszustandes
- zur ärztlichen Betreuung und besonderen Pflege von chronisch Kranken
- zur Vornahme operativer Eingriffe
- zur Vorbeugung, Besserung und Heilung von Krankheiten durch Behandlung
- zur Entbindung
- für Maßnahmen medizinischer Fortpflanzungshilfe

bestimmt sind.[851] Sie unterliegen der bundesrechtlichen Grundsatz- und der landesrechtlichen Durchführungsgesetzgebung.[852]

1 Ambulatorien

Ambulatorien sind Krankenanstalten.[853] Unter Ambulatorien versteht man organisatorisch selbstständige Einrichtungen, die der Untersuchung oder Behandlung von Personen dienen, soweit diese Personen keiner Aufnahme in eine Anstaltspflege bedürfen. Die Durchführung von Hausbesuchen im Einzugsgebiet ist zulässig.[854]

2 Patientenaufnahme

Die Aufnahme[855] von Pfleglingen ist auf anstaltsbedürftige Personen und auf Personen, die sich einem operativen Eingriff zu unterziehen haben, beschränkt. **Unabweisbare Kranke müssen ebenfalls in Anstaltspflege genommen werden**. Öffentliche Krankenanstalten sind zudem verpflichtet, Personen, für die Leistungsansprüche aus der sozialen Krankenversicherung bestehen, als Pfleglinge aufzunehmen,[856] können jedoch nur aufgrund einer Untersuchung durch den hiezu bestimmten Anstaltsarzt aufgenommen werden.[857]

---

850 Vgl. EGMR, ASİYE GENÇ gegen Türkei, Beschwerde Nr. 24109/07, 27.01.2015
851 § 1 KAKuG
852 Art 12 Abs 1 Z 1 B-VG
853 § 2 Abs 1 KAKuG
854 § 2 Abs 1 Z 5 KAKuG
855 § 22 f KAKuG
856 § 22 Abs 2 KAKuG
857 § 22 Abs 1 KAKuG

2.1 Anstaltsbedürftigkeit

Anstaltsbedürftig sind Personen, die aufgrund eines nach ärztlicher Untersuchung festgestellten geistigen oder körperlichen Zustands der Aufnahme in eine Krankenanstaltspflege bedürfen. Dazu zählen auch Personen, die ein Sozialversicherungsträger oder ein Gericht im Zusammenhang mit einem Verfahren über Leistungssachen zum Zweck einer Befundung oder einer Begutachtung in die Krankenanstalt einweist, gesunde Personen zur Vornahme einer klinischen Prüfung eines Arzneimittels oder eines Medizinproduktes sowie Personen, die der Aufnahme in die Krankenanstalt zur Vornahme von Maßnahmen der Fortpflanzungsmedizin bedürfen.[858]

2.2 Unabweisbarkeit

Als **unabweisbar** gelten Personen, deren geistiger oder körperlicher Zustand wegen Lebensgefahr oder wegen Gefahr einer sonst nicht vermeidbaren schweren Gesundheitsschädigung eine sofortige Anstaltsbehandlung erfordert, sowie Frauen, bei denen eine Entbindung unmittelbar bevorsteht. Ferner sind Personen, die aufgrund besonderer Vorschriften von einer Behörde eingewiesen werden, als unabweisbar anzusehen.[859]

3 Wartelisten

Der Landesgesetzgeber hat die Träger von öffentlichen und privaten gemeinnützigen Krankenanstalten zu verpflichten, ein transparentes Wartelistenregime in anonymisierter Form für elektive Operationen sowie für Fälle invasiver Diagnostik – zumindest für die Sonderfächer Augenheilkunde und Optometrie, Orthopädie und orthopädische Chirurgie sowie Neurochirurgie – einzurichten, sofern die jeweilige Wartezeit vier Wochen überschreitet. Dabei ist die Gesamtanzahl der pro Abteilung für den Eingriff vorgemerkten Personen sowie die Angabe, wer von diesen in der Sonderklasse aufgenommen ist, erkennbar zu machen.[860]

4 Qualitätssicherung

Krankenanstalten haben effiziente Maßnahmen der Qualitätssicherung vorzusehen und dabei auch ausreichend überregionale Belange zu wahren. Die Maßnahmen sind so zu gestalten, dass vergleichende Prüfungen mit anderen Krankenanstalten möglich sind. Die Krankenanstalten haben Voraussetzungen für

---

858 § 22 Abs 3 KAKuG
859 § 22 Abs 4 KAKuG
860 § 5a Abs 2 und 3 KAKuG

interne Maßnahmen der Qualitätssicherung zu schaffen. Diese Maßnahmen haben Struktur-, Prozess- und Ergebnisqualität zu umfassen.[861]

Die Durchführung von Qualitätssicherungsmaßnahmen obliegt der kollegialen Führung. In Krankenanstalten ohne kollegiale Führung hat der Träger der Krankenanstalt für jeden Bereich dafür zu sorgen, dass die jeweiligen Verantwortlichen die Durchführung von Maßnahmen der Qualitätssicherung sicherstellen.[862]

5 Anstaltsordnung

Der Betrieb einer Krankenanstalt ist durch eine Anstaltsordnung zu regeln, deren Inhalt durch die Landesgesetzgebung festzulegen ist.[863] Die Anstaltsordnungen und jede Änderung bedürfen der Genehmigung durch die Landesregierung.

6 Kollegiale Führung

Die Landesgesetzgebung kann Vorschriften über die kollegiale Führung der Krankenanstalten erlassen. Die kooperative Zuständigkeit betrifft ausgewiesene Bereiche wie beispielsweise jene, die aufgrund der Bestimmungen des GuKG in den interdisziplinären Tätigkeitsbereich von Pflege und Ärzte übertragen wurden. Weiters sind Angelegenheiten der Wirtschafts- und Personalverwaltung zu solchen kooperativen Aufgaben zu zählen. Ebenfalls eine gemeinsame Aufgabe der kollegialen Führung stellen Maßnahmen der Qualitätssicherung dar, wobei die Durchführungsverantwortung im jeweiligen Bereich bleibt.[864]

7 Fortbildung des nichtärztlichen Personals

Die Träger von Krankenanstalten haben sicherzustellen, dass eine regelmäßige Fortbildung der Angehörigen der Gesundheits- und Krankenpflegeberufe, der Angehörigen der medizinisch-technischen Dienste sowie des übrigen in Betracht kommenden nichtärztlichen Personals gewährleistet ist.[865]

📖 Vergleiche: X. 4.4 Fortbildung

---

861 § 5b Abs 1 und 2 KAKuG
862 § 5b Abs 3 KAKuG
863 § 6 Abs 1 KAKuG
864 § 6a Abs 1 KAKuG
865 § 11d KAKuG

8 Weisungsrecht in Krankenanstalten

Der Arbeitgeber bzw. ein von ihm dazu ermächtigter Vertreter (leitender Angestellter) kann Mitarbeitern Weisungen erteilen. Im Rahmen dieses Rechts können z.B. die Zuteilung des Arbeitsplatzes, der Tätigkeit, die Art der Arbeitsausführung, die Vorschreibung einer Berufskleidung, die Arbeitszeit und Ähnliches festgelegt werden. Begrenzt wird das Weisungsrecht durch rechtswidrige Weisungen, durch einen Eingriff in die Rechte Dritter sowie durch ein Zuwiderhandeln gegen die Fürsorgepflicht des Arbeitgebers.

📖 **Vergleiche: X. 14. Weisungsrechte an Gesundheitsberufe**

9 Besondere Dokumentationspflichten

Für Krankenanstalten bestehen besondere (zusätzliche) Dokumentationspflichten.

Dabei ist speziell darauf hinzuweisen, dass die Patientendokumentation eine fächerübergreifende ist. Pro Patient ist daher eine Krankengeschichte zu führen, in der alle Gesundheitsberufe Eintragungen vornehmen.[866] Nur diese gemeinsame Aktenführung versetzt den Patienten in die Lage, sich einen Überblick über seine Behandlung zu verschaffen. Zudem haben die Angehörigen von Gesundheitsberufen kooperativ und übergreifend zu arbeiten. Daher ist von jedem im Falle von Auffälligkeiten der Zustand anhand der Eintragungen aller anderen an der Versorgung Beteiligten abzuklären und die zuständigen Berufsgruppen zu verständigen.

Die Träger von Krankenanstalten sind zur Angabe der ICD-10-Codes sowie zur Erfassung von medizinischen Einzelleistungen auf Grundlage eines vom Bundesminister für Gesundheit herauszugebenden Leistungskataloges verpflichtet.[867] Von jedem Patienten ist pro Spitalsaufenthalt ein Bericht zu übermitteln.[868]

📖 **Vergleiche: X. 8. Dokumentationspflicht**

---

866 § 10 Abs 1 Z 2 KAKuG; vgl. auch Abs 3, der von einer Krankengeschichte ausgeht; Schwarz, Praxiswissen Gesundheitsberufe, S. 54 Abs 2
867 § 1 DokuG
868 § 2 DokuG

XVI. Kuranstalten und Kureinrichtungen

Kuranstalten dienen der Rehabilitation und bilden einen wichtigen Teil der Gesundheitsversorgung. Daher gelten neben den in der Folge ausgeführten Bestimmungen auch die Regeln zu Krankenanstalten sinngemäß.

1 Definition

Kuranstalten sind Einrichtungen, die der stationären oder ambulanten Anwendung medizinischer Behandlungsarten dienen, die sich aus einem ortsgebundenen natürlichen Heilvorkommen oder dessen Produkten ergeben.[869]

2 Heilvorkommen

Die Errichtung einer Kuranstalt oder einer Kureinrichtung ist nur im Zusammenhang mit einem Heilvorkommen möglich. Ein Heilvorkommen ist ein ortsgebundenes natürliches Vorkommen, das aufgrund besonderer Eigenschaften eine wissenschaftlich erwiesene Heilwirkung entfaltet. Diese Wirkung muss bestehen, ohne dass das Heilvorkommen in seiner natürlichen Zusammensetzung einer Veränderung bedarf.

3 Behandlung

Kuranstalten und Kureinrichtungen dienen sowohl einer stationären wie auch einer ambulanten Anwendung der Heilvorkommen bzw. der sich daraus ergebenden Heilwirkungen. Diese müssen einen Teil einer medizinischen Behandlung darstellen und als solche eine medizinische Wirkung entfalten.

---

869 § 42a Abs 1 KAKuG

XVII. Pflegeheime

Die Organisation der Pflege in räumlich abgegrenzten Einheiten, in Pflegeheimen, obliegt landesgesetzlicher Regelung. Die Darstellung der Regelungen erfolgt am Beispiel des Wiener Wohn- und Pflegeheimgesetzes.

1 Personelle Ausstattung

Zur Pflege der Bewohner dürfen Angehörige des gehobenen Dienstes für Gesundheits- und Krankenpflege, Pflegeassistenten, Betreuungspersonen (wie Heimhelfer) und Angehörige von Hilfsdiensten (wie Abteilungshelfer) eingesetzt werden.

Zudem ist die medizinische Betreuung der Bewohner durch Ärzte (und allenfalls erforderliches Hilfspersonal) sicherzustellen. Diese Betreuung kann durch einen im Heim tätigen Arzt oder durch die rasche Erreichbarkeit von niedergelassenen Ärzten erfolgen.

Auch die therapeutische Betreuung der Bewohner durch eine ausreichende Zahl an Physiotherapeuten, Ergotherapeuten und Logopäden ist sicherzustellen. Die Betreuung kann durch im Heim tätige Therapeuten oder durch die Verpflichtung von niedergelassenen Therapeuten erfolgen. Gleiches gilt für die psychologische und psychotherapeutische Betreuung.

2 Versorgungsumfang

Die Heime haben Betreuungs- und Pflegeleistungen zu erbringen für[870]
- somatische Bedürfnisse
- psychosoziale Bedürfnisse
- die Möglichkeit der Erhaltung von sozialen Kontakten
- Leistungen, die nach ärztlicher Anordnung durchzuführen sind

---

[870] § 2 Abs 2 Wiener Wohn- und Pflegeheimgesetz

Teil 6 – Weitere Rechtsvorschriften

XVIII. Gesundheitstelematikgesetz

Im Gesundheitswesen werden viele sensible Daten übertragen. Um den entsprechenden Schutz zu gewährleisten, wurden Datensicherheitsbestimmungen für den elektronischen Verkehr mit Gesundheitsdaten festgelegt sowie ein Informationsmanagement für Angelegenheiten der Gesundheitstelematik eingerichtet.[871] Ebenso wird die elektronische Gesundheitsakte ELGA im Rahmen dieses Gesetzes geregelt.

1 Daten

Als Gesundheitsdaten gelten alle direkt personenbezogenen Daten über die physische oder psychische Befindlichkeit eines Menschen, einschließlich der Pflege, der Verrechnung von Gesundheitsdienstleistungen und die zu Gesundheitsrisken erhobenen Daten.[872]

2 Datensicherheit

Werden im elektronischen Verkehr zwischen Gesundheitsdiensteanbietern Gesundheitsdaten weitergegeben oder Zugriffsrechte darauf eingeräumt, so darf dies nur geschehen, wenn Identität und Rolle des Empfängers nachgewiesen sind.[873] Damit fallen alle Datenübermittlungen von einem Gesundheitsanbieter an Nichtgesundheitsanbieter aus dieser gesetzlichen Regelung.

3 Die Elektronische Gesundheitsakte – ELGA

Nach langer Vorlaufphase und oft unsachlicher Diskussion wurde eines der umstrittensten Themen im Gesundheitsbereich gesetzlich verankert. Es handelt sich um die Elektronische Gesundheitsakte – kurz ELGA. Hier wurden als Teil des Gesundheitstelematikgesetzes Grundlagen geschaffen, wie sensible, personenbezogene Daten von Patienten gespeichert und verarbeitet sowie jederzeit verfügbar gemacht werden. Zugriffsberechtigte können auf diese Daten durch Login mittels E-Card für eine beschränkte Zeit zugreifen sowie Eintragungen vornehmen.

---

871 § 1 GTelG 2012
872 § 2 GTelG 2012
873 § 3 GTelG 2012

3.1 Datenverarbeitung

Es wurden einheitliche Mindeststandards für die Datensicherheit von Patientendaten geschaffen, und der sichere Transfer aller Formen elektronischer Übermittlung von Gesundheitsdaten wurde geregelt.[874] Dazu werden den Nutzern Rollen zugewiesen, die festlegen, welcher Umfang an Abfragen und Übermittlungen (Eintragungen) zulässig ist.[875]

Diese Abfragen sind zeitlich limitiert. So sind sie für Gesundheitsberufe auf 28 Tage befristet,[876] für Apotheken auf zwei Stunden.[877] Allerdings kann der Patient einem Angehörigen der Gesundheitsberufe das Vertrauen aussprechen und den Zugriff auf 365 Tage erweitern.[878]

Dem Patienten steht das Recht auf Widerspruch gegen die Teilnahme an der ELGA zu, nicht jedoch den Dienstleistungsanbietern.[879] Vom Patienten kann auch eine teilweise Ablehnung von ELGA verfügt werden.[880] Hier ist jedoch zu beachten, dass sich ein Patient, wenn er die Teilnahme an ELGA abgelehnt hat und es zu einem Behandlungsfehler kommt, nicht mehr darauf berufen kann, dass der Behandler alle Daten zur Verfügung hatte und diese nicht beachtet hat. Im Gegenteil muss sich ein Patient vorwerfen lassen, Informationen nicht aktiv gegeben, eine zweckentsprechende Therapie erschwert oder gar unmöglich gemacht zu haben.

Um die Datenverwendung auch persönlich überwachen zu können, steht es Patienten offen, sich mittels E-Card in das ELGA-System einzuloggen und die eingetragenen Daten abzurufen sowie abzufragen, wer auf welche Daten zugegriffen hat.[881]

Alle ELGA-Gesundheitsdaten sind ungeachtet anderer gesetzlicher Bestimmungen über zehn Jahre aufzubewahren.[882] Da die Löschung dieser Daten nur nach Ende der Behandlung sinnvoll ist, wird die Frist wohl erst nach Ende der Therapie zu laufen beginnen.

---

874 § 14 GTelG 2012
875 § 19 GTelG 2012
876 § 18 Abs 6 Z 1 GTelG 2012
877 § 18 Abs 6 Z 2 GTelG 2012
878 § 18 Abs 7 GTelG 2012
879 § 15 GTelG 2012
880 § 15 Abs 2 GTelG 2012
881 § 16 i.V.m. § 14 GTelG 2012
882 § 20 Abs 3 GTelG 2012

XIX. Arzneimittelgesetz

Arzneimittel dürfen in Österreich nur von Ärzten verschrieben und in Apotheken abgegeben werden. Ein Versand ist zulässig, solange es sich um rezeptfreie Arzneimittel handelt und die Versandapotheke eine Zulassung in einem EU-Land hat, in dem der Versandhandel erlaubt ist. Zudem ist die Anwendung von Arzneimitteln in einigen Berufsgesetzen geregelt und die Erlaubnis zum Bezug recht offen formuliert.

1 Definition

Arzneimittel sind Stoffe oder Zubereitungen aus Stoffen, die[883]
- zur Anwendung im oder am menschlichen oder tierischen Körper und als Mittel mit Eigenschaften zur Heilung oder zur Linderung oder zur Verhütung menschlicher oder tierischer Krankheiten oder krankhafter Beschwerden bestimmt sind
- im oder am menschlichen oder tierischen Körper angewendet oder einem Menschen oder einem Tier verabreicht werden können, um
  - die physiologischen Funktionen durch eine pharmakologische, immunologische oder metabolische Wirkung wiederherzustellen, zu korrigieren oder zu beeinflussen
  - als Grundlage für eine medizinische Diagnose zu dienen

2 Produktinformation

Um die richtige Anwendung eines Arzneimittels zu ermöglichen, sind umfassende Informationen über Wirkung, Neben- und Wechselwirkung und sonstige wichtige Eigenschaften notwendig. Dabei ist zwischen den Informationen, die an die Fachabnehmer gerichtet sind, und jenen, die Patienten informieren, zu unterscheiden. Man unterscheidet daher zwischen Fach- und Gebrauchsinformation.

2.1 Fachinformation

Bei einer Fachinformation handelt es sich um eine Zusammenfassung der Produkteigenschaften (SPC). Zu allen Arzneispezialitäten ist Ärzten, Zahnärzten, Dentisten, Hebammen, Tierärzten, Apothekern und Gewerbetreibenden eine Fachinformation in deutscher Sprache zugänglich zu machen, sofern es sich nicht um apothekeneigene Arzneispezialitäten oder Arzneispezialitäten han-

---

883   § 1 Abs 1 AMG

delt.[884] An diese und nicht an die Gebrauchsinformation haben sich die Anwender zu halten.

Die Fachinformation sowie jede Änderung der Fachinformation sind von der Österreichischen Apothekerkammer unter Mitwirkung der Österreichischen Ärztekammer zu veröffentlichen.[885]

3 Werbebeschränkungen

Als *„Werbung für Arzneimittel"* gelten alle Maßnahmen zur Information, Marktuntersuchung und Marktbearbeitung und Schaffung von Anreizen mit dem Ziel, die Verschreibung, die Abgabe, den Verkauf oder den Verbrauch von Arzneimitteln zu fördern.[886] Es gelten Beschränkungen für die Werbung.[887]

4 Naturalrabatte

Die Gewährung, das Anbieten und das Versprechen von Naturalrabatten an zur Verschreibung oder Abgabe berechtigte Personen ist verboten, sofern es sich dabei um Arzneimittel handelt, die im Erstattungskodex enthalten sind.[888] Das Fordern, das Sich-versprechen-Lassen oder das Annehmen von Naturalrabatten durch die zur Verschreibung oder Abgabe berechtigten Personen ist ebenfalls verboten.[889]

5 Abgabe von Ärztemustern

Zulassungsinhaber dürfen Muster von zugelassenen Arzneispezialitäten an Ärzte, Zahnärzte, Tierärzte und Dentisten nur über deren schriftliche Anforderung, ausschließlich unentgeltlich und nach Aufbringung des deutlich lesbaren und nicht entfernbaren Hinweises *„Unverkäufliches Ärztemuster"* in einer nicht größeren als der kleinsten im Handel befindlichen Packung abgeben. Diese Muster dürfen von den Empfängern nur unentgeltlich weitergegeben werden. Die Abgabe von Ärztemustern, die psychotrope Substanzen oder Suchtstoffe enthalten, ist verboten.[890]

---

884   § 15 Abs 1 AMG
885   §15 Abs 4 AMG
886   § 50 Abs 1 AMG; OGH 09.07.2013, 4 Ob 6/13f
887   § 50a Abs 1 AMG
888   § 55b Abs 1 AMG
889   § 55b Abs 2 AMG
890   § 58 Abs 1 AMG

6 Pharmakovigilanz

Die Sicherheit von Arzneimitteln regelt die Pharmakovigilanz-Verordnung. Dabei werden von dieser
- Human- und Tierarzneimittel
- Human- und Tierarzneispezialitäten
- registrierte traditionelle pflanzliche Arzneispezialitäten
- registrierte apothekeneigene Arzneispezialitäten

sowie deren Bestandteile erfasst.[891]

Ärzte, Zahnärzte, Dentisten, Hebammen, Tierärzte und Apotheker sowie Gewerbetreibende und Drogisten[892] haben, wenn sie aufgrund ihrer beruflichen Tätigkeit bei Humanarzneimitteln von[893]
- vermuteten Nebenwirkungen,

bei Tierarzneimitteln von[894]
- vermuteten schweren Nebenwirkungen
- vermuteten Nebenwirkungen beim Menschen
- nicht vorschriftsmäßiger Verwendung
- Ausbleiben der erwarteten Wirksamkeit
- nicht ausreichenden Wartezeiten

die im Inland aufgetreten sind, Informationen erlangen, unverzüglich das Bundesamt für Sicherheit im Gesundheitswesen zu informieren.

Die Zulassungsinhaber von Arzneispezialitäten treffen weitere Pflichten, abhängig davon, ob es sich um Humanarzneispezialitäten[895] oder Tierarzneispezialitäten[896] handelt. Er hat zur Wahrung der Sicherheit ständig über einen Pharmakovigilanzverantwortlichen zu verfügen.[897]

> Vergleiche: X. 12. Meldepflicht

---

891 § 1 PhVO 2013
892 § 3 PhVO 2013
893 § 4 PhVO Z 1 2013
894 § 4 PhVO Z 2 2013
895 Gem. § 5 PhVO Z 1 2013 jene der §§ 75i bis 75m AMG
896 § 6 PhVO Z 1 2013
897 § 75i AMG für Humanarzneispezialitäten, § 7 PhVO 2013 für Tierarzneispezialitäten

XX. Suchtmittelgesetz

Um den Missbrauch von Suchtmitteln zu unterbinden, unterliegen Suchtgifte, psychotrope Stoffe und Drogenausgangsstoffe dem Suchtmittelgesetz.

1 Anwendungsbereich

Unter der Bezeichnung Suchtmittel werden nicht nur Suchtgifte, sondern auch psychotrope Stoffe verstanden.[898]

Suchtgifte sind Stoffe und Zubereitungen, die durch die Suchtgiftkonvention Beschränkungen unterworfen und durch Verordnung als Suchtgifte bezeichnet sind. Ferner Stoffe und Zubereitungen, die durch das Übereinkommen der Vereinten Nationen über psychotrope Stoffe solchen Beschränkungen unterworfen und mit Verordnung Suchtgiften gleichgestellt sind. Weitere Stoffe und Zubereitungen können mit Verordnung Suchtgiften gleichgestellt werden, wenn sie aufgrund ihrer Wirkung und Verbreitung ein den Suchtgiften vergleichbares Gefährdungspotenzial aufweisen.[899]

2 Abgabe durch Apotheken

Suchtmittel dürfen in Apotheken nur nach Maßgabe des Apotheken- und Arzneimittelgesetzes gegen Verschreibung an Krankenanstalten, Ärzte, Zahnärzte, Tierärzte und Dentisten sowie an Personen, denen solche Arzneimittel verschrieben wurden, abgegeben[900] werden. Hier sind besondere Regelungen hinsichtlich der Verschreibung und verwaltungsbehördlichen Freigabe von Substitutionsmedikamenten bzw. an Personen in Substitutionstherapie zu beachten.

> 📖 Vergleiche: XI. 13.3 Vorbehalt der Versorgung der Bevölkerung

3 Ärztliche Behandlung, Verschreibung und Abgabe

Suchtmittelhaltige Arzneimittel dürfen nur nach den Erkenntnissen und Erfahrungen der medizinischen, zahnmedizinischen oder veterinärmedizinischen Wissenschaft, insbesondere für Schmerz- sowie Entzugs- und Substitutionsbehandlungen, verschrieben, abgegeben oder im Rahmen einer ärztlichen, zahnärztlichen oder tierärztlichen Behandlung am oder im menschlichen oder tierischen Körper unmittelbar zur Anwendung gebracht werden.[901]

---

898 § 1 SMG
899 § 2 SMG
900 § 7 SMG
901 § 8 SMG

XXI. Medizinproduktegesetz

Das Medizinproduktegesetz regelt die Funktionstüchtigkeit, Leistungsfähigkeit, Sicherheit und Qualität, die Herstellung, das Inverkehrbringen, den Vertrieb, das Errichten, die Inbetriebnahme, die Instandhaltung, den Betrieb, die Anwendung, die klinische Bewertung und Prüfung, die Überwachung und die Sterilisation, Desinfektion und Reinigung von Medizinprodukten und ihres Zubehörs sowie die Abwehr von Risiken und das Qualitätsmanagement beim Umgang mit Medizinprodukten und ihrem Zubehör.

1 Definition

Medizinprodukte sind alle einzeln oder miteinander verbunden verwendeten
- Instrumente
- Apparate
- Vorrichtungen
- Software
- Stoffe oder andere Gegenstände

einschließlich der vom Hersteller speziell zur Anwendung für diagnostische oder therapeutische Zwecke bestimmte und für ein einwandfreies Funktionieren des Medizinprodukts eingesetzten Software, die vom Hersteller zur Anwendung bestimmt sind und deren bestimmungsgemäße Hauptwirkung im oder am menschlichen Körper weder durch pharmakologische oder immunologische Mittel noch metabolisch erreicht wird, deren Wirkungsweise aber durch solche Mittel unterstützt werden kann.[902] Ist ein Gegenstand vom Hersteller zur Anwendung am Menschen zum Zweck der Untersuchung eines physiologischen Vorgangs konzipiert worden, so ist er dennoch nur dann ein Medizinprodukt, wenn dieser Gegenstand auch für medizinische Zwecke bestimmt ist.[903]

2 Anforderung

Medizinprodukte müssen so ausgelegt und hergestellt sein, dass ihre Anwendung weder den klinischen Zustand oder die Sicherheit der Patienten noch die Sicherheit der Anwender oder Dritter gefährdet.[904]

Jedem Medizinprodukt sind Informationen beizugeben, die unter Berücksichtigung des Ausbildungs- und Kenntnisstandes des vorgesehenen Anwen-

---

902 § 1 Abs 1 MPG
903 EuGH 22.11.2012, C-219/11
904 § 8 Abs 1 MPG

derkreises für die sichere Anwendung des Medizinproduktes erforderlich sind.[905]

> Vergleiche: X. 12. Meldepflicht

3 CE-Kennzeichnung

Medizinprodukte, mit Ausnahme von Sonderanfertigungen, dürfen nur dann in Verkehr gebracht und in Betrieb genommen werden, wenn sie mit der CE-Kennzeichnung versehen sind.[906] Die CE-Kennzeichnung muss auf dem Medizinprodukt oder der Sterilverpackung, auf der Handelspackung sowie auf der Gebrauchsanweisung deutlich sichtbar, gut lesbar und dauerhaft angebracht sein.

4 Verwendung

Medizinprodukte dürfen nur von Personen angewendet werden, die am Medizinprodukt oder an einem Medizinprodukt dieses Typs eingewiesen und auf besondere anwendungs- und medizinproduktespezifische Gefahren hingewiesen worden sind.[907]

Medizinprodukte sind unter Beachtung der Angaben des Herstellers durch Inspektion, Wartung und Instandsetzung nachvollziehbar und fachgerecht so instandzuhalten, dass über ihre Lebensdauer die Funktionstüchtigkeit und die Sicherheit für Patienten, Anwender und Dritte gewährleistet sind.[908]

5 Exkurs: Hauskrankenpflege

Gerade in der Hauskrankenpflege werden auch Haushaltsgegenstände bei der Versorgung von Patienten eingesetzt. Dies muss so lange als zulässig angesehen werden, als diese nicht der unmittelbaren Behandlung oder Linderung von Krankheiten dienen. Insbesondere die Verwendung von haushaltsüblichen Betten und Matratzen, Badezimmereinrichtungen, Toiletten, Kücheninventar und dergleichen muss zulässig sein, will man nicht den Willen des Hauskrankenpflegepatienten ignorieren.

---

905 § 9 MPG
906 § 15 MPG
907 § 83 MPG
908 § 85 Abs 1 MPG

Teil 7 – Arbeits- und Sozialrecht

XXII. Arbeitsrecht

Das Arbeitsrecht bildet die Grundlage für die soziale Absicherung sowie den Gesundheitsschutz von Arbeitnehmern.

1 Stufenbau

Zum Schutz der Arbeitnehmer vor Übervorteilung wurden Schutzmechanismen auf gesetzlicher und vertraglicher Ebene geschaffen. Diese sind zumeist so lange verpflichtend, solange keine für den Arbeitnehmer bessere Vereinbarung getroffen wurde.

1.1 Gesetz

Das Gesetz regelt die Mindeststandards im Arbeitsrecht, die jedoch teilweise zum Vorteil des Arbeitnehmers abdingbar (sogenanntes dispositives Recht), teilweise nicht abzuändern sind. Nicht abzuänderndes Recht gilt immer und kann auch nicht zugunsten des Arbeitnehmers verändert werden.

1.2 Kollektivvertrag

Wenn die Zahl der Angehörigen einer bestimmten Beschäftigtengruppe eine gewisse Größe erreicht, können Interessenverbände der Arbeitnehmer und Arbeitgeber branchenspezifisch einen Kollektivvertrag – eine Art Grundvertrag – aushandeln. Dieser legt ähnlich einem Gesetz Mindeststandards fest, die zugunsten des Arbeitnehmers abgeändert werden können. Ein klassisches Beispiel hiefür ist das Gehalt. So schuldet ein Arbeitgeber zumindest das kollektivvertragliche Gehalt, weniger darf nicht ausgehandelt werden. Ein Gehalt, das den kollektivvertraglichen Anspruch übersteigt, ist hingegen vereinbar.

1.3 Betriebsvereinbarung

Hat ein Betrieb mindestens vier ständige Mitarbeiter, so ist ein Betriebsrat zu wählen, der mit dem Arbeitnehmer Betriebsvereinbarungen aushandeln kann. Diese regeln innerbetriebliche Besonderheiten.

1.4 Arbeitsvertrag

Als Grundmodell eines jeden arbeitsrechtlichen Vertragsverhältnisses dient der Arbeitsvertrag. Dieser beinhaltet die für ein Arbeitsverhältnis typischen Merkmale. So sind die Arbeitszeit, ein durch ein Tätigkeitsprofil gekennzeichneter Aufgabenbereich oder die Entlohnung verankert und es ist angegeben, wer der Arbeitnehmer und wer der Arbeitgeber ist, wo sich der Arbeitsplatz befindet sowie diverse Sondervereinbarungen.

Mit dem Arbeitsvertrag schließt der einzelne Arbeitnehmer mit dem Arbeitgeber eine Vereinbarung. Arbeitnehmer können mit diesem individuelle Vereinbarungen treffen, die ihn gegenüber Gesetz und Kollektivvertrag begünstigen.

Wird keine Arbeitsleistung, sondern die Fertigung eines Werkes vereinbart, so liegt kein Arbeits-, sondern ein Werkvertrag vor.

📖 Vergleiche: V. 3. Rechtsgeschäft

Gesetzliche Bestimmungen

Kollektivvertrag

Betriebsvereinbarung

Arbeitsvertrag

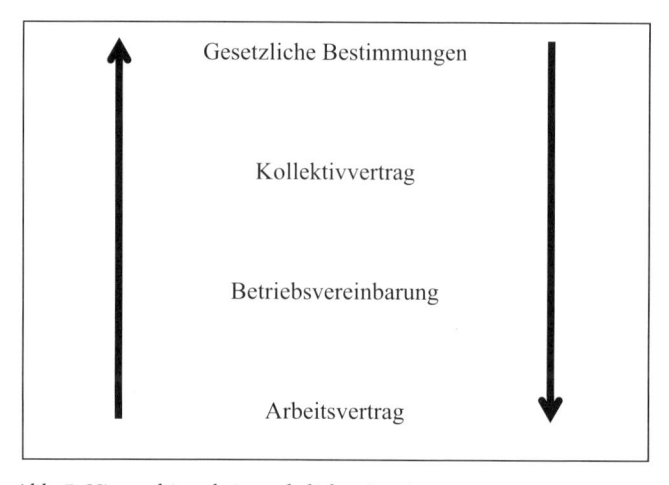

Abb. 5: Hierarchie arbeitsrechtlicher Bestimmungen

1.5 Dienstvertrag

Das Arbeitsverhältnis zu einem öffentlichen Rechtsträger wird als Dienstvertrag bezeichnet. Inhaltlich ist es nahezu ident mit dem Arbeitsvertrag, jedoch haben Bund und alle neun Bundesländer eigene arbeitsrechtliche Bestimmungen. Zudem wird im Bereich der Gebietskörperschaften zwischen Vertragsbediensteten und Beamten unterschieden. Vertragsbedienstete sind die „Angestellten" des öffentlichen Dienstgebers. Beamte haben einen stark erhöhten

Kündigungsschutz, der sich vor allem aus der Verrichtung hoheitlicher Tätigkeiten herleitet.

Das Vertragsverhältnis von Vertragsbediensteten und Beamten wird unterschiedlich beurteilt. So gilt als vertragsrechtliche Grundlage für Vertragsbedienstete das Privatrecht. Im Gegensatz dazu haben Beamte ein öffentlich-rechtliches Dienstverhältnis.

1.6 Freier Dienstvertrag

Trotz ähnlicher Bezeichnung hat der freie Dienstvertrag nichts mit dem Dienstvertrag zu einem öffentlichen Arbeitgeber zu tun, sondern kann in einem Verhältnis zu einem öffentlichen wie auch zu einem privaten Rechtsträger abgeschlossen werden. Ein freier Dienstvertrag besteht dann, wenn im Gegensatz zum örtlich, zeitlich und inhaltlich geregelten Arbeitsvertrag bestimmte wichtige Kriterien wegfallen. Zumeist sind dies die örtliche Leistungserbringung oder die zeitmäßige Bindung, vereinbart sind hingegen die Arbeitsleistung und das Entgelt.

1.7 Werkvertrag

Im Werkvertrag wird die Erbringung eines bestimmten Werkes gegen Geld vereinbart. Darunter versteht man die Verpflichtung, eine in sich abgeschlossene und als solche deutlich abzugrenzende Leistung zu erbringen.

2 Praktikanten, Volontäre und Ferialarbeitnehmer

Immer wieder ist die Praxis damit konfrontiert, dass Personen tätig werden, ohne in dem Unternehmen als regulärer Arbeitnehmer beschäftigt zu sein. Dabei ist oftmals nicht sicher, ob es sich tatsächlich um ein beschäftigungsloses Rechtsverhältnis zwischen Einrichtung und Leitenden handelt.

2.1 Praktikant

Die bekannteste Form der „Nichtarbeitnehmer" ist der Praktikant. Dabei ist es kein Unterschied, ob es sich um einen Ferialpraktikanten handelt oder um einen Pratikanten, der während des Jahres eine Ausbildung genießt.

Unter Praktikanten versteht man Personen, die eine praktische Tätigkeit in Ergänzung zu ihrer theoretischen, meist schulischen oder hochschulmäßigen Ausbildung ausüben. Dabei **muss** es sich nachweislich um Schüler oder Studenten der dem Praktikum zugehörigen Fachrichtung handeln, die im Betrieb nur entsprechend ihrer Ausbildung eingesetzt werden.[909]

---

909 Przeszlowska, Praktikum: Ausbildungs- oder Arbeitsverhältnis?, ZAS 2015/10, Kap. B.1.a

Für einen Praktikanten typisch ist das Interesse, sich seinen Ausbildungsvorschriften entsprechende Kenntnisse und Fähigkeiten anzueignen.[910] Werden hingegen die wirtschaftlichen Interessen des Unternehmens befriedigt, so handelt es sich eher um ein Beschäftigungsverhältnis. Nimmt der Praktikant Aufgaben, die nicht seinem Ausbildungszweck entsprechen, in einem untergeordneten Ausmaß war, so schadet dies nicht. Nimmt dies jedoch ein wirtschaftlich relevantes Ausmaß an, so wird es sich nicht mehr um eine Praktikantenstelle handeln.

2.2 Volontäre

Volontäre sind Personen, die in einem Betrieb mit Erlaubnis des Betriebsinhabers maschinelle oder sonstige Einrichtungen kennenlernen und sich gewisse praktische Kenntnisse und Fertigkeiten für eine anderweitige Beschäftigung aneignen dürfen. Selbst hievon abweichende Literatur sieht den **Ausbildungszweck** immer als Kern des Volontariats.[911]

Für einen Volontär typisch ist die Ungebundenheit vom Unternehmen. Er ist finanziell unabhängig und unterliegt nicht oder nur eingeschränkt den Arbeitszeiten und Anwesenheitspflichten.[912] Volontäre können, müssen aber nicht die ihnen angebotene Arbeit verrichten.

3 Begründung und Inhalt von Dienstverträgen

Arbeits- und Dienstverträge unterliegen der Vertragsfreiheit. Sie werden zumeist schriftlich geschlossen. Es besteht jedoch auch die Möglichkeit, solche Verträge mündlich, mit Video- oder Audioaufzeichnung, per E-Mail, schlüssig u. dgl. abzuschließen.

Als Mindestinhalt eines solchen Vertrages müssen die Vertragsparteien genannt sein und es muss festgehalten werden, um welche Art der Tätigkeit es sich handelt. Es gelten die fünf Ws: **W**er, **W**as, **W**ann, **W**o, mit **W**em. Wann und Wo können auch schlüssig aus dem Vertrag hervorgehen. Zudem können Lohnvereinbarungen, Sonderurlaube, Funktionen innerhalb des Betriebes vereinbart werden.

> 📖 Vergleiche: V. 3. Rechtsgeschäft

---

910 Przeszlowska, Praktikum: Ausbildungs- oder Arbeitsverhältnis?, ZAS 2015/10, Kap. C.2.
911 Przeszlowska, Praktikum: Ausbildungs- oder Arbeitsverhältnis?, ZAS 2015/10, Kap. B.1.b
912 Przeszlowska, Praktikum: Ausbildungs- oder Arbeitsverhältnis?, ZAS 2015/10, Kap. C.2

4 Fürsorge- und Treuepflichten

Arbeitgeber und Arbeitnehmer gehen eine gegenseitige Treue- und Fürsorgepflicht ein. Keine der Vertragsparteien darf willkürlich etwas gegen die Sphäre, also die Angelegenheiten und berechtigten Interessen des anderen unternehmen.[913]

Der Arbeitgeber hat als primäre Fürsorgepflicht auf die gesundheitlichen, religiösen, sittlichen, persönlichen und vermögensrechtlichen Interessen des Arbeitgebers in zumutbarer Weise Rücksicht zu nehmen.

Als Gegenleistung hat der Arbeitnehmer eine Treuepflicht. Der Arbeitnehmer hat alles zu unterlassen, was eine Vertrauensunwürdigkeit nach sich zieht. Er ist verpflichtet, sich so zu verhalten, dass die Interessen des Arbeitgebers möglichst gewahrt werden.

5 Nadelstichverordnung

Ein Auswuchs aus der Fürsorge und Treuepflicht ist die Nadelstichverordnung (NastV).[914] Sie wurde auf Grundlage des ArbeitnehmerInnenschutzgesetzes erlassen und setzt eine EU-Richtlinie[915] um. Der Name ist dabei irritierend, weil er eine Einschränkung auf Nadeln suggeriert.

5.1 Persönlicher Geltungsbereich

Die Verordnung ist auf alle Arbeitnehmer anzuwenden[916], jedoch besteht keine direkte Rechtsverbindlichkeit für
- Arbeitnehmer der Länder, Gemeinden und Gemeindeverbände[917]
- Arbeitnehmer des Bundes in Dienststellen, auf die das Bundes-Bedienstetenschutzgesetz (B-BSG) Anwendung findet[918]

Bedienstete in Landeskrankenanstalten fallen unter die Anwendbarkeit der Verordnung, da Landeskrankenanstalten als Betriebe[919] i.S. des ArbeitnehmerInnenschutzgesetzes anzusehen sind.

Auf Beamte und Vertragsbedienstete von Bund, Ländern und Gemeinden, die in einem Amt tätig sind, hat der Bundesgesetzgeber bzw. für Landes- und Gemeindebedienstete die Landesgesetzgeber eine entsprechende, inhaltlich gleiche Verordnung erlassen.

---

913 Schrammel, Arbeitsrecht, 4. Auflage, S. 166 ff.
914 BGBl II 16/2013 vom 3. Jänner 2013, Nadelstichverordnung – NastV
915 EU-Richtlinie des Rates 2010/32/EU
916 § 1 Abs 1 B-BSG
917 § 1 Abs 1 Z 2 ASchG i.V.m. Art 21 Abs 2 B-VG
918 § 1 Abs 2 Z 2 ASchG
919 VfGH 11.06.2004, GZ G344/01 unter Verweis auf VfSlg 16733/2002

5.2 Örtlicher Geltungsbereich

Die NastV stellt Sonderregelungen für den Umgang mit spitzen und/oder scharfen Gegenständen auf, wenn sich Arbeitnehmer daran verletzen könnten.[920]

5.3 Sachlicher Geltungsbereich

Die Verordnung schränkt ihren Anwendungsbereich ein, sodass nur solche spitzen und/oder scharfen Arbeitsmittel erfasst werden, die für medizinische Tätigkeiten dienen.[921]

5.4 Aufgaben des Arbeitgebers

Der Arbeitgeber hat primär alle Gefahrenquellen zu ermitteln und zu beurteilen, die von spitzen und/oder scharfen medizinischen Arbeitsmitteln (der Verordnungsgeber spricht von Instrumenten) ausgehen.[922] Dabei sind nur jene Gefahrenquellen von Relevanz, bei denen neben dem Risiko einer Verletzung zusätzlich die Gefahr des Kontaktes mit Blut oder mit anderen potenziell infektiösen Stoffen oder gesundheitsgefährdenden Arbeitsstoffen besteht.[923] Hat der Arbeitgeber die Gefahren ermittelt und beurteilt, so begründet dies weitere Pflichten.

a) Risikovermeidung

Geradezu selbstverständlich ist die Regelung, dass Arbeitsverfahren so zu gestalten sind, dass das Risiko von Verletzungen und Infektionen verhindert oder zumindest minimiert wird und Expositionen vermieden werden.[924]

Besteht dennoch das Risiko einer Verletzung, so sind die Bestimmungen der Verordnung über biologische Arbeitsstoffe anzuwenden[925]. Zudem sind den Arbeitnehmern Instrumente mit integrierten Sicherheits- und Schutzmechanismen zur Verfügung zu stellen.[926] Der Arbeitgeber hat dafür Sorge zu tragen, dass diese sicheren Arbeitsmittel auch Verwendung finden.[927]

---

920 § 1 Abs 1 NastV
921 § 2 Abs 1 NastV
922 § 3 Abs 1 NastV
923 Auch die Erläuterungen zu § 3 sehen die Umsetzung speziell auf die „Risikobewertung im Hinblick auf die Infektionsgefahren durch Verletzungen mit scharfen oder spitzen medizinischen Instrumenten" gerichtet
924 § 4 Abs 1 NastV
925 § 4 Abs 2 NastV
926 § 4 Abs 2 Z 1 NastV
927 § 4 Abs 2 Z 1 NastV

Weiters hat er sichere Verfahren für den Umgang mit und für die Entsorgung von scharfen oder spitzen medizinischen Instrumenten festzulegen und umsetzen.[928]

Verboten wurde das Wiederaufsetzen der Schutzkappe auf verwendete Nadeln,[929] das Wiederaufsetzen von Schutzkappen beispielsweise auf Einwegskalpelle wurde hingegen nicht untersagt. Das Recapping, also das Wiederaufsetzen von Schutzhüllen, ungeachtet ob es sich um die ursprüngliche oder eine neue Kappe handelt, ist nur in Ausnahmefällen zulässig.

b) Information und Unterweisung

Bereits aus den Bestimmungen zur Risikovermeidung geht deutlich hervor, dass die Mitarbeiter zu unterweisen und zur Durchführung von Schutzmaßnahmen anzuhalten sind. Dies hat auch personelle Konsequenzen nach sich zu ziehen, falls sich ein Mitarbeiter nicht an die Vorgaben hält.

Zur Erzielung eines größtmöglichen Schutzes wird auf eine innerbetriebliche Weiterentwicklung gesetzt. Dazu ist ein System zu schaffen, sodass die Vorgesetzten oder dafür vorgesehene Organe – ohne Folgen für die Mitarbeiter – über Unfälle und Beinaheunfälle informiert werden. Die Organe der Arbeitgeber haben nach einem Unfall unverzüglich die notwendige Erstversorgung, die Beurteilung des Infektionsrisikos, eine eventuelle Postexpositionsprophylaxe sowie ausreichende Nachuntersuchungen sowie deren Einhaltung zu veranlassen und zu kontrollieren.[930]

6 Entlohnung

Generell gilt der vereinbarte Arbeitslohn als geschuldet. Hinzu kommen übergeordnete Vereinbarungen wie etwa ein Mindestlohn durch kollektivvertragliche Gehaltsansprüche.

Sind die im Vertrag vereinbarten Gehaltssteigerungen geringer als kollektivvertraglich vorgesehen, so darf dieser ursprüngliche Vorteil nicht zum Nachteil des Arbeitnehmers werden. Fällt daher der Arbeitnehmer aufgrund einer schlechteren Vorrückung unter den kollektivvertraglichen Lohn, so gilt ab diesem Zeitpunkt der Kollektivvertragslohn als geschuldet.

---

928 § 4 Abs 2 Z 3 NastV
929 § 4 Abs 2 Z 2 NastV
930 § 6 Abs 1 NastV

Teil 7 – Arbeits- und Sozialrecht

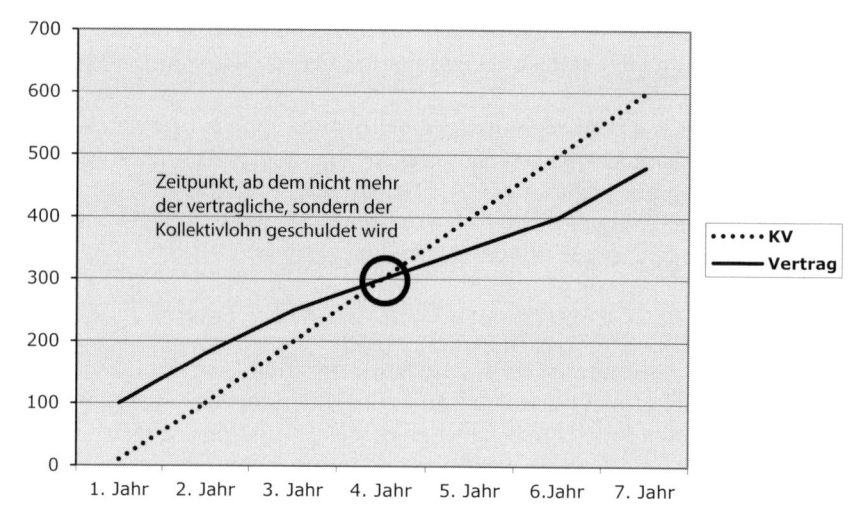

Abb. 6: *Verhältnis des vereinbarten Lohns zum Kollektivvertragslohn*

7 Arbeitszeit

Arbeitszeit ist die vom Arbeitnehmer geschuldete Leistung. Umgekehrt ist das jene Leistung, auf die der Arbeitgeber jedenfalls zurückgreifen kann. Letzterer hat daher ein Interesse, seine Mitarbeiter möglichst lange und sofort zur Verwendung zu haben. Daraus resultieren Schutzinteressen des Arbeitnehmers.

7.1 Allgemeine Arbeitszeitbestimmungen

Die Normarbeitszeit in Österreich beträgt 40 Stunden pro Woche oder acht Stunden pro Tag. Abweichende Regelungen können getroffen werden und sind daher im Einzelfall auf ihre Zulässigkeit zu prüfen.[931] Die tägliche Arbeitszeit darf jedoch zehn Stunden, die wöchentliche Arbeitszeit 50 Stunden nicht überschreiten,[932] wovon es ebenfalls vereinzelte Ausnahmen gibt. Auch für Schichtarbeiten gibt es Ausnahmen.[933] Die über die Normarbeitszeit hinausgehende Mehrarbeit wird als Überstunden bezeichnet.

---

931 § 3 Abs 1 AZG
932 § 9 Abs 1 AZG
933 § 4a AZG

Arbeitsrecht

```
                    ┌─────────────────────────┐
                    │   Arbeitszeitgesetz     │
                    ├─────────────────────────┤
                    │  von Beginn bis Ende    │
                    │     der Arbeit          │
                    │    ohne Ruhepause       │
                    └───────────┬─────────────┘
                ┌───────────────┴───────────────┐
      ┌─────────┴─────────┐           ┌─────────┴─────────┐
      │  Tagesarbeitszeit │           │ Wochenarbeitszeit │
      │ Arbeitszeit innerhalb│        │  Arbeitszeit von  │
      │   von 24 Stunden  │           │ Montag bis Sonntag│
      └─────────┬─────────┘           └─────────┬─────────┘
```

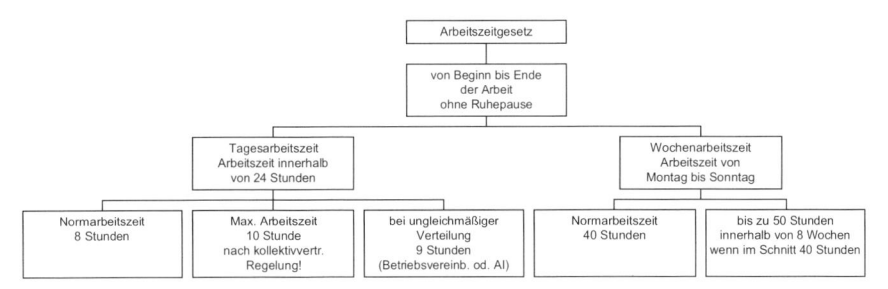

| Normarbeitszeit 8 Stunden | Max. Arbeitszeit 10 Stunde nach kollektivvertr. Regelung! | bei ungleichmäßiger Verteilung 9 Stunden (Betriebsvereinb. od. AI) | Normarbeitszeit 40 Stunden | bis zu 50 Stunden innerhalb von 8 Wochen wenn im Schnitt 40 Stunden |

Abb. 7: Übersicht über die Arbeitszeitbestimmungen im Arbeitsrecht

Nach der Tagesarbeitszeit ist eine Ruhezeit von mindestens acht Stunden einzuhalten, bevor der nächste Dienst angetreten werden darf.

7.2 Arbeitszeit in Krankenanstalten

An der allgemeinen Arbeits- und Überstundenregel setzt das Krankenanstalten-Arbeitszeitgesetz an. Diese Regelungen gelten jedoch nur für die Beschäftigung in

- allgemeinen Krankenanstalten und Sonderkrankenanstalten
- Heimen für Genesende, die ärztlicher Behandlung und besonderer Pflege bedürfen
- Pflegeanstalten für chronisch Kranke, die ärztlicher Betreuung und besonderer Pflege bedürfen
- Gebäranstalten und Entbindungsheimen
- Sanatorien
- selbstständigen Ambulatorien, insbesondere Röntgeninstituten und Zahnambulatorien
- Anstalten, die für die Unterbringung geistig abnormer oder entwöhnungsbedürftiger Rechtsbrecher bestimmt sind
- Krankenabteilungen in Justizanstalten
- Kuranstalten
- Organisationseinheiten zur stationären Pflege in Pflegeheimen und ähnlichen Einrichtungen

und für jene Personen, die als Angehörige von Gesundheitsberufen tätig sind oder deren Tätigkeit zur Aufrechterhaltung des Betriebes ununterbrochen erforderlich ist.

In Krankenanstalten befinden sich Angehörige von Gesundheitsberufen oftmals zwar auf ihrem Arbeitsplatz, verrichten aber keine unmittelbaren Tätigkeiten. Sie befinden sich im Bereitschaftsdienst und können in der Arbeitszeit auch Ruhezeiten einhalten, die nur kurzfristig und ausnahmsweise unterbrochen werden. Dies wird als **Arbeitsbereitschaft** bezeichnet. Der Arbeitnehmer wird grundsätzlich nicht zu einer Arbeitsleistung in Anspruch genommen, hält sich aber am oder in der Nähe seines Arbeitsortes auf und muss zur jederzeitigen Arbeitsaufnahme bereit stehen. Zeiten der Arbeitsbereitschaft zählen als Arbeitszeit,[934] allerdings können alternative Stundenlöhne vereinbart werden.

Hingegen wird unter **Rufbereitschaft** jene Zeit verstanden, in der sich ein Arbeitnehmer bereithält, auf Anruf des Arbeitgebers seine Arbeit aufzunehmen. Er hat dabei die freie Wahl seines Aufenthaltsortes und kann die Zeit der Rufbereitschaft frei nutzen. Er muss sich auch nicht in unmittelbarer Nähe des Arbeitsortes aufhalten, jedoch dem Arbeitgeber mitteilen, wo er sich aufhält.[935] Die Rufbereitschaft gilt nicht als Arbeitszeit.[936]

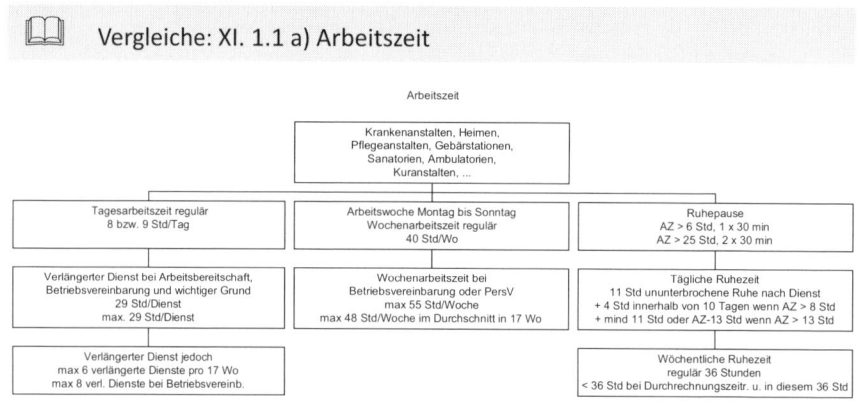

📖 Vergleiche: XI. 1.1 a) Arbeitszeit

```
                           Arbeitszeit
                               │
              ┌────────────────┴────────────────┐
                    Krankenanstalten, Heimen,
                   Pflegeanstalten, Gebärstationen,
                    Sanatorien, Ambulatorien,
                         Kuranstalten, ...
                               │
    ┌──────────────────────────┼──────────────────────────┐
  Tagesarbeitszeit regulär   Arbeitswoche Montag bis      Ruhepause
      8 bzw. 9 Std/Tag         Sonntag                    AZ > 6 Std, 1 x 30 min
                               Wochenarbeitszeit regulär  AZ > 25 Std, 2 x 30 min
                               40 Std/Wo

  Verlängerter Dienst bei     Wochenarbeitszeit bei       Tägliche Ruhezeit
  Arbeitsbereitschaft,        Betriebsvereinbarung        11 Std ununterbrochene
  Betriebsvereinbarung und    oder PersV                  Ruhe nach Dienst
  wichtiger Grund             max 55 Std/Woche            + 4 Std innerhalb von 10
  29 Std/Dienst               max 48 Std/Woche im         Tagen wenn AZ > 8 Std
  max. 29 Std/Dienst          Durchschnitt in 17 Wo       + mind 11 Std oder AZ-13
                                                          Std wenn AZ > 13 Std

  Verlängerter Dienst                                     Wöchentliche Ruhezeit
  jedoch                                                  regulär 36 Stunden
  max 6 verlängerte Dienste pro 17 Wo                     < 36 Std bei Durchrechnungszeitr.
  max 8 verl. Dienste bei Betriebsvereinb.                u. in diesem 36 Std
```

Abb. 8: Übersicht Arbeitszeitbestimmungen in Krankenanstalten

8 Urlaub

Ab dem Zeitpunkt des Arbeitsbeginns besteht Urlaubsanspruch auf den aliquoten Anteil des Jahresurlaubs, das sind zwei Tage pro angefangenem Monat. Ab dem sechsten Monat besteht der vollständige Urlaubsanspruch von fünf Kalenderwochen oder 25 Arbeitstagen. Für bestimmte Berufsgruppen, bestimmte Altersgruppen sowie nach einer bestimmten Dauer der Betriebszugehörigkeit bestehen erweiterte Urlaubsansprüche.

---

934 EuGH C-151/02 Jäger, Slg 2003/I-8389
935 OGH 9ObA53/92
936 EuGH C-303/98, Simap, Slg 2000, I-07963

9 All-in-Verträge

In Österreich waren bis 2015[937] All-in-Verträge nur unter eingeschränkten Bedingungen zulässig. Nunmehr sind All-in-Verträge gesetzlich geregelt. Grundlage bildet das Transparenzgebot. Im All-in-Vertrag muss das Grundgehalt explizit angeführt werden, also jene Entlohnung, die für die Leistung der Normalarbeitszeit zusteht.[938] Für den Fall, dass dies nicht erfolgt ist, sieht der Gesetzgeber eine Auffangbestimmung vor, nämlich dass dann das orts- oder branchenübliche Gehalt als vereinbart gilt. Dieses orientiert sich einerseits am Kollektivvertrag, wird aber andererseits höher liegen, da das „übliche" und nicht das „vorgesehene" Gehalt angenommen wird.

Um die Ansprüche für den Arbeitnehmer noch transparenter zu machen, hat der Arbeitgeber monatlich eine schriftliche, übersichtliche, nachvollziehbare und vollständige Abrechnung von Entgelt und Aufwandsentschädigung dem Arbeitnehmer zu übermitteln.[939] Das bedeutet, dass der Arbeitnehmer anhand seines Grundgehalts und seiner Normalarbeitszeit seinen Stundensatz ermitteln können muss, um die Entlohnung für die Mehrleistungen überprüfen zu können. Dies kann für den Arbeitnehmer dennoch problematisch werden, da eine derartige Pauschale immer dann vereinbart wird, wenn unregelmäßige Mehrleistungen anfallen und ein monatlich gleich hoher Bezug erzielt werden soll. Eine Durchrechnung ist daher erst nach Vorliegen mehrerer Abrechnungen möglich.

10 Sonderurlaub und Pflegefreistellung

Ist der Arbeitnehmer an der Arbeitsleistung wegen der notwendigen Pflege eines im gemeinsamen Haushalt lebenden erkrankten nahen Angehörigen oder wegen der notwendigen Betreuung seines Kindes (auch eines Wahl- oder Pflegekindes) nachweislich verhindert, so hat er Anspruch auf eine Woche Sonderurlaub.

Darüber hinaus besteht ein Anspruch auf Freistellung von der Arbeitsleistung bis zum Höchstausmaß einer **weiteren** Woche innerhalb eines Arbeitsjahres (nachdem der Arbeitnehmer den Freistellungsanspruch verbraucht hat), wenn er wegen der notwendigen Pflege seines im gemeinsamen Haushalt lebenden erkrankten Kindes (Wahl- oder Pflegekindes), welches das zwölfte Lebensjahr noch nicht überschritten hat, an der Arbeitsleistung neuerlich verhindert ist.

---

937 Eingeführt mit dem Arbeitsrechts-Änderungsgesetz 2015, BGBl 2015/152
938 § 2 Abs 2 Z 9 AVRAG
939 § 2f Abs 1 AVRAG

Ist der Anspruch auf Entgeltfortzahlung bei Entfall der Arbeitsleistung erschöpft, kann vom Arbeitnehmer Erholungsurlaub ohne vorherige Vereinbarung angetreten werden.

11 Geschenkannahmeverbot

Ein Angestellter setzt einen Entlassungsgrund, wenn er sich in seiner Tätigkeit ohne Wissen oder Willen des Dienstgebers von dritten Personen unberechtigte Vorteile zuwenden lässt.[940]

12 Beendigung des Arbeitsverhältnisses

Innerhalb der Probezeit kann das Arbeitsverhältnis von beiden Seiten jederzeit, ohne Einhaltung von Fristen und ohne Angabe von Gründen gelöst werden. Die Probezeit darf maximal einen Monat betragen.

Durch Zeitablauf endet das Arbeitsverhältnis automatisch. Es handelt sich um befristete Arbeitsverhältnisse. Kommt es zu einer Aneinanderreihung von befristeten Arbeitsverträgen (Kettenarbeitsvertrag), so gelten normalerweise ab der ersten Verlängerung die Regelungen für unbefristete Verträge.

Im beiderseitigen Einvernehmen kann ein Arbeitsvertrag jederzeit gelöst werden. Es können auch gesonderte Regelungen beispielsweise über Kündigungsfristen oder Freistellung getroffen werden.

Kündigung ist eine einseitige und empfangsbedürftige Willenserklärung mit dem Inhalt, das Arbeitsverhältnis aufzulösen. Sie bedarf normalerweise keiner Begründung. Einige Kollektivverträge beinhalten die Regelung, dass eine Kündigung bei sonstiger Rechtsunwirksamkeit nur schriftlich erfolgen darf. Falls keine Endigungszeit genannt wird, gilt die Kündigung als zum nächstmöglichen Termin erklärt.

Die Entlassung vonseiten des Arbeitgebers und der Austritt vonseiten des Arbeitnehmers stellen eine sofortige Beendigung des Vertragsverhältnisses dar. Dies kann nur aus *wichtigem* Grund geschehen, der unverzüglich geltend zu machen ist. Es muss sich um Gründe handeln, die ein Verbleiben in dem Vertragsverhältnis bis zur Beendigung mittels ordentlicher Kündigung aus gesundheitlichen, privaten oder geschäftlichen Gründen *unmöglich* machen.

---

940   § 27 Z 1 AngG

13 Kammern

Aufseiten der Arbeitnehmer gibt es gesetzliche und freiwillige Interessenvertretungen,[941] die Arbeiterkammer (Kammer für Arbeiter und Angestellte) und der österreichische Gewerkschaftsbund.

Aufseiten der Arbeitgeber gibt es ebenfalls gesetzliche und freiwillige Interessenvertretungen. Diese wären die Wirtschaftskammer (Kammer der gewerblichen Wirtschaft) und die Industriellenvereinigung (Vereinigung Österreichischer Industrieller).

Einige Berufsgruppen des Gesundheitswesens sind in Kammern organisiert. Zu nennen wären hier die
- Ärztekammer
- Zahnärztekammer
- Apothekerkammer
- Tierärztekammern

Die Kammern haben neben der Vertretung der Interessen ihrer Mitglieder auch hoheitliche Aufgaben zu erfüllen. Im Zuge dieser Verrichtung sind sie an die gesetzlichen Bestimmungen ebenso gebunden wie an das Verfahrensgesetz. Gerade die Zwitterstellung aus Standesvertretung und Hoheitsvollziehung stellt ein Problem dar und ist wohl nicht mehr zeitgemäß.

Berufsgruppenangehörige, bei denen eine Kammer eingerichtet ist, sind in dieser Pflichtmitglied. Ein Beitrag ist gesetzlich festgelegt und der Einfluss des Einzelnen auf die Kammer ist gering.

---

941 Schwarz/Löschnigg, Arbeitsrecht, 6. Auflage, S. 867 ff.

XXIII. Sozialrecht

Unter Sozialrecht versteht man die Summe jener Gesetze, die durch staatliche oder vom Gesetzgeber dazu bestimmte Einrichtungen eine Absicherung des Bürgers vor Krankheit, Verarmung, sozialen Missständen u. dgl. gewährleisten.

1 Versicherungssystem

Das österreichische Sozialsystem baut auf einem Versicherungssystem auf. Die meisten Versicherungen sind Pflichtversicherungen. Die eingezahlten Beiträge werden nicht veranlagt, sondern zum Wohle der Bezieher ausgegeben.[942]

Um in den Genuss einer Leistung zu kommen, ist oftmals eine Versicherung über einen gewissen Zeitraum erforderlich. Grundsätzlich sind dabei alle in Österreich lebenden und arbeitenden Menschen erfasst, allerdings bestehen Ausnahmen.

Die Sozialversicherungsträger sind als Körperschaften eingerichtet, d.h. sie sind mit hoheitlichen Aufgaben betraut und an die Gesetzgebung und die strengen öffentlichen Verwaltungsverfahrensrichtlinien gebunden. Die Krankenkassen sind historisch nach Regionen und Berufsgruppen geteilt.

Jeder ordentlich in Österreich Beschäftigte (unselbstständig Erwerbstätige) muss zur Sozialversicherung angemeldet werden und Sozialversicherungsbeiträge leisten. Diese Beiträge werden durch den Dienstgeber abgeführt. Ein ähnliches System wurde bei den selbstständig Erwerbstätigen sowie für Pensionisten und Arbeitslose eingerichtet. Zur Berechnung der Beitragshöhe wird das Einkommen herangezogen, unabhängig vom Gesundheitszustand oder Alter des Versicherten.

In Ergänzung zu den gesetzlichen Leistungen sind auch freiwillige Leistungen vorgesehen. Über die Gewährung von freiwilligen Leistungen entscheidet der Versicherungsträger unter Rücksichtnahme auf seine finanzielle Leistungsfähigkeit nach eigenem Ermessen. Freiwillige Leistungen sind z.B. Maßnahmen zur Festigung der Gesundheit.

2 Krankenversicherung

Zuständig im Leistungsfall der Krankheit sind die Gebietskrankenkassen, die Betriebskrankenkassen, die Versicherungsanstalten (öffentlich Bedienstete sowie Eisenbahn und Bergbau) sowie die Sozialversicherungsanstalten (gewerbliche Wirtschaft und Bauern).

---

[942] Bundesministerium für Soziale Sicherheit und Generationen, Das Gesundheitswesen in Österreich, 2001

Die Krankenversicherungsträger leisten
- Sachleistungen (ärztliche Hilfe, Anstaltspflege, Heilmittel)
- Barleistungen (Renten, Pensionen)
- direkte Leistungen (Leistungen, die direkt an den Versicherten gehen)
- indirekte Leistungen (Leistungen, die direkt an den Vertragspartner gehen)
- Pflichtleistungen (Rechtsanspruch wie Pensionen oder Krankengeld)
- freiwillige Leistungen (Unterstützungsfonds, bestimmte Rehabilitationen)

Die Aufgabe der Krankenversicherungen ist, Vorsorge zu treffen für
- den Fall der Krankheit
- den Fall der Arbeitsunfähigkeit infolge Krankheit (nur im ASVG)
- den Fall der Mutterschaft
- Zahnbehandlung und Zahnersatz
- die Hilfe bei körperlichen Gebrechen (Gewährung von Hilfsmitteln)
- die Früherkennung von Krankheiten
- die Erhaltung der Volksgesundheit (Jugendlichen- und Vorsorgeuntersuchungen)
- medizinische Maßnahmen der Rehabilitation
- die Gesundheitsförderung

Voraussetzung für das Entstehen eines Leistungsanspruches ist in der Regel, dass der Versicherungsfall während aufrechter Versicherung eintritt.[943] Solange derselbe Versicherungsfall (dieselbe Krankheit) besteht, sind die Leistungen auch über das Ende der Versicherung hinaus bis zum Ablauf einer allfälligen Höchstanspruchsdauer weiter zu gewähren („Ausleistungspflicht" der Krankenversicherungsträger). Nur für Versicherte nach dem ASVG besteht – in genau definierten Fällen – ein Leistungsanspruch auch dann, wenn der Versicherungsfall erst nach dem Ende der Versicherung eingetreten ist.

Krankheit im sozialversicherungsrechtlichen Sinn **ist ein regelwidriger Körper- oder Geisteszustand, der die Krankenbehandlung notwendig macht.**[944] Ist dieser regelwidrige Körper- oder Geisteszustand therapeutisch nicht mehr zu beeinflussen, besteht nach herrschender Rechtsprechung und Lehre keine weitere Leistungspflicht der Krankenversicherung mehr.[945] Dem stehen **Gebrechen** gegenüber, die **nicht mehr beherrschbare Ausfälle normaler Körperfunktionen** darstellen und **die sich durch eine Krankenbehandlung nicht mehr beeinflussen lassen.**

---

943 § 122 ff. ASVG
944 § 120 Abs 1 Z1 ASVG
945 OGH 10 ObS 43/91, 10 ObS 49/92, 10 ObS 2356/96h, 10 ObS 2317/96z, 10 ObS 99/08c, 10 ObS 75/09s

2.1 Mutterschaft

Wichtiger Bestandteil, insbesondere da es sich hier nicht um eine Krankheit handelt, ist die Mutterschaft. Der Versicherungsfall gilt als eingetreten
- mit dem Beginn der achten Woche vor dem voraussichtlichen Entbindungstag (mit diesem Termin beginnt auch das Beschäftigungsverbot nach den Bestimmungen des Mutterschutzgesetzes)
- mit dem Tag der Entbindung, wenn diese vor dem Beginn der achten Woche vor dem voraussichtlichen Geburtstermin stattfindet
- mit dem Beginn der achten Woche vor dem tatsächlichen Entbindungstag, wenn kein voraussichtlicher Entbindungstermin festgestellt wurde
- mit dem Beginn eines individuellen Beschäftigungsverbotes (wenn das Leben oder die Gesundheit von Mutter und/oder Kind bei Fortdauer der Beschäftigung oder Aufnahme eines Beschäftigungsverhältnisses gefährdet wäre, darf eine Mutter nicht beschäftigt werden. Diese Feststellung trifft ein Amtsarzt oder ein Arbeitsinspektionsarzt im Einzelfall)

Der Leistungsumfang beinhaltet ärztlichen Beistand, Hebammenbeistand sowie Heilmittel und Heilbehelfe im gleichen Umfang wie aus dem Versicherungsfall der Krankheit sowie Wochengeld. Abgesehen von der Rezeptgebühr besteht keine Kostenbeteiligung.

2.2 Zahnbehandlung und Zahnersatz

Die Versicherungsleistung der Zahnbehandlung umfasst die konservierende und chirurgische Zahnbehandlung sowie die Kieferregulierung.

Im Rahmen der konservierenden Zahnbehandlung werden Zähne saniert, nämlich durch Füllungen („Plomben") oder Wurzelbehandlungen. Auch die Entfernung von Zahnstein gehört zur konservierenden Behandlung.

Die chirurgische Zahnbehandlung umfasst u.a. Extraktionen, operative Entfernungen von Zähnen sowie Wurzelspitzenresektionen.

Ein eventueller Zahnersatz kann dabei abnehmbar oder festsitzend sein. Sowohl für Kunststoffprothesen als auch für Metallgerüstprothesen übernimmt die Kasse 75% der tariflichen Kosten. Gleiches gilt für Klammerzahnkronen und Reparaturen von Prothesen. In den Bereich des festsitzenden Zahnersatzes gehören Kronen und Brücken sowie Implantate. Festsitzender Zahnersatz stellt an sich keine Leistung der sozialen Krankenversicherung dar.

2.3 Erhaltung der Volksgesundheit

Eine antiquiert klingende Aufgabe ist die Erhaltung der Volksgesundheit. Dennoch wird diese auch aktuell wahrgenommen. So werden beispielsweise mittels

Verordnung[946] die Erhöhung des Impfschutzes gegen Frühsommermeningoenzephalitis und die Senkung des Risikos genetisch bedingter Erkrankungen geregelt.

2.4 Freiwillige Leistungen

Als freiwillige Leistungen können Aufenthalte in Genesungsheimen, Erholungsaufenthalte, Kuraufenthalte und Ähnliches von den Krankenversicherungsträgern gewährt werden. Diese sind zumeist mit Zuzahlungen durch die Versicherten verbunden.

3 Unfallversicherung

Zuständig für die Leistungen bei Arbeitsunfall und Arbeitserkrankung sind die Allgemeine Unfallversicherungsanstalt, die Versicherungsanstalten (öffentliche Bedienstete sowie Eisenbahn und Bergbau) sowie die Sozialversicherungsanstalt der Bauern.

3.1 Arbeitsunfall

Unter einem **Unfall** versteht man ein plötzliches, zeitlich eng begrenztes Ereignis, eine Einwirkung **von außen oder eine außergewöhnliche Belastung, die zu einem Schaden am Körper geführt hat**. Versichert sind jedoch nicht alle Unfälle, sondern nur Arbeitsunfälle. Besteht zwischen einem Unfall und der versicherten Tätigkeit ein örtlicher, zeitlicher und ursächlicher Zusammenhang, handelt es sich um einen Arbeitsunfall.

3.2 Berufskrankheit

Berufskrankheiten werden nicht im Einzelfall festgestellt, sondern es wurden Berufsgruppen bestimmte Erkrankungen als Berufserkrankungen zugewiesen. Diese sind in der Berufskrankheitenliste (in der Anlage 1 zum ASVG) aufgelistet. Es kann, abweichend von der Liste, im Einzelfall auch eine Krankheit, die durch die Exposition mit schädlichen Stoffen oder Strahlen entstand, vom Sozialministerium als konkrete (auf den Einzelfall bezogene) Berufserkrankung anerkannt werden.

---

946   Verordnung des Bundesministers für Gesundheit und Umweltschutz vom 20. Mai 1981 über vordringliche Maßnahmen zur Erhaltung der Volksgesundheit

3.3 Leistungen der gesetzlichen Unfallversicherung

Zu den Leistungsangeboten der Unfallversicherung zählen insbesondere
- Erste-Hilfe-Leistungen
- Unfallheilbehandlung
- Rehabilitation
- Entschädigungen
- Unfallverhütung in Zusammenarbeit mit den Betrieben oder durch Aufklärung und Forschung

4 Pflegegeld

Das Pflegegeld dient der finanziellen Unterstützung von Pfleglingen, denen damit ermöglicht werden soll, eine Hilfe in Anspruch nehmen oder sich die notwendige technische Unterstützung leisten zu können.

4.1 Anspruch

Pflegegeld erhalten Personen, die dauerhaft behindert oder auf ständige Betreuung angewiesen sind. Es soll bezwecken, dass unabhängig von der Ursache der Pflegebedürftigkeit ein gesetzlicher Anspruch auf eine Geldleistung entsteht, um ein nach den persönlichen Bedürfnissen orientiertes Leben führen zu können.

Das Pflegegeld ersetzt pauschal einen Teil des Kostenaufwands, der mit einer Pflege verbunden ist. Es ist unabhängig vom Einkommen des Pfleglings.

Die Voraussetzungen für den Erhalt des Pflegegeldes sind:
- ständige Betreuungs- und Hilfsbedürftigkeit
- Pflegebedarf von mehr als 60 Stunden pro Monat
- Pflegebedürftigkeit von mindestens sechs Monaten
- gewöhnlicher Aufenthalt in Österreich
- der Pflegebedürftige ist älter als drei Jahre

Das Pflegegeld muss bei der Pensionsversicherungsanstalt beantragt werden.

4.2 Höhe

Die Höhe des Pflegegeldes richtet sich nach dem erforderlichen Pflegebedarf und ist in sieben Stufen gestaffelt.

Sozialrecht

Pflegebedarf in Stunden pro Monat	Stufe	Betrag monatlich
mehr als 65 Stunden	1	€ 157,30
mehr als 95 Stunden	2	€ 290,00
mehr als 120 Stunden	3	€ 451,80
mehr als 160 Stunden	4	€ 677,60
mehr als 180 Stunden – wenn ein außergewöhnlicher Pflegeaufwand erforderlich ist	5	€ 920,30
mehr als 180 Stunden – und wenn • zeitlich unkoordinierbare Betreuungsmaßnahmen erforderlich sind und diese regelmäßig während des Tages und der Nacht zu erbringen sind oder • die dauernde Anwesenheit einer Pflegeperson während des Tages und der Nacht erforderlich ist, weil die Wahrscheinlichkeit einer Eigen- oder Fremdgefährdung gegeben ist	6	€ 1.285,20
mehr als 180 Stunden und wenn • keine zielgerichteten Bewegungen der vier Extremitäten mit funktioneller Umsetzung möglich sind oder • ein gleich zu achtender Zustand vorliegt	7	€ 1.688,90

Abb. 9: Übersicht über die Pflegegeldsätze

Bei der Pflegegeldeinstufung von schwer geistig oder schwer psychisch behinderten, insbesondere an Demenz erkrankten Personen sowie für die besonders intensive Pflege von schwerst behinderten Kindern und Jugendlichen bis zum vollendeten 15. Lebensjahr wird ein Erschwerniszuschlag berücksichtigt.

Alter	zusätzlich zu berücksichtigende Stunden pro Monat
bis zum vollendeten 7. Lebensjahr	50 Stunden
bis zum vollendeten 15. Lebensjahr	75 Stunden
ab dem vollendeten 15. Lebensjahr	25 Stunden

Abb. 10: Übersicht über den Erschwerniszuschlag

4.3 Pflegebedarf

Pflegebedarf liegt vor, wenn der Pflegling Betreuungsmaßnahmen oder Unterstützungen bei der Bewältigung des täglichen Lebens braucht. Für die Beurteilung des Pflegebedarfs können ausschließlich folgende **fünf Hilfsverrichtungen** berücksichtigt werden:
- Herbeischaffen von Nahrungsmitteln, Medikamenten und Bedarfsgütern des täglichen Lebens
- Reinigung der Wohnung und der persönlichen Gebrauchsgegenstände
- Pflege der Leib- und Bettwäsche
- Beheizung des Wohnraumes einschließlich der Herbeischaffung des Heizmaterials
- Mobilitätshilfe im weiteren Sinn (z.B. Begleitung bei Amtswegen oder Arztbesuchen)

Bei der Beurteilung des Pflegebedarfs werden **Zeitwerte** für die erforderlichen Betreuungsmaßnahmen und Hilfsverrichtungen berücksichtigt und zu einer Gesamtbeurteilung zusammengefasst.

Index

A

ABGB
- § 15 37
- § 20 37
- § 21 39, 40
- § 22 38
- § 28 38
- § 137 56
- § 138 56
- § 163 60
- § 171 39
- § 173 49, 58, 59
- § 183 40
- § 213 58
- § 222 67, 68
- § 239 61, 68, 70
- § 240 70
- § 241 72
- § 245 68, 72, 74
- § 246 72, 74
- § 247 69
- § 248 69
- § 249 70, 73
- § 251 69
- § 252 60
- § 252 51, 61
- § 253 68, 69, 75
- § 254 68
- § 259 69
- § 260 66
- § 261 66
- § 262 67
- § 264 66
- § 265 66
- § 266 67
- § 267 68
- § 268 70
- § 269 72
- § 270 71
- § 271 73
- § 272 74
- § 273 73
- § 274 74
- § 276 75
- § 1294 43
- § 1296 43
- § 1297 43
- § 1299 23, 42, 99
- § 1311 42, 43

ABO
- § 1 102, 195, 196
- § 3 195
- § 4 196
- § 7 197
- § 10 195
- § 19 104
- § 20 196
- § 22 196
- § 47 196

Altenarbeit 208
altersspezifische Geschäfte 39
Ambulatorien 223

AMG
- § 1 231
- § 15 231
- § 50 232
- § 50a 232
- § 55b 232
- § 58 232
- § 75g 108
- § 75i 233
- § 75j 233
- § 75k 233
- § 75l 233
- § 75m 233

Angehörige 110
AngG
- § 27 248

Anordnungsverantwortung 109
Anzeigepflicht 46
Apothekengesetz
- § 3a 194
- § 3f 194
- § 4a 101

Apotheker 194
Arbeitsmediziner 119
Arbeitsrecht

Index

- All-In Verträge 247
- Arbeiterkammer 249
- Arbeitsbereitschaft 246
- Arbeitsvertrag 240
- Arbeitszeit 244
- Dienstvertrag 238, 240
- freier Dienstvertrag 239
- Fürsorgepflicht 241
- Geschenkannahmeverbot 248
- Gewerkschaftsbund 249
- Industriellenvereinigung 249
- Kammer der gewerblichen Wirtschaft 249
- Kammer für Arbeiter und Angestellte 249
- ÖGB 249
- Pflegefreistellung 247
- Rufbereitschaft 246
- Sonderurlaub 247
- Treuepflicht 241
- Urlaub 246
- Vereinigung Österreichischer Industrieller 249
- Werkvertrag 239
- Wirtschaftskammer 249

arbeitsrechtliche Weisungen 112
Arzneimittelgesetz 231
- Arzneimuster 232
- Fachinformation 231
- Informationspflicht 233
- Naturalrabatte 232
- Pharmakovigilanz 233
- Pharmakovigilanzverantwortlicher 233
- Produktinformation 231
- Verschreibung 231
- Werbebeschränkung 232

Ärzte 114
- Allgemeinmedizin 114, 119
- Amtsärzte 120
- approbierte Ärzte 114
- Arbeitsmedizin 119
- Assistenzärzte 121
- Aufgaben 114
- Aufgabengebiet 119
- Ausbildung 121
- ausschließliche Fachausübung 119
- Basisausbildung 115
- Delegation 222
- Eigenverantwortlichkeit 118
- Facharztausbildungen 119
- Fachärzte 114, 116, 119
- Famalatur 122
- Fortbildung 99
- Garantenstellung 118
- Generalkompetenz 114
- Heilbehandlung 122
- Heilmittelverordnung 122
- invasive Maßnahmen 122
- leitender Notarzt 119
- Medikation 123
- Militärärzte 120
- Notarzt 119
- operativer Eingriffe 122
- Polizeiärzte 120
- Selbständigkeit 118
- Sonderfächer 119
- Sonderfach-Grundausbildung 116
- Sonderfach-Schwerpunktausbildung 117
- Studenten 122
- Turnusärzte 114, 121

ÄrzteG 114
- § 1 114
- § 2 114, 118, 122
- § 3 114, 121
- § 6a 115
- § 7 115
- § 8 116
- § 11 115
- § 27 94
- § 31 119
- § 38 119
- § 40 119
- § 49 99, 100, 103, 118
- § 50 101
- § 50a 110, 222
- § 50b 110
- § 51 101, 103, 104
- § 52d 101
- § 53 102
- § 54 104, 106, 107
- § 235 116

ÄsthOpG
- § 7 60
- § 10 108

Index

ASVG
- § 120 251
- § 122 251
- § 343 189

Aufbewahrungspflicht 104
Aufklärung 49
Aufklärungspflicht 31
Aufklärungsverzicht 54
Aufsichtspflicht 109
Aufzeichnungen 107
AÜG
- § 3 135

Aussetzung 30, 107

B

Behandlung ohne Einwilligung 31
Behandlungsvertrag 46
Behindertenarbeit 208
Behindertenbegleitung 208
Behindertenbetreuung 111
Berufsrechte 114
- Abgrenzungen 91
- Anzeigepflicht 106
- Arbeitgebermeldung 95
- Arbeitsrechtliche Weisungen 112
- Ärzte 114
- Ärzteregister 94
- Ärztesuche 94
- ärztliche Delegation 110
- Aufbewahrungspflicht 104
- Aufzeichnungen 104
- Ausbildung 98
- Auskunftspflicht 104
- Auslegung der Berufsvorbehalte 91
- ausschließliche Berufsrechte 91
- automatisationsunterstützte Verarbeitung 103
- Beendigung 97
- Behandlungsabbruch 100
- Behandlungspflicht 100
- Behandlungsverweigerung 100
- Behindertenbetreuung 111
- Berufausübung 91
- Berufsausweis 97, 98
- Berufsberechtigung 96
- Berufseinstellung 97
- berufsrechtliche Fortbildung 99
- Berufsregister 94
- Berufsvorbehalte 91
- Bundesarbeitskammer 95
- Datenschutz 105
- Delegation an Gesundheitsberufe 109
- Delegation an Nicht-Gesundheitsberufe 109
- Dokumentation 103, 105
- Entlassungsmanagement 110
- Entzug der Berufsberechtigung 97
- Fachkenntnis 93
- fachliche Weisungen 112
- Fortbildung 98, 99
- freie Fortbildung 100
- Gesamtausbildung 98
- Gesundheit Österreich GmbH 95
- Gesundheitsberuferegister 94
- Gesundheitspsychologenregister 94
- Grenzen der Delegation an Laien 110
- Gültigkeit 96
- Hausbetreuung 111
- Hebammenregister 94
- Hilfeleistungspflicht 102
- Kernkompetenz 91
- lege artis 93
- Meldepflicht 95, 107
- Musiktherapeutenregister 94
- Nachweispflicht 96
- Patientenrechte 91
- Personenbetreuung 111
- personenbezogene Daten 105
- persönliche Assistenz 110
- Provisionsverbot 102
- Psychotherapeutenregister 94
- Qualifikation 96
- Rechte der Berufsgruppen 91
- Registrierung 96
- Ruhen der Berufsberechtigung 97
- selbstständige Fortbildung 99
- sensible Daten 105
- Sonderausbildung 98
- Sozialbetreuungsberufe 208
- spezielle Fortbildung 99
- Stand der Wissenschaft 93
- Stichtag 96
- Studium 98
- subjektive Fortbildung 99
- subjektive Überzeugung 99
- Toleranzpflicht 97

- Umfang der Berufsvorbehalte 91
- unselbstständige Tätigkeit 95
- verpflichtende Fortbildung 99
- Verschwiegenheitspflicht 105
- Versorgungsstandards 93
- Vertragsabschluss 100
- Vertragsfreiheit 100
- vorbehaltene Tätigkeiten 91
- Weisungsrechte 111
- Weiterbildung 98

B-VG
- Art 10 21
- Art 12 22

D

Datenschutz
- Geheimhaltung 105

Dentisten 189
- Aufgaben 190
- Ausbildung 189
- Dentistenprüfung 189
- Tätigkeiten 190

Dentistenassistent 189
Desinfektionsassistenz 161
DHG
- § 2 45

Dienstnehmerhaftpflicht 44
Dissens 42
Dringend notwendige Behandlungen 49

E

Eigenmächtige Heilbehandlung 30, 31
- Aufklärung 31
- Behandlung ohne Einwilligung 31
- Heilbehandlung 30
- lege artis 31
- ungewollte Behandlung 30

Einlassungsfahrlässigkeit 24
Einsichts- und Urteilsfähigkeit 60
Einwilligung 49, 60
Elektronische Gesundheitsakte 229
ELGA 229
- Ablehnung 230
- Aufbewahrung 230
- Datensicherheit 230
- Datenverarbeitung 230
- Kontrolle 230

- Mindeststandards 230
- Rollen 230
- Widerspruch 230
- zeitlicher Zugang 230

Eltern 56
Entscheidungsfähigkeit in medizinischen Angelegenheiten 60
Entzug der Berufsberechtigung 27
Erfolgsschuld 45

F

Fachärzte 119
Fachweisungen 112
Fahrlässige Körperverletzung 31
Fahrlässigkeit 23
Familienangehörige 56
Familienarbeiter 208
Fehlgeburt 173
Feststellung der Entscheidungsfähigkeit 51

G

Garantenstellung 24
GBRegG
- § 1 94
- § 4 95
- § 5 94, 96
- § 12 95
- § 15 95
- § 17 96
- § 18 96
- § 19 98
- § 22 97
- § 24 97
- § 25 97

Gefahrenabwehrpflicht 43
Gehobener Dienst
- Anästhesiepflege 130, 145
- Arbeitskräfteüberlassung 135
- ärztliche Anordnung 140
- ärztliche Weisung 140
- Aufgaben 138
- Aufnahmemanagement 143
- Ausbildung 125
- Behandlungsprozess 143
- Berufsausübung 135
- Berufsbezeichnung 124

Index

- Betreuung 154
- Betreuungsprozess 143
- Delegation 222
- Diplomierte(r) Gesundheits- und Krankenpfleger(in) 124
- Durchführungsverantwortung 143
- eigenverantwortliche Berufsausübung 135
- eigenverantwortlicher Tätigkeitsbereich 139
- Entlassungsmanagement 143
- Ethik 144
- Führungsaufgaben 148
- Gesundheitsberatung 143
- Grundausbildung 125
- Hospizversorgung 133, 147
- Informationstransfer 143
- Intensivpflege 129, 145
- interdisziplinärer Tätigkeitsbereich 143
- interprofessionelle Zusammenarbeit 143
- Kernkompetenzen 139
- Kinderintensivpflege 146
- Kinder- und Jugendpflege 129, 144
- Kompetenzen 138
- Krankenhaushygiene 131, 146
- lebensrettende Sofortmaßnahmen 139
- Lehraufgaben 148
- Lehrer(in) für Gesundheits- und Krankenpflege 124
- medizinische Diagnostik und Therapie 140
- mitverantwortlicher Tätigkeitsbereich 140
- Mitwirkungsrecht 143
- multiprofessionelle Versorgungsteams 143
- Nierenersatztherapie 130, 145
- Niveaustufen 132
- Notfälle 139
- OP-Pflege 146
- Palliativversorgung 133, 147
- Pflege im Operationsbereich 130, 146
- pflegerische Kernkompetenzen 139
- praktische Ausbildung 125
- psychiatrische Gesundheits- und Krankenpflege 129, 144
- Psychogeriatrische Pflege 133, 148
- selbstständige Berufsausübung 135
- Sonderausbildung 124, 128, 131
- Spezialisierung 124, 128, 131, 132
- spezielle Sonderausbildung 131
- Stomaversorgung 132, 146
- Tätigkeitsbereiche 138
- Triage 144
- Verhütung von Krankheiten 143
- Vernetzung 143
- Vorbehalte 154
- Vorschlagsrecht 143
- Weiterbildung 124, 134
- Weiterverordnung von Medizinprodukten 142
- Wissensmanagement 143
- Wundmanagement 132, 146

Gemeindesanitätsdienst 22
Geschäftsfähigkeit 39
Gesundheitsberufe 114
Gesundheitsberuferegister 94
Gesundheitstelematikgesetz 2012
- § 19 105

gewillkürter Erwachsenenvertreter 66
GewO
- § 159 220

Gipsassistenz 162
GTelG 2012
- § 1 229
- § 2 229
- § 3 229
- § 14 230
- § 15 230
- § 16 230
- § 18 230
- § 19 230
- § 20 230

GuKG
- § 3a 110, 111, 219
- § 3b 110, 111, 142
- § 3c 110, 142
- § 4 99, 100
- § 5 103, 104
- § 6 104
- § 7 106, 107
- § 8 107
- § 9 104
- § 11 124

Index

- § 12 138, 140, 143
- § 13 138
- § 14 138, 139
- § 14a 138, 139
- § 15 138, 140, 142
- § 15a 138, 143
- § 16 143, 225
- § 17 128, 131, 138
- § 18 144
- § 19 144
- § 20 145
- § 21 146
- § 22 146
- § 22a 146
- § 22b 147
- § 22c 148
- § 23 148
- § 24 148
- § 26 148
- § 35 135
- § 36 101
- § 38 102
- § 42 125
- § 43 125
- § 64 128, 134
- § 65 129
- § 66 128, 129
- § 67 129
- § 68 129, 130
- § 68a 131, 146
- § 69 130
- § 70 131
- § 70a 128, 131
- § 82 149, 151
- § 83 136
- § 84 124
- § 86 125, 152
- § 90 136, 137
- § 92 126
- § 95 126, 127
- § 96 127
- § 97 126, 127
- § 100 127
- § 104a 134
- § 104c 99
- § 113a 126, 127
- § 116b 95, 98
- § 117 125

GuK-WV
- § 2 135
- § 12 134

H

Haftstrafen 26
Handlungsfähigkeit 38
Handlungsfähigkeit in persönlichen Angelegenheiten 40
Hausbetreuung 111, 221
- Arbeitsrecht 222
Hauskrankenpflege 219
Häusliche Pflege 219
HBeG
- § 1 221
- § 3 222
- § 4 222
Hebammen 169
- Aufgaben 169
- Ausbildung 169
- Beratung 169
- Berufsbezeichnung 169
- Betreuung 169
- Dienstverhältnis 169
- EVTS 169
- Familienplanung 169
- FH-Studium 169
- Freiberuflichkeit 169
- Geburt 169
- Gefährdung 174
- Gefahr in Verzug 172
- Leitung der Geburt 172
- Medikamente 172
- Medikation 172
- Nachbetreuung 169
- Nottaufe 174
- personenstandsrechtliche Pflichten 174
- Resusprophylaxe 173
- Schwangerschaft 169
- Tätigkeit 170
- Untersuchung 171
- Vorbereitung der Geburt 172
HebG 169
- § 1 169
- § 2 169, 171, 172
- § 3 170, 171
- § 4 171, 172, 174

Index

- § 5 171, 172
- § 6 100, 171, 174
- § 7 104
- § 8 173
- § 9 103, 104
- § 9a 101
- § 18 169
- § 20 102
- § 42 94

Heilbehandlung 30, 122
- Aufklärende 52
- Aufklärung 52
- Aufklärungsgespräch 53
- Aufklärungsverzicht 54
- Bindungsumfang 55
- Durchführungsaufklärung 52
- eigenverantwortliche Gesundheitsberufe 52
- Einwilligung 52, 54
- Einwilligungsformular 54
- Entscheidung 54
- Entscheidungsfindung 53
- Feststellung der Entscheidungsfähigkeit 51
- Form 55
- Formblatt 54
- Gewichtung 54
- Inhalt 53
- Kurzaufklärung 52
- Risikoabschätzung 53
- Sinnhaftigkeit 54
- subjektive Entscheidung 54
- Tragweite 53
- typische Komplikationen 53
- Umfang 53
- Verweigerung 54
- Wahrscheinlichkeit 53
- Widerrufung der Einwilligung 55
- Zuständigkeit Aufklärung 52

Heilbehandlung von Minderjährigen 56
- Ablehnung 58
- ärztliches Zeugnis 58
- dringend notwendige Behandlung 49
- Einwilligung 58
- Einwilligungsfähigkeit 59
- Eltern 56
- Entscheidungsfähigkeit 58
- Erziehungsberechtigte 56
- geistige Reife 59
- Gericht 58
- Informationsweitergabe an Obsorgeberechtigte 59
- Lebensgefahr 50
- nachhaltige Beeinträchtigung 58, 59
- Obsorgeberechtigte 56
- Schönheitsoperationen 60
- schwere Beeinträchtigung 58, 59
- unaufschiebbare Behandlung 49
- Vertretungsumfang 58

Heilbehandlung von Volljährigen
- Ablehnung 68
- Anregung der Bestellung eines Erwachsenenvertreters 66
- Aufklärung 69
- Auswahl Erwachsenenvertreter 72
- Auswahl gesetzliche Erwachsenenvertretung 71
- Beginn 68, 72, 74
- Beginn Vorsorgevollmacht 68
- Berichtspflicht 69
- Beschränkung der Vollmacht 66
- Beurteilung der Entscheidungsfähigkeit 51, 61
- Einwilligung 60
- Ende gerichtliche Erwachsenenvertretung 74
- Ende gesetzliche Erwachsenenvertretung 72
- Entschädigung 73, 75
- Entscheidungsfähigkeit 51, 60, 61, 65, 66
- Errichtung 67, 71
- Ersatzpflicht 70
- Feststellung der Entscheidungsfähigkeit 51, 61
- fremdbestimmter Vertreter 70
- Gefahr im Verzug 51, 69
- gerichtliche Erwachsenenvertretung 73
- gesetzlicher Erwachsenenvertreter 70
- gewillkürter Erwachsenenvertreter 66
- gewillkürte Vertreter 65
- Kontaktpflicht 69
- medizinische Betreuung 69
- Patientenverfügung 62
- Personensorge 75

- Popularanregung 66
- soziale Betreuung 69
- Unterstützung bei der Entscheidungsfindung 61
- Vereinbarung mit gewillkürte Erwachsenenvertreter 66
- Verschwiegenheitspflicht 69
- Vertretung durch Angehörige 70
- Vertretung gesetzliche Erwachsenenvertretung 70
- Vertretungsbefugnis gewillkürte Erwachsenenvertreter 66
- Vertretungsumfang gerichtliche Erwachsenenvertretung 68, 70, 72, 74
- Voraussetzung gerichtliche Erwachsenenvertretung 73
- Vorsorgebevollmächtigter 65
- Vorsorge nach Wegfall der Entscheidungsfähigkeit 66
- Vorsorgevollmacht 65
- Vorsorge während aufrechter Entscheidungsfähigkeit 65
- Widerruf gewillkürte Erwachsenenvertretung 68

Heilmasseur 175
- Anzeigepflicht 106
- Aufgaben 178
- Balneotherapie 179
- Hydrotherapie 179
- Lehraufgaben 179
- Spezialqualifikationen 178

Heilmittelverordnung 122

Heimaufenthaltsgesetz 76
- Altenheim 76
- ärztliche Aufzeichnungen 78
- Aufklärung 79
- Beendigung 78
- freiheitsbeschränkende Maßnahmen 76
- Gefährdung 76
- gerichtliche Überprüfung 80
- Gutachten 78
- längere Einschränkung 78
- Pflegeheim 76
- Rechtsschutz 80
- Stellungnahme 79
- Unterbringungsrecht 80
- Vertrauensperson 79
- Vertreter 79
- Voraussetzung 76

HeimAufG
- § 1 76
- § 2 76
- § 3 77
- § 4 77
- § 5 78
- § 7 79
- § 8 79
- § 10 79
- § 11 80

Heimhelfer 208
Hilfeleistungspflicht 102

I

Imstichlassen eines Verletzten 28
Invasive Maßnahmen 122

J

Juristische Person 38

K

KAKuG
- § 2 223
- § 5a 224
- § 5b 225
- § 6 225
- § 6a 225
- § 11d 225
- § 11e 64
- § 22 223, 224
- § 42a 227

Kardiotechniker 166
- Aufgaben 168
- Ausbildung 167
- Berufsausübung 167
- Berufsbezeichnung 166
- Berufsvorbehalte 168
- eigenverantwortliche Aufgaben 168
- extrakorporale Zirkulation 168
- Herz-Kreislauf-Unterstützung 168
- Vorbehalte 168

Kardiotechniker-Ausbildungsverordnung
- § 16 167

Kardiotechnikergesetz
- § 3 168

- § 4 166
- § 5 99, 100
- § 6 168
- § 7 103
- § 8 104, 167
- § 10 167
- § 15 167
- § 20 167
- § 24 167
- § 55 167

Kompetenzlage im Gesundheitswesen 21
Körperliche Unversehrtheit 31
Körperverletzung 31, 106, 107
Krankenanstalten 223
- Anstaltsbedürftigkeit 224
- Anstaltsordnung 225
- besondere Dokumentationspflichten 226
- Fortbildung 225
- Fürsorgepflicht 226
- Gehorsamspflicht 226
- kollegiale Führung 225
- Patientenaufnahme 223
- Qualitätssicherung 224
- Unabweisbarkeit 223, 224
- Wartelisten 224
- Weisungen 226
- Zweck 223

Kuranstalten und Kureinrichtungen 227
- Behandlung 227
- Heilvorkommen 227
- natürliche Heilvorkommen 227

L

Laborassistenz 162
Laien 110, 222
- ärztliche Tätigkeit 222
- Pflegeaufgaben 222
- pflegerische Tätigkeit 222
Lebendgeburt 173
Leitender Notarzt 119

M

MABG
- § 4 161
- § 5 162
- § 6 162
- § 7 163
- § 8 163
- § 9 164
- § 10 164
- § 11 160
- § 13 99, 100, 103, 104
- § 18 159
- § 20 158, 159
- § 21 160
- § 24 158, 159
- § 25 158
- § 27 165
- § 32 94

Medikation 123, 188
Medizinische Assistenzberufe 158
- Desinfektionsassistenz 161
- Gipsassistenz 162
- Laborassistenz 162
- medizinische Fachassistenz 160
- Obduktionsassistenz 163
- Operationsassistenz 163
- Ordinationsassistenz 164
- Röntgenassistenz 164
- Sportwissenschafter 165
- Trainingstherapie 165

medizinische Behandlung 60
medizinische Fachassistenz 160
Medizinischer Masseur 175
- Aufgaben 178
Medizinisch-technische Dienste 154
- Aufgaben 154
- biomedizinischer Analytiker 155
- Diätdienst 156
- Diätologe 156
- Ergotherapeut 157
- ergotherapeutischer Dienst 157
- ernährungsmedizinischer Beratungsdienst 156
- Logopäde 157
- logopädisch-phoniatrisch-audiologischer Dienst 157
- medizinisch-technischer Laboratoriumsdienst 155
- orthoptischer Dienst 157
- Orthoptist 157
- Physiotherapeut 155
- physiotherapeutischer Dienst 155
- Radiologietechnologe 156

- radiologisch-technischer Dienst 156
Medizinisch-technischer Fachdienst 166
Medizinproduktegesetz 235
Meldepflicht 46
Menschenrechtskonvention 215
Missbrauch 106, 107
Misshandlung 106, 107
Mitwirkung am Selbstmord 32
MMHmG
- § 2 99, 100
- § 3 103, 104
- § 4 104
- § 5 178
- § 6 175
- § 14 177
- § 17 175
- § 26 176
- § 29 178
- § 30 179
- § 31 175
- § 32 102
- § 33 101
- § 35 106, 107
- § 45 177
- § 50 176
- § 52 176
- § 60 178
- § 61 175
- § 69 176
- § 70 176
- § 70a 176
Mord 32
MPG
- § 1 235
- § 70 108, 213
MTD-Gesetz
- § 2 154
- § 3 154
- § 7 154
- § 7a 154
- § 7b 101, 102
- § 11 99
- § 11 100
- § 11a 103, 104
- § 11b 104
- § 11c 104
MTF 166
MTF-SHD-G

- § 57a 99
MTF-SHT-G
- § 54 166
mündig Minderjährige 39
Musiktherapeuten 203
- Arbeitsgebiete 204
- Aufgaben 205
- Berufsvorbehalt 205
- Vorbehalte 205
- Ziele 205
MuthG
- § 6 203, 204, 205
- § 7 204
- § 8 204
- § 10 203
- § 19 94
- § 26 203
- § 27 99, 101, 204
- § 29 101
- § 30 103, 104
- § 32 104
- § 33 102
- § 34 101

N

Nadelstichverordnung 241
- Fürsorgepflicht 241
- öffentlich Bedienstete 241
- personenbezogener Geltungsbereich 241
Naheverhältnis 110
NastV 241
natürliche Personen 38
Notärzte 119

O

Obduktionsassistenz 163
Obhut 110
objektives Recht 37
Obsorgeberechtigte 56
- Rechtsstellung 59
Operationsassistenz 163
Operative Eingriffe 122, 188
Ordinationsassistenz 164
Organisationsverschulden 44
OTPG
- § 8 60

P

Patientencharta 215
Patientenrechte 215
- Aufklärung 216
- Datenschutz 216
- Dokumentation 217
- Dolmetsch 217
- Einsichtnahme 217
- Einwilligung 216
- fremdsprachiger Patient 217
- Intimsphäre 215
- Kontaktmöglichkeit 216
- Lebensrhythmus 216
- Privatsphäre 215
- Qualitätssicherung 215
- religiöse Betreuung 216
- Schmerztherapie 216
- Stand der Wissenschaft 215
- Vertrauenspersonen 216
- vertraute Umgebung 215
- würdevolles Sterben 216
Patientenverfügung 62
- Ablehnung der Behandlung 62
- ärztliches Gutachten 63
- Aufklärung 63
- Auslegungsregeln 65
- Äußerungsfähigkeit 63
- beachtliche Patientenverfügung 64
- Belehrung 64
- Bindungsdauer 63
- Einwilligung 63
- Entscheidungsfähigkeit 63
- ergänzende Ausführungen 65
- Fehler 65
- Inkrafttreten 63
- juristische Aufklärung 64
- Krankenpflege 62
- kurzfristige Entscheidungsfähigkeit 63
- lucidum intervallum 63
- Mängel 64
- Notfallversorgung 50
- Pflege 62
- Rechtswirkung 63
- Regelungsinhalt 62
- Sicherheit 50
- Tragweite 63
- überschießende Anordnungen 65
- Umdeutung 65
- unmittelbare Bindungswirkung 63
- verbindliche Patientenverfügung 63
- Verlängerung 64
- Voraussetzungen 63
- Widerruf 64
- Wunsch 65
- Zeitablauf 64
PatVG
- § 2 62, 63
- § 4 63
- § 8 64
- § 9 64
- § 12 50
Personenbetreuung 111, 220
- Gewerbe 220
- Grundsätze 221
- Pflichten 221
Persönliche Assistenz 110, 222
Persönlichkeitsrechte 38
Pflegeassistenz
- Aufgaben 151
- Ausbildung 126
- Berufsbezeichnung 124
- Diagnostik 152, 153
- Erstausbildung 127
- Kompetenzen 151
- Kurs 126
- Lehrgang 126, 127
- medizinische Fachassistenz 127
- Notfälle 152
- Pflegeassistenz 124
- Pflegehelfer 125, 152
- Pflegemaßnahmen 152
- Schulen 127
- schulische Ausbildung 127
- Sozialbetreuungsberufe 127
- Therapie 152, 153
- unselbstständige Berufsausübung 136
- Weiterbildung 124, 134
Pflegefachassistenz
- Anleitung von Auszubildenden 151
- Aufgaben 149
- Aufsicht 136
- Ausbildung 126
- Berufsausübung 136
- Berufsbezeichnung 124
- Diagnostik 149, 151

- eigenverantwortliche Berufsausübung 136, 149
- Kompetenzen 149
- Kurs 126
- Notfälle 150
- Pflegefachassistent 124
- schulische Ausbildung 126
- Therapie 149, 151
- unselbstständige Berufsausübung 136
- Unterweisung von Auszubildenden 151
- Weiterbildung 134

Pflegeheime 228
- personelle Ausstattung 228
- Versorgungsumfang 228

Pharmakovigilanz 233

Pharmazeutische Fachkräfte 194
- Arzneibuch 196
- Arzneimittelversorgung 196
- Arzneimittelvorrat 196
- Aufgaben 195
- Aufschrift 196
- Ausbildung 194
- Beratung 195
- Beschriftung 196
- Dienstleistungen 195
- Gebrauchsanweisung 196
- Hilfspersonen 195
- Medikamentenabgabe 195
- Medikation 196
- Medizinprodukte 195
- Prüfung von Arzneimitteln 197

Pharmazeutische Fachkräfteverordnung
- 1 194
- 1a 194
- § 2 195

PhVO 2013
- § 1 233
- § 3 233
- § 4 233
- § 5 233
- § 6 233
- § 7 233

Privatautonomie 41
Privatrecht 37
Psychologen
- Berufsberechtigung 198
- Berufsbezeichnung 197
- Gesundheitspsychologie 198
- Klinische Psychologie 199

Psychologengesetz 2013
- § 3 197, 198
- § 4 197
- § 5 197
- § 6 197, 198
- § 8 198
- § 13 198, 199, 200
- § 17 94
- § 22 199, 200
- § 26 94
- § 31 94
- § 32 99, 101, 198
- § 34 101
- § 35 103, 104
- § 36 104
- § 37 104
- § 38 102
- § 39 101

Psychotherapeuten 200
- Aufgaben 202
- Ausbildungseinrichtung 201
- Berufsausübung 202
- Berufsbezeichnung 201
- Psychotherapie 200, 202

Psychotherapiegesetz
- § 1 202
- § 2 201
- § 3 201
- § 6 201
- § 13 201
- § 14 99, 101, 104, 202
- § 15 104
- § 16 102
- § 16a 103, 104
- § 16b 101
- § 17 94

Q

Quälen 106, 107

R

Rechtsfähigkeit 38
Rechtsgeschäft 41
Rechtsobjekt 37
Rechtssubjekt 37

Reichtssanitätsgesetz
- § 2 21
Richtigstellung 104
Röntgenassistenz 164

S

Sachenrechte 38
Sachverständige 42
- berufliche Tätigkeit 42
- Haftung 42
Sachverständigenhaftung 23, 42
SanG
- § 1 179
- § 4 99, 100
- § 5 103, 104
- § 6 104
- § 7 104
- § 8 181
- § 9 182
- § 10 182
- § 11 183
- § 12 184
- § 13 184
- § 14 181
- § 23 181
- § 27 180
- § 32 180
- § 36 180
- § 39 180
- § 40 180
- § 43 181
Sanitäter 179
- allgemeine Notfallkompetenzen 183
- Arzneimittellehre 183
- Aufgaben 181
- Beruf 181
- Berufsmodul 181
- besondere Notfallkompetenzen 184
- Diagnostik 182
- endotracheale Intubation 184
- Großschaden 181
- Infusion 183
- Intubation 184
- Katastrophen 181
- Notarzt 181
- Notfallkompetenzen 183, 184
- Notfallsanitäter 182
- Rettungssanitäter 182

- Rezertifizierung 184
- sanitätstechnische Maßnahmen 184
- Tätigkeit 181
- Tätigkeitsbereich 182
- Venenzugang 183
- Vorbehalte 182, 184
Sanitätshilfsdienst 166
- Aufgaben 166
- Ergotherapiegehilfe 166
- Heilbadegehilfe 166
- Laborgehilfe 166
Sanktionen 26
Schadenabwendungspflicht 43
Schadenersatz 42, 46
Schmerzengeld 46
Schönheitsoperationen 60
Schwebend unwirksam 39
Sexueller Missbrauch 106, 107
SHD 166
SMG
- § 1 234
- § 2 234
- § 7 234
- § 8 234
Sonderfächer 119
Sonderfach-Grundausbildung 116
Sonderfach-Schwerpunktausbildung 117
Sozialbetreuungsberufe 110, 208, 219
- Aufgaben 208, 209, 211, 213
- Ausbildung 210, 212, 213
- Basisversorgung 208, 211, 212
- Diplom-Sozialbetreuer 212
- Fach-Sozialbetreuer 211
- Fortbildung 210, 212, 213
- Gliederung 208
- Hausarbeit 209
- Hauskrankenpflege 209
- Heimhelfer 209
- Lebensgestaltung 211
- mobile Betreuung 209
- Pflegeassistent 211, 212
Sozialrecht 250
- Anspruch auf Pflegegeld 254
- Anspruchsdauer Krankenversicherung 251
- Arbeitserkrankung 253
- Arbeitsunfall 253
- Aufgaben Krankenversicherung 251

Index

- Beitragshöhe 250
- Berufskrankheit 253
- Betriebskrankenkassen 250
- freiwillige Leistungen 250
- Gebietskrankenkassen 250
- Gebrechen 251
- Genesung 253
- Höhe des Pflegegeldes 254
- hoheitliche Aufgaben 250
- Körperschaften 250
- Krankenversicherung 250
- Krankheit 251
- Mutterschaft 252
- Pflegebedarf 256
- Pflegegeld 254
- Pflichtversicherung 250
- Sozialversicherungsanstalten 250
- Unfallversicherung 253
- Versicherungsanstalten 250
- Versicherungssystem 250
- Versicherungsträger 250
- Zahnbehandlung 252
- Zahnersatz 252

StGB
- § 2   24, 43, 99
- § 5   23
- § 6   23, 99
- § 18 26
- § 19 26
- § 43 26
- § 75 32
- § 77 32
- § 78 32
- § 82 30, 107
- § 83 31
- § 88 31
- § 94 28, 29
- § 95 27, 29
- § 110 30
- § 121 31
- § 166 107
- § 200 107
- § 286 32

Strafrecht 23
- Abwehr einer Straftat 32
- Aufklärungspflicht 31
- Aussetzung 30
- bedingter Vorsatz 23
- Behandlung ohne Einwilligung 31
- Bewährungsfrist 26
- eigenmächtige Heilbehandlung 30
- Einlassungsfahrlässigkeit 24
- Entzug der Berufsberechtigung 27
- Fahrlässigkeit 23
- Freiheitsstrafen 26
- Garantenstellung 24
- Geldstrafen 26
- Gesundheitsberufe 28, 29, 30, 31
- Gesundheitszustand 31
- Haftstrafen 26
- Heilbehandlung 30
- Hilfeleistungspflicht 28
- Imstichlassen eines Verletzten 28
- Interessensabwägung 29
- Körperverletzung 31
- Krankenanstalten 32
- Probezeit 26
- Sanktionen 26
- Selbstmord 32
- Tagsätze 26
- Tatbestände 27
- Tötung auf Verlangen 32
- Unfallflucht 28
- ungewollte Behandlung 30
- Unterlassung der Hilfeleistung 27
- Unterlassung der Verhinderung einer mit Strafe bedrohten Handlung 32
- Unversehrtheit 31
- Unzumutbarkeit der Hilfeleistung 29
- Verhinderung einer Straftat 32
- Verletzung von Berufsgeheimnissen 31
- Verwertung von Geheimnissen 32
- Vorsatz 23
- Wissentlichkeit 23

subjektives Recht 37
Suchtmittelgesetz 234
- Abgabe 234
- Anwendungsbereich 234
- Gefährdungspotenzial 234
- Stoffe 234
- Suchtgifte 234
- Therapie 234
- Zubereitung 234

Index

T

Tagsätze 26
Taschengeldgeschäfte 39
Tatbestände 27
Tierärzte 205, 206
– Berufsvorbehalte 207
– Hilfeleistungspflicht 206
Totgeburt 173
Tötung auf Verlangen 32
Trainingstherapie 165
Trainingstherapie-Ausbildungsverordnung
– § 2 159
Turnusärzte 121

U

UBG 81
– § 2 81
– § 3 81
Unaufschiebbare Behandlungen 49
Unfallflucht 28
Ungewollte Behandlung 30
Unmündig Minderjährige 39
Unterbringung 81
Unterbringungsgesetz 81
Unterlassung der Hilfeleistung 27
Unterschiebung eines Kindes 107
Unzumutbarkeit der Hilfeleistung 29

V

Verletzung von Berufsgeheimnissen 31
Vernachlässigung 106, 107
Vertrag 41
Vertragsabschluss 100
Verwaltungsrecht 34
– Allgemeine Verwaltungsverfahrensgesetz 34
– amtswegiges Verfahren 35
– Antrag 35
– antragsbedürftiges Verfahren 35
– AVG 34
– Bescheid 36
– Parteistellung 35
– Verfahrensrecht 34
– Verwaltungsstrafgesetz 34
– VStG 34
– Zuständigkeit 34

Verwaltungsverfahren
– Beteiligte 35
– Partei 35
Volljährig 40
Vorsatz 23
Vorsorgebevollmächtigter 65
Vorsorgevollmacht 65

W

Weisungen 226
Werbebeschränkung 102
Wiener Wohn- und Pflegeheimgesetz
– § 2 Abs 2 228

Z

ZÄG
– § 4 186, 188
– § 6 185
– § 7 185
– § 11 94
– § 12 94
– § 16 100
– § 17 99
– § 18 101
– § 19 103, 104
– § 20 104
– § 21 103, 104
– § 22 189
– § 23 185
– § 26c 101
– § 32 187
– § 33 187
– § 35 102
– § 37 185, 190
– § 38 101
– § 39 186
– § 57 189
– § 57 ff 189
– § 58 190
– § 59 189
– § 62 189
– § 72 190
– § 73 192
– § 74 99, 100, 191
– § 75 104
– § 81 190
– § 84 191

Index

Zahnärzte 185
- Amtszahnärzte 187
- Arzneimittelvorrat 185, 190
- Ausbildung 185
- Fortbildung 99
- Gutachten 186
- Heilbehandlung 188
- Heilbehelfe 188
- Hilfsmittel 188
- invasive Maßnahmen 188
- Medikation 188
- operative Eingriffe 188
- Qualitätssicherung 189
- Studenten 187
Zahnärzteregister 94
zahnärztliche Assistenzberufe
- Aufgaben 191
- Freiberuflichkeit 191
- Lehrberuf 191
- Prophylaxeassistent 191
- zahnärztliche Assistenz 190
- zahnärztliche Fachassistenz 191
Zahnärztliche Assistenzberufe 190
Zahnärztliche Fachassistenz 191
Zivilrecht 37
- altersspezifische Geschäfte 39
- Anzeigepflicht 46
- Äußerung 41
- Dienstbarkeiten 38
- Dienstnehmerhaftpflicht 44
- Dissens 42
- Erfolgsschuld 45
- Erklärung 41
- Fahrlässigkeit 43
- Gefährdungshaftung 43
- Gefahrenabwehrpflicht 43
- Gehilfen 44
- Gerichte 37
- Geschäftsfähigkeit 39
- Gesundheitszustand 45

- Handlungsfähigkeit 38
- Handlungsfähigkeit in persönlichen
  Angelegenheiten 40
- Heilbehandlung 45
- Heilung 45
- Hilfspersonen 44
- juristische Person 38
- Meldepflicht 46
- Minderjährige 39
- mündig Minderjährige 39
- natürliche Personen 38
- objektive Gefährlichkeit 43
- objektive Sorgfaltspflicht 43
- objektives Recht 37
- Organisationsverschulden 44
- Persönlichkeitsrechte 38
- Privatautonomie 41
- Rechtsfähigkeit 38
- Rechtsgeschäft 41
- Rechtsobjekt 37
- Rechtssubjekt 37
- Rechtswidrigkeit 43
- Sachenrechte 38
- Sachverständige 42
- Sachverständigenhaftung 42
- Schadenabwendungspflicht 43
- Schadenersatz 42
- Schadenverursacher 43
- schuldhaftes Verhalten 43
- Schutzpflichtverletzung 45
- schwebend unwirksam 39
- Servituten 38
- subjektives Recht 37
- Taschengeldgeschäfte 39
- unmündig Minderjährige 39
- Vertrag 41
- Vertragsgrundlagen 41
- Volljährig 40
- Vorsatz 43
- zufällig eintretende Schäden 43